REVUE AFRICAINE DES SCIENCES JURIDIQUES
AFRICAN JOURNAL OF LAW

AF747099

N° 2/2015

UNE PUBLICATION DE L'UNIVERSITÉ DE YAOUNDÉ II

Faculté des Sciences Juridiques et Politiques

RASJ

L'Harmattan

COMITÉ SCIENTIFIQUE / *EDITORIAL BOARD*

5-7, rue de l'Ecole-Polytechnique, 75005 Paris

http://www.harmattan.fr
diffusion.harmattan@wanadoo.fr
harmattan1@wanadoo.fr

ISBN : 978-2-343-07343-9
EAN : 9782343073439

SOMMAIRE

LEÇON INAUGURALE

« LE DROIT SAISI PAR L'HISTOIRE ET L'ANTHROPOLOGIE À SOA ! »[1]

Blaise Alfred NGANDO[2]

« *Le droit saisi par l'histoire et l'anthropologie à Soa* ! Monsieur le Doyen,

Je présume que le sujet choisi pour cette leçon inaugurale ne vous étonne pas, venant de votre historien du droit.

Chers Collègues, Mesdames, Messieurs,

Quand, dans l'Antiquité, les Grecs furent lassés de mourir dans les guerres du Péloponnèse, ils comprirent que le moyen, pour l'homme, d'échapper à l'angoisse de la mort n'était pas de la donner violemment aux autres, mais de penser beaucoup à sa propre mort, de l'apprivoiser, de lui enlever sa pompe funèbre, de l'assagir, de se faire ami de la sagesse.

Le droit est né d'un identique projet de diversion.

Il a l'ambition de réduire la violence, de la styliser, de lui ôter sa dramatisation, en lui offrant sa dramaturgie.

Ses concepts, ses normes, sa procédure surtout sont une sophistication de l'affrontement. Le droit tend, depuis qu'il existe, à réduire la distance entre la passion et la raison.

Hegel, dans « *La philosophie de l'histoire* »[3], observe que les hommes ont inventé le droit pour se protéger de leur propre folie.

Mais sommes-nous, chers collègues, unanimes pour définir le droit, cette forme qui a envahi notre modernité dont il est rapidement devenu un élément irremplaçable ?

---

[1] Leçon inaugurale (7 mai 2015), Journées de la Faculté des Sciences Juridiques et Politiques de l'Université de Yaoundé II tenues les 6 et 7 mai 2015 à Soa.

[2] Agrégé d'histoire du Droit, Directeur du Centre des Ressources Documentaires, Faculté des Sciences Juridiques et politiques, Université de Yaoundé II-Soa.

[3] Hegel, *La Philosophie de l'histoire*, nouvelle édition, sous la direction de Myriam Bienenstock. Paris, LGF, Collection : La Pochothèque, 2009.

Que sait un étudiant qui entre à l'Université, à Soa par exemple, sur cette discipline qu'est le droit ?

Ce que lui a dit éventuellement son enseignant de philosophie en terminale...

Ce qu'il en voit sans doute sous l'angle de la réglementation, dans ses parcours quotidiens et des interdits qui le jalonnent...

Ce qu'il perçoit à l'occasion d'événements familiaux, qui le confrontent aux réalités du droit : partage d'une succession, divorce des parents...

Ce qu'il en a peut-être compris, s'il est curieux, à la lecture de l'actualité et des pages des journaux consacrés à l'activité législative des Députés et Sénateurs, ou à l'activité judiciaire des Tribunaux... dans le cadre par exemple de l'« opération Épervier »[1]!

Et cet étudiant de première année, accueilli dans son premier amphithéâtre, ici même à l'amphi 1500, s'entend dire qu'on va lui expliquer ce qu'est le droit.

Or, voici curieusement que tous les ouvrages qui entreprennent de le lui expliquer commencent par mettre l'accent sur la difficulté de définir le droit et le caractère périlleux de l'exercice **(Première partie)**

Chers Collègues, Mesdames, Messieurs,

Nous savons que le droit est une forme de réaction face aux besoins de justice d'une société.

Mais alors... est-ce un art ? Est-ce une science ? Est-ce une technique ?

Comment parvenir à une définition commune du droit romain classique, du droit musulman, du droit chinois, du droit africain, bref des diverses traditions juridiques ?

La prétention du droit à déterminer les critères de ce qui est juridique et de ce qui ne l'est pas, est-elle réaliste pour rendre compte de la complexité des phénomènes juridiques à travers l'histoire ?

Savons-nous, par exemple, jusqu'à quel point l'homme a utilisé le langage gestuel pour exigences du droit ?

---

[1] Au Cameroun, l'«opération Épervier» est une grande enquête judiciaire dans le cadre de la lutte anti-corruption.

De même, savons-nous, combien de temps s'est-il écoulé entre la naissance du langage articulé et son utilisation à des fins juridiques ?

Devant l'existence d'autres normativités, le droit tel qu'issu de la théorie classique, peut-il se suffire à lui-même pour rendre compte de la pluralité des phénomènes de régulation sociale dans le monde ?

Le Professeur Jacques Vanderlinden[1], juriste-anthropologue belge, raconte comment sa conception du droit fut bouleversée à la découverte, dans le nord-est du Congo, du paysan zande qui vivait alors sous quatre ordres de mécanismes normatifs en compétition l'un par rapport à l'autre :

- l'ordre colonial belge ;

- l'ordre du droit canon ;

- l'ordre du droit zande originel adapté aux circonstances matérielles de la colonisation ;

- et enfin l'ordre dit coutumier, soit l'ordre zande originel adapté aux cadres juridiques imposés par le colonisateur.

Comment alors, dans un environnement aussi pluraliste que le nôtre... camerounais... africain, ne pas convoquer l'histoire et l'anthropologie pour opérer un décentrement épistémologique, une prise de conscience des limites du modèle eurocentrique du droit, qui ne peut servir de grille d'interprétation de systèmes où la normativité – parfois non verbalisée, parfois porteuse du surnaturel – repose sur des structures sociales et culturelles profondes et n'est nécessairement pas saisissable par le biais des catégories usuelles en Occident ? **(Deuxième partie)**

« *Le droit saisi par l'histoire et l'anthropologie à Soa* » est donc... Monsieur le Doyen,

[1] Jacques Vanderlinden, « Trente ans de longue marche sur la voie du pluralisme juridique », in Laboratoire d'anthropologie juridique de Paris, *Les pluralismes juridiques*, Paris, Karthala, 2003.

Chers Collègues,

Mesdames, Messieurs.

.... Une réflexion sur la nécessité de contextualiser le droit pour rendre compte à la fois de sa pluralité et de son universalité (**Troisième partie**), car d'un espace à un autre, d'une période à une autre, les matériaux avec lesquels est construit le droit restent les mêmes : famille, propriété, héritage, contrat, délit, juge, procédure et surtout l'autorité du pouvoir.

I. Le Droit, une discipline rebelle à la définition

Chers collègues... Vous le savez...

C'est à Rome, dans l'antiquité occidentale, que le travail d'ordonnancement fut très tôt réservé, et de façon rigoureuse, à un groupe de spécialistes, puis se transforma en une technologie sociale au statut fort, qui pour la première fois et pour toujours, allait isoler la fonction juridique et ses experts, les « juristes », la détachant de toute autre production culturelle ou centre institutionnel pour en permettre une identification autonome, nette et définitive.

Ainsi, dans la culture européenne, Rome a inventé le droit !

En effet, le droit romain constitue un élément dont l'importance n'a jamais été mise en doute en Occident.

Redécouvert au 12e siècle avec l'école de Bologne, commenté et interprété ensuite par les glossateurs du Moyen Âge, repris au moment de la Renaissance avec de nouvelles méthodes, il s'est fait modèle ou objet de savoir et a imprimé sa marque sur le droit médiéval comme sur les droits contemporains.

De cet héritage, le droit se présente comme un objet à part et se reconnaît au déploiement de dispositifs dotés d'une rationalité spécifique et puissante.

• L'embarras des spécialistes

Toujours est-il que sa définition continue d'embarrasser les plus grands spécialistes. Michel Troper écrit à ce sujet :

« *Nous vivons sous l'empire du droit qui, en général, régit tous les épisodes de la vie humaine depuis la conception jusqu'à la mort. Le droit intéresse en effet toutes les manifestations, des plus intimes aux plus publiques, de la vie des êtres humains :*

- Dès la naissance, il faut déclarer l'enfant, et le nom qu'il portera lui est attribué conformément à certaines règles.

[...]

- D'autres règles ordonneront qu'on l'inscrive à l'école.

- Quand nous achetons le moindre objet, c'est en application d'un contrat.

- Nous nous marions, nous travaillons, nous nous soignons selon le droit. Pourtant, quoique conscients de cette omniprésence du droit et capables d'appliquer ou de produire des règles, nous sommes en peine de le définir »[1].

Qu'est-ce que le Droit ? Mesdames, Messieurs

« *On ne sait pas ce que c'est !* » répondait Flaubert dans *Le Dictionnaire des idées reçues*[2].

Il y a quelques années, la *Revue française de Théorie juridique*[3] s'est essayée à définir le droit en contactant 47 professeurs qui ont chacun donné une définition différente.

Le Doyen Georges VEDEL avouait lui-même son embarras devant la question :

« *Voilà des semaines et même des mois que je sèche laborieusement sur la question, pourtant si apparemment innocente... Qu'est-ce que le droit ? Cet état, déjà peu glorieux s'aggrave d'un sentiment de honte. J'ai entendu ma première leçon de droit voici plus de 60 ans ; j'ai donné mon premier cours en chaire voilà plus de 50. [...] Je n'ai cessé de faire le métier de juriste tour à tour ou simultanément comme avocat, comme professeur, comme auteur, comme conseil et même comme juge. Et me voilà déconcerté tel un étudiant de première année*

---

[1] Michel Troper, *La philosophie du droit*, Paris, PUF, coll. « Que sais-je ? » n° 857, 2003, p. 3.

[2] *Le Dictionnaire des idées reçues*, réédition, Le castor astral, Bordeaux, 1990.

[3] N°10-11,« *définir le droit* », novembre 1989 et juin 1990.

remettant copie blanche, faute d'avoir pu rassembler les bribes de réponse qui font échapper au zéro »[1].

Pour le Doyen Jean Carbonnier[2], « *il y a plus d'une définition dans la maison du droit* ».

D'une manière générale, les juristes définissent le droit en tant que phénomène juridique, en définissant la règle de droit. Celle-ci est une règle sociale, établie par l'autorité publique, permanente et générale dans son application, et dont l'inobservation est sanctionnée par la force.

Cette conception implique l'existence d'une autorité politique souveraine à laquelle, dans une société politique organisée, le peuple a coutume d'obéir sous peine de sanctions.

John Austin[3], dans sa théorie analytique du droit, définit le droit comme une règle énoncée par une erre intelligente à l'intention d'une erre intelligente sur lequel il exerce son autorité.

Hans Kelsen[4], le célèbre juriste autrichien, souligne qu'« *on n'inclut pas comme élément de la définition du droit le caractère moral de son contenu* ».

Ainsi, c'est le droit lui-même qui détermine les critères de ce qui est juridique et de ce qui ne l'est pas.

Il suffit donc pour la plupart de nos besoins pratiques de connaître ces critères, contenus dans ces règles.

Cependant, une telle connaissance ne nous informe en rien sur la nature du droit.

Nous ne savons ni pourquoi ces règles ont été adoptées ni si ces règles sont réellement obligatoires, et si elles le sont, pourquoi elles le sont : est-ce parce qu'elles sont justes, parce qu'elles émanent du pouvoir politique, ou

---

[1] Georges Vedel, *Indéfinissable mais présent*, « Droits », n° 11, 1990, p. 67.

[2] Jean Carbonnier, « Droits », n° 11, 1990, p. 5-6. Lire aussi, Jean Carbonnier, *Flexible droit*, Paris, LGDJ, 8e édition, 1995.

[3] John Austin, *Lectures on Jurisprudence or The Philosophy of Positive Law*, Londres, John Murray, Albemarle Street,1885, 2 vol. J.Austin, *The Province of Jurisprudence Determined, Explications préliminaires,* Indianapolis/Cambridge, Hackett Publishing Company, 1954, 396 p.

[4] Hans Kelsen, *Théorie pure du droit*, Paris, Dalloz, 1962.

parce qu'elles sont assorties de sanctions en cas d'infraction ? Comment savoir si les règles qui définissent ce qui est juridique sont bien elles-mêmes juridiques, si elles sont du droit ou autre chose ? Cette question n'est pas elle-même juridique, mais philosophique.

• **La controverse entre positivistes et jusnaturalistes**

Or, l'homme pensant, incurablement assoiffé de justifications, a toujours éprouvé le besoin de remplir par des théories le parcours qui va de la vie au droit, de lui trouver une légitimité.

L'on recense donc deux grandes tendances de théoriciens du droit :

Les premiers, positivistes, jaloux de ce qui fait le bonheur des scientifiques, essaient de trouver l'idée épurée, l'équation primale, le diamant foncier qui contient, épuise et délimite le concept de droit. Ils écrivent des livres, beaux et arides, qui nous fascinent par leur capacité de donner au bouillonnement des désirs des hommes la beauté inhumaine des théorèmes. Mais ils sont nécessaires : sans ses verrous épistémologiques, le droit serait réduit à la dimension d'une technique de gestion du bétail humain.

Les seconds, idéalistes, conscients de ce que le droit n'est jamais qu'une réduction normative de la vie, voudraient réinjecter à celui-là un peu de la chaleur de celle-ci, frotter le concept refroidi de la légalité à d'autres approches des choses humaines qui ont encore gardé les démesures de leur température initiale : la poésie, la tragédie, l'histoire, les symboles, les mystères, tout ce qui permet de craquer le vernis du positivisme pour retrouver, derrière la dogmatique du droit, la ferveur enivrante d'une sagesse appelée aussi justice. Ils nous invitent à nous souvenir que le droit n'est qu'une pétrification de la vie et qu'il doit perpétuellement replonger dans la lave des existences réelles et des drames de l'histoire pour vérifier si les règles qu'il exprime sont encore adéquates aux comportements qu'il ordonne.

Chers collègues, Mesdames, Messieurs,

L'erreur des juristes positivistes est d'avoir pensé que le contenu des règles n'a d'importance que pour le droit existant, mais que le contenant seul est digne d'une systématisation doctrinale.

L'erreur de leurs adversaires est de mépriser la technique pour s'en tenir, superbement aux « grands principes », aux valeurs.

De plus, nous juristes en général, avons tendance à privilégier les systèmes contemporains parvenus à un haut développement technique et les systèmes anciens qui ont bénéficié d'un avancement comparable, comme le droit romain.

Tous les autres sont tenus pour des ébauches grossières dont les traits spécifiques sont négligés, mis de côté, comme des éléments en quelque sorte « préjuridiques ».

Si bien que la théorie générale du droit n'est édifiée qu'en fonction de quelques-uns seulement des ordres juridiques passés ou présents, considérés comme étant les plus évolués à l'instar du droit occidental lui-même issu du glorieux droit romain.

II. Les limites du modèle eurocentrique du droit

En Occident, le droit est garanti par l'État, voire même créé par lui. Sans État, il n'y a pas de droit. Le juriste occidental a du mal à se persuader que les mécanismes destinés à régler un conflit vont bien au-delà – dans le temps, mais aussi dans l'espace – de la présence de l'État.

• Le droit sans législateur

L'Européen est conditionné par l'idée qu'il est juste, raisonnable qu'il existe un législateur. Sans lois, la société ne pourrait s'inspirer d'aucune norme pour résoudre ses conflits et la loi suppose en amont l'existence d'un législateur.

Mais cette idée d'« existence », de « normalité », de « nécessité » d'un pouvoir législatif général existe depuis peu, dans un nombre limité de sociétés.

En dehors de celles-ci, les hommes ont rejeté l'idée d'un législateur.

Avant 1800, le législateur est un personnage dont la fonction ne va pas au-delà du travail de compilation et de rationalisation ou d'un travail intermittent et occasionnel.

Le pouvoir législatif total n'existait pas dans la Rome antique. Les Romains offraient comme exemple d'œuvre législative importante la rédaction des douze tables, mais elles résolvaient des problèmes particuliers, elles ne touchaient pas au grand corps des règles non sculptées et non écrites, connues et intouchables, bien que mémorisées. De temps en temps, les Romains faisaient une loi. La situation resta inchangée sous Justinien.

Au Moyen Âge, le droit romain entre en conflit avec le droit germanique qui s'est formé de façon spontanée. Le droit germanique a le même fondement et la même justification que le droit romain à l'origine. La norme « coutumière » n'était soutenue ni par une démonstration logique ni par une justification verbalisée. Elle était pourtant une norme valide.

La méfiance envers le législateur est une donnée importante dans l'histoire du droit anglais. Le législateur est considéré comme un organe de pouvoir capable d'actes imprévisibles et arbitraires, apte à nuire. Il est donc préférable qu'il reste inopérant.

En Chine aussi, jusqu'aux révolutions du 20e siècle, la loi n'est pas admirée. On conseille à l'Empereur de ne pas légiférer. La loi est considérée comme une indication qui s'adresse au Mandarin.

La situation dans le Japon traditionnel n'est pas différente.

• **Le droit sans juriste**

Aujourd'hui, la Chine, le Japon, l'Afrique utilisent des professionnels du droit ; mais ces juristes se forment dans les facultés conçues selon le modèle européen et ne s'intéressent qu'aux secteurs du système qui ont été pénétrés par le modèle occidental. On peut formuler des questions intéressantes dans ce domaine : qui, dans la Chine ou dans le Japon traditionnel, accomplissait les tâches que nos sociétés modernes confient au juriste ?

Le juriste naît à Rome. Parfois, l'admiration pour le droit romain nous amène à surestimer la perfection de ses solutions. Mais le plus grand mérite des Romains ne réside pas dans les solutions juridiques qu'ils ont élaborées, il réside dans l'édification d'un appareil conceptuel, c'est-à-dire d'une science, d'un vocabulaire, d'un système d'argumentations juridiques qui peut être passé au crible de la critique, le tout étant confié à des spécialistes disposés à exercer une profession juridique et à transmettre par le biais de l'enseignement leur propre savoir.

La Grèce n'avait pas de juristes et les grandes civilisations de l'ère du bronze (celle de l'Égypte, de Mésopotamie) ne nous ont pas transmis de noms de juristes.

La Chine et le Japon n'avaient pas de juristes.

L'Afrique d'avant les contacts avec Rome, l'Islam et avec l'Europe n'avait pas de juristes. Pourtant, ces civilisations avaient un droit florissant : le droit peut en effet vivre et se développer sans juriste, c'est-à-dire sans disposer d'un appareil de savoir élaboré de façon critique.

C'est dire que, jusqu'à deux mille ans avant notre époque, le droit, bien qu'existant de façon efficace, s'est passé de législateurs et de juristes.

III. À la recherche d'une définition plurielle et universelle du droit : l'apport de l'histoire et de l'anthropologie

Chers Collègues, Mesdames, Messieurs,

Jusqu'à très récemment, les juristes occidentaux n'ont pas ressenti le besoin de fusionner avec toute l'histoire et la préhistoire du droit. Ils connaissent et admirent le droit romain. Ils réfléchissent épisodiquement, sur le droit des cités grecques. Quelques érudits font des recherches sur les grands Empires d'Égypte et de Mésopotamie. Mais on n'assiste à aucune tentative cohérente pour comprendre l'alternance et la complexité des structures du droit à travers les différentes expériences qui se sont succédé dans le temps ou qui ont été concomitantes.

• Le droit, phénomène social humain inhérent à toutes les civilisations

Nous-mêmes, juristes africains, sommes pour la plupart formés à une conception eurocentrique du droit que nous reproduisons dans nos enseignements. Dès la première année dans nos facultés juridiques, nos étudiants sont formatés à l'idée du droit, non en tant que phénomène social humain inhérent à toutes les civilisations, mais en tant que phénomène juridique lié au concept occidental de l'État. Produits de cette conception étatiste qui érige en dogme la loi comme source essentielle du droit, nous avons tendance à conforter le modèle occidental, sans considération des réalités de notre environnement. Ceci d'autant plus que nous sommes formés dans des universités qui ignorent l'enseignement du droit traditionnel africain.

Il en résulte bien évidemment une fracture entre le droit et la société, notamment l'importante frange de la population demeurée rurale. Alors que nous, juristes, sommes formés à l'idéologie de l'État et de la loi, le corps social africain se trouve disloqué entre diverses traditions endogènes qui font encore autorité. En marge de l'État, se perpétuent en effet des structures sociales héritées de la période pré coloniale (famille, clan, tribu, ethnie, royaume) qui rendent difficile l'édification de la nation camerounaise.

Lorsqu'elles prirent possession du Cameroun par exemple, les puissances occidentales y trouvèrent une multitude d'ethnies dotées, chacune, d'une organisation sociopolitique et, *a fortiori,* de systèmes juridiques reposant, soit sur le droit musulman, soit sur les coutumes animistes, mais ayant des caractéristiques propres au droit africain qui est un droit « paysan », « collectiviste », « inégalitaire », « sacré », et « oral ». Or, le droit occidental repose sur un certain nombre de « piliers » que sont le rationalisme, l'individualisme, le libéralisme, la laïcité et la démocratie. Ce modèle juridique accorde la primauté à la personne humaine. Si c'est à l'État qu'il revient de poser les règles de la vie en société, la légitimité de ces règles repose sur le respect des droits fondamentaux de l'individu. Et ce respect doit inspirer le droit public et le droit privé.

Ce n'est pas assez de dire que l'esprit qui anime les droits africains traditionnels et les droits occidentaux n'a rien en commun.

Chers Collègues, Mesdames, Messieurs,

La connaissance d'expériences juridiques complètement différentes du modèle occidental et, plus encore, la capacité d'entrer facilement dans l'esprit d'expériences juridiques complètement différentes sont absolument nécessaires pour qui veut se rapprocher intellectuellement des mondes d'ailleurs, notamment du monde africain.

À cet égard, l'ethnologue semble plus enclin à rechercher un « droit différent », en particulier celui qui enracine ses constructions dans les analyses anthropologiques.

D'où la nécessité de reconstruire les curricula de formation des juristes africains.

Dans un environnement où le droit est tantôt mal compris, tantôt inadapté à son contexte, il convient en effet de redéfinir le profil du juriste en Afrique. Le droit positif africain hérité du modèle occidental de l'État ne peut prétendre être l'unique source de régulation des rapports sociaux. Il doit accepter de s'insérer dans une pluralité au sein de laquelle sa présence se justifie dans la mesure où des individus y adhèrent parce qu'ils y trouvent un intérêt.

D'ailleurs, devant l'incapacité des États postcoloniaux africains de matérialiser leur prétention au monopole de la production réaliste du droit, l'on assiste ces dernières années au développement de toutes sortes d'ordres juridiques dits informels, parallèles ou non officiels, tout comme se manifestent des velléités de résurrection des modes de production coutumier.

- **Redéfinir le profil du juriste en Afrique**

D'où l'intérêt d'une rupture épistémologique en matière de formation juridique pour réconcilier le droit africain de son environnement.

À cet effet, les nouveaux programmes arrêtés à Soa permettent aux étudiants de s'accoutumer au phénomène juridique et à la réflexion sur le droit dès la première année. Dans la même optique, le Master de « *Théories et pluralismes juridiques* » fait son chemin. Cette offre de formation qui a une finalité « recherche » est bâtie sur cinq piliers : théorie générale du droit, droit comparé, philosophie, histoire et anthropologie du droit. Les premiers mémoires seront soutenus cette année !

Merci Monsieur le Doyen pour la promotion de cette inflexion épistémologique novatrice, voire unique en Afrique noire !

Chers collègues... Vous le savez...

Ce qui est fondamental d'enseigner en droit n'est pas la connaissance de règles en vigueur en un temps donné souvent fluctuantes, mais davantage de dispenser une culture juridique, c'est-à-dire la formation d'esprit pour comprendre et appliquer le droit. C'est une nécessité, notamment à une époque où la pression extérieure en faveur de la professionnalisation a détourné les universités des humanités et de la théorie juridique pour l'horizon rétréci de la technique pure.

L'histoire et l'anthropologie du droit ont le mérite de dessiner sur la carte des études en Droit un détour, invitant à la réflexion et au sens critique qui devraient être les vertus du juriste accompli plus que la servilité envers l'ordre ou le désordre.

À l'heure où l'Afrique peine à trouver sa place dans la mondialisation libérale, son défi est de bâtir sa propre voie en puisant dans son droit traditionnel, dans l'héritage juridique laissé par la colonisation occidentale, mais aussi dans ses réalités sociologiques actuelles. Et ceci n'est possible qu'avec une nouvelle génération de juristes africains, de véritables ingénieurs du droit imprégnés non plus seulement de la technique, mais aussi et surtout de l'esprit des lois en vue de construire un droit africain réaliste, porteur de justice et d'équité.

Car le phénomène de la violence, la recherche de la paix, le sentiment d'injustice, le travail de mémoire par rapport au passé, celui de promesse pour renouer l'avenir, sont des questionnements qui interpellent l'Afrique contemporaine et qui nous ramènent au droit et à ses fondements.

Je vous remercie de votre attention.

I.

DROIT PRIVÉ

I.

DROIT PRIVÉ

LE DROIT FONCIER ET L'AGRICULTURE AU CAMEROUN

Blaise Antoine MBEM LISSOUK*

INTRODUCTION

Une fois de plus, et certes pas de trop, est offerte l'opportunité de mener une réflexion sur les rapports entre le droit et l'économie, et plus particulièrement sur la mise en relation entre le droit foncier et l'agriculture dans un État comme celui du Cameroun. Il est assez aisé de relever que l'analyse des rapports entre le droit et l'économie a permis au fil du temps, de révéler la soumission du droit aux impulsions de l'économie[1] d'une part, et la création par le droit des conditions favorables à l'avènement d'un type d'économie[2] d'autre part.

Du point de vue de la soumission du droit aux impulsions de l'économie, l'on peut noter que les bouleversements opérés au niveau du rapport de l'homme aux choses sont en grande partie dus au progrès[3] de l'économie. Dans cette mouvance, force est de souligner que la terre qui jadis était « *res extra commercium* » en droit foncier coutumier[4], en considération des paradigmes de l'inaliénabilité[5] et de l'exo-intransmissibilité[6], est devenue depuis l'introduction au Cameroun du modèle économique basé sur la

---

[1] POUGOUE P.G., *La famille et la terre. Essai de contribution à la systématisation du droit privé au Cameroun.* Thèse pour le Doctorat d'État en Droit, Université de Bordeaux I, 1977, p. 264-267.

[2] *Ibid.*, p. 267-268.

[3] MADJARIAN G., *L'invention de la propriété. De la terre sacrée à la société marchande*, Paris, L'Harmattan, 1991, p 25.

[4] BINET J., « Droit foncier coutumier au Cameroun », in *Extrait du Monde non chrétien*, n° 18, Paris 1981, p. 4. KOUASSIGAN G.A., « Objet et évolution des droits fonciers coutumiers », in *Encyclopédie Juridique de l'Afrique*, Tome V, Droit des biens, les Nouvelles Editions Africaines (Abidjan, Dakar, Lomé), 1982, p. 29-37. LE ROY E., « Caractères des droits fonciers coutumiers », in *Encyclopédie Juridique de l'Afrique*, Tome V, *Droit des biens*, *op.cit.*, p. 39-46.

[5] COQUERY-VIDROVITCH C., « Le régime foncier rural en Afrique noire », in LE BRIS E., LE ROY E. et LEIMDORFER F., *Enjeux fonciers en Afrique noire*, Paris, Karthala, 1982, p. 68.

[6] COQUERY-VIDROVITCH C., *op.cit.*, p. 69.

propriété privée des moyens de production[7], un bien[8] à la fois au sens économique[9] et juridique[10].

Sous l'angle de la création par le droit des conditions favorables à l'avènement d'un type d'économie, il doit être considéré que le droit est un instrument de développement économique. L'on peut alors supputer que le droit foncier est vecteur d'un ensemble de changements qui pourront être observés dans le système économique et dans le type d'organisation qui conditionne la croissance entendue comme l'augmentation du produit réel global[11].

Ainsi, lorsque l'État s'engage sur la voie du développement, il s'appuie primordialement sur le droit : c'est la thèse du droit-moyen[12]. Cela s'est vérifié au Cameroun dans les années qui ont suivi l'accès à l'indépendance[13], et se vérifie encore depuis quelques années[14]. Pour ainsi dire, le Cameroun a pour ambition de devenir un pays émergent à l'horizon 2035[15]. Pour cela, il doit efficacement mobiliser les structures susceptibles de servir de moteur à la croissance économique. Au rang de ces structures figurent en bonne place celles foncières. Or, ces dernières dans leur ensemble permettent d'appréhender la terre qui est l'objet principal du droit foncier. Celui-ci se veut alors incontestablement un instrument du développement économique.

---

[7] LE ROY E., « Introduction générale », in LE BRIS E., LE ROY E., MATHIEU P., *L'appropriation de la terre en Afrique noire, Manuel d'analyse, de décision et de gestion foncières*, Paris, Karthala, 1991, p. 16.

[8] LE ROY E., *op.cit.*, p. 15.

[9] MADJARIAN G., *op.cit.*, p. 71.

[10] V. les articles 517 et 518 du Code civil.

[11] PERROUX F., « Qu'est-ce que le développement ? », in *Revue Études*, janvier 1961, p. 16 et s., cité par POUGOUE P.G., Thèse préc., p. 267.

[12] P.G. POUGOUE, Thèse préc., p. 263.

[13] Sur la question, cf. par ex. HUGON Ph., *L'analyse du sous-développement en Afrique : l'exemple de l'économie du Cameroun*, Paris, PUF, 1968, 325 p.

[14] Après l'atteinte du point d'achèvement de l'initiative PPTE (Pays Pauvre Très Endetté) en 2006, le Cameroun a orienté sa politique économique vers le développement économique et social. L'on note depuis cet instant l'adoption d'un nombre important de textes dans les domaines de l'organisation judiciaire, de l'état civil, du commerce électronique, de la cybercriminalité, etc.

[15] Ministère de l'Économie, de la Planification et de l'Aménagement du territoire, *Cameroun Vision 2035*, Document de travail, février 2009, p. 16.

La contribution du droit foncier au développement économique a été révélée par la doctrine juridique qui, à un moment donné, a entrepris l'œuvre de construction d'une théorie du développement par le droit de la terre[16]. À cet égard, les travaux des auteurs tels que S. Melone[17], A. Ley[18], P.G. Pougoue[19], A.D. Tjouen[20] et bien d'autres[21], sont révélateurs. Si l'objectif était de guider l'État dans sa politique législative, l'on peut tout de même noter que de 1959 à 2005[22], le Cameroun s'est attelé à rechercher un droit foncier pouvant mieux cadrer avec ses ambitions développementalistes[23]. La multitude des réformes intervenues témoigne de

---

[16] Cette entreprise faisait suite au colloque des Facultés de droit consacré aux rapports du droit avec le développement qui s'était tenu à Dakar en 1962 et dont les conclusions ont été publiées dans les *Annales africaines* de 1962.

[17] MELONE S., *La parenté et la terre dans la stratégie du développement : l'exemple du Sud Cameroun*, Thèse pour le Doctorat en Droit, Paris, 1968, 307 p. Cette Thèse a été publiée quatre ans plus tard, selon les références suivantes : *La parenté et la terre dans la stratégie du développement. L'expérience camerounaise : étude critique*, Paris, Editions Klincksieck, 1972, 201 p.

[18] LEY A., *Le régime domanial et foncier et le développement économique de la Côte d'Ivoire*, Paris, LGDJ, 1972, 746 p.

[19] POUGOUE P.G., thèse préc.

[20] TJOUEN A.D., *Droits domaniaux et techniques foncières en droit camerounais (Étude d'une réforme législative)*, Paris, Economica, 1982, 209 p.

[21] Cf. GAUTRON J.C., « Droit et développement : le modèle sénégalais », in *Année africaine* 1972, p. 328 et s. MBAYE K., « Droit et développement en Afrique francophone de l'Ouest », in *RSD*, 1967, p. 23 et s.

[22] Cette période est caractérisée par une abondante activité normative : loi du 17 juin 1959, portant organisation domaniale et foncière au Cameroun oriental ; loi n° 61/20 du 27 juin 1961, relative aux actes notariés ; décret-loi n° 63-2 du 9 janvier 1963, fixant le régime foncier et domanial au Cameroun Oriental ; loi n° 66-COR-3 du 7 juillet 1966, modifiant les dispositions de l'article 5 du décret-loi n° 63-2 du 9 janvier 1963 ; les ordonnances n°s74/1,74/2, 74/3du 6 juillet 1974, fixant respectivement le régime foncier ; le régime domanial et la procédure d'expropriation pour cause d'utilité publique ainsi que les modalités d'indemnisation et le décret n° 2005/481 du 16 décembre 2005 modifiant et complétant le décret n° 76/165 du 27 avril 1976 fixant les conditions d'obtention du titre foncier.

[23] Avant 1999, de toutes les trois périodes qui ont marqué l'histoire de la politique agricole au Cameroun, à savoir : la période des plans quinquennaux de développement (1960-1986) ; la période de début de la crise économique (1986-1990) et la période de la Nouvelle Politique Agricole (1990-1998), seule la première qui est concomitante à la grande réforme de 1974 a fait date. Depuis 1999, la politique agricole vise le

ce que la terre reste, dans ce pays en développement, au cœur des dynamiques de production[24] de la richesse, donc de la croissance économique. Elle est, à quelques exceptions près, le support primordial de toutes les activités économiques au rang desquelles figure l'agriculture.

L'agriculture peut être définie comme « *l'activité économique ayant pour objet la transformation et la mise en valeur du milieu naturel afin d'obtenir des produits végétaux et animaux utiles à l'homme, en particulier, ceux destinés à son alimentation* »[25]. Elle constitue le principal secteur d'activité économique au Cameroun après celui des hydrocarbures, contribuant à quarante-cinq pour cent de la richesse nationale[26]. En fonction du critère de la mécanisation, il est possible de faire une distinction entre l'agriculture de première génération et l'agriculture de seconde génération[27]. Du point de vue de la circulation des produits issus de l'activité agricole, il existe une différence entre l'agriculture vivrière et l'agriculture de rente[28]. Pour ce qui est des techniques agricoles, la dichotomie est constituée entre l'agriculture pluviale[29] et l'agriculture irriguée[30] ; entre l'agriculture intensive et

développement du secteur rural, et ce développement reste toujours attendu : cf. ACHANCHO V., « Revue et analyse des stratégies nationales d'investissement et des politiques agricoles en Afrique du Centre : Cas du Cameroun », in *Reconstruire le potentiel alimentaire de l'Afrique de l'Ouest*, FAO/FIDA, 2013, p. 135-143.

[24] MELONE S., Thèse préc., p. 210.

[25] *Petit Larousse en couleurs*, Paris, Larousse, 1991, p. 47.

[26] Table ronde régionale pour l'adoption du pacte de partenariat pour la mise en œuvre du Programme Détaillé pour le Développement de l'Agriculture en Afrique (PDDAA) en Afrique Centrale (Libreville, Gabon, le 10 juillet 2013). En ligne sur ceeac-pddaa.org p. 3.

[27] Concept-cadre des discours de politique agricole au Cameroun, l'agriculture de seconde génération ne fait pas pour le moment l'objet d'une définition. Tout porte cependant à penser que ce type d'agriculture suppose le recours aux techniques et procédés modernes de colonisation des surfaces arables, ce qui n'était pas précisément le cas pour l'agriculture de première génération.

[28] GREGOIRE E., « Synthèse des débats » sur « Les Grands projets d'aménagement et de développement dans les domaines agricoles, forestiers, hydrauliques, miniers ou pastoraux », in LE BRIS E., LE ROY E. et LEIMDORFER F., *op.cit.*, p. 314.

[29] LE ROY E., « De « l'hortus à l'ager », in LE BRIS E., LE ROY E., MATHIEU P., *L'appropriation de la terre en Afrique noire*, *op.cit.*, p. 52.

[30] MATHIEU P., « Le foncier dans l'agriculture irriguée : de la maîtrise de l'eau au contrôle de la terre », in LE BRIS E., LE ROY E., MATHIEU P., *op.cit.*, p. 61 et s.

l'agriculture extensive[31]. Quant à la capacité de production, l'on devrait distinguer l'agriculture familiale de l'agriculture industrielle[32].

Quel que soit le type d'agriculture, il demeure que la définition de cette activité économique permet, à travers les notions de « mise en valeur » et de « milieu naturel » de constituer l'objet foncier[33]. Il n'est donc pas surprenant de constater que certains pans de l'exercice de cette activité économique soient contenus dans les textes régissant la terre au Cameroun. La juridicisation de l'activité agricole se fait ainsi prioritairement, aujourd'hui comme hier, par le droit foncier qui désigne « *l'ensemble des règles définissant les droits d'accès, d'exploitation et de contrôle des ressources naturelles renouvelables* »[34]. Il permet d'envisager les règles qui régissent tout « *rapport entre les hommes ou les groupes sociaux à propos de la terre ou des ressources qu'elle porte* »[35]. De manière plus simple, le droit foncier peut être appréhendé comme l'ensemble des règles qui régissent la constitution, l'exercice et la disposition ou la translation des droits réels sur la terre.

Du strict point de vue des concepts, le droit foncier a trait à la propriété privée alors que le droit domanial touche les biens des personnes publiques. Plus concrètement, sont domaniales, toutes les règles dérogatoires au droit commun en matière de propriété. Selon les pays, il peut s'agir des règles concernant les terrains immatriculés ou non au nom de l'État, mais non mis

---

[31] GASTELLU J.-M., « Droit d'usage et propriété privée », in LE BRIS E., LE ROY E. et LEIMDORFER F., *op.cit.*, p. 271.

[32] LASSAILLY-JACOB V., « Transformation « dirigée » de l'espace agraire et réponses paysannes à la périphérie des lacs volta (Ghana) et Kossou (Côte-d'Ivoire) », in LE BRIS E., LE ROY E. et LEIMDORFER F., *op.cit.*, p. 291.

[33] LE ROY E., « Mobilisation et marchandisation de la terre ; une esquisse théorique à préciser d'un point de vue juridique », in LE ROY E., KARSENTY A., BERTRAND A., *La sécurisation foncière en Afrique, Pour une gestion viable des ressources renouvelables*, Karthala, Paris, 1996, p. 25.

[34] *Foncier rural et ressources renouvelables : Une thématique complexe, des dimensions politiques*, Collection rapport d'étude, 1998, p.17, Publication du ministère des Affaires Étrangères-Coopération et Francophonie, cité par GUISSE P. B., « Le domaine national, une figure juridique complexe », in *Juridis Périodique*, n°41, Edition spéciale, Janvier-Février-Mars, Yaoundé, 2000, p. 87.

[35] *Ibid.*

en valeur, et qui sont soumis à des procédures particulières d'attribution[36]. À cet égard, l'emploi du terme « droit foncier » ne permettrait d'envisager que les rapports sociaux déterminés par l'accès à la propriété des terrains appartenant aux particuliers. Cette acception du droit foncier conduirait ainsi à exclure du champ de la réflexion les terrains domaniaux. Mais en réalité, à y regarder de près, le terme « droit foncier » intègre à la fois les règles applicables aux particuliers par rapport à l'espace et celles mettant en relation les particuliers et l'État, tout ceci au nom d'un objet commun : la terre. Tel est le sens qui sera donné au droit foncier, tant il est vrai que ledit sens est retenu par la doctrine[37].

Suite à la déclaration de Maputo de juillet 2003[38], l'État du Cameroun devrait en principe se doter d'un Programme National d'Investissement Agricole, de Sécurité Alimentaire et Nutritionnelle. Ce programme national s'intègre dans le Programme Régional d'Investissement agricole, de Sécurité Alimentaire et Nutritionnelle qui s'articule à partir du Programme Régional de Sécurité Alimentaire[39]. Élaboré à l'échelle de chaque grande région africaine, le Programme Régional de Sécurité Alimentaire vise à implémenter le Programme Détaillé pour le Développement de l'Agriculture en Afrique[40] qui permet d'agencer la politique agricole

---

36 ROCHEGUDE A., *Décentralisation, acteurs locaux et foncier, Mise en perspective des textes sur la décentralisation et le foncier en Afrique de l'Ouest et du Centre*, Cotonou, Presses d'IPCB, 2000, p. 55.

37 CAVERIVIERE M. et DEBENE M., *Le droit foncier sénégalais*, Paris, Berger-Levrault, 1988, 329 p.

38 Adoptée à la suite de la deuxième session ordinaire de la Conférence de l'Union Africaine tenue du 10 au 12 juillet 2003, la déclaration de Maputo sur l'agriculture et la sécurité alimentaire en Afrique consacre l'engagement des États africains à mettre en œuvre le Programme détaillé pour le développement de l'agriculture en Afrique (PDDAA) et les projets pilotes prévus et les Plans d'action évolutifs pour le développement agricole aux niveaux national, régional et continental.

39 V. Décision n° 10/CEEAC/CCEG/XI/04 du 27 janvier 2004 adoptant le document principal du Programme Régional de Sécurité Alimentaire (PRSA).

40 Le Programme Détaillé pour le Développement de l'Agriculture en Afrique (PDDAA) du Nouveau partenariat pour le développement de l'Afrique (NEPAD) fournit un cadre pour assurer la reprise de la croissance agricole, du développement rural et de la sécurité alimentaire dans la région Afrique. Le Programme a d'abord été approuvé au niveau ministériel par les ministres africains réunis en séance extraordinaire de la Conférence régionale pour l'Afrique de la FAO à Rome le 9 juin 2002 ; il a depuis lors été

commune de l'Afrique. L'idée de fond qui accompagne l'ensemble de ces programmes est celle de la nécessité d'une réforme[41] des législations foncières nationales dans la mesure où ces dernières conditionnent une meilleure pratique de l'agriculture. Au Cameroun, le Document de Stratégie pour la Croissance et l'Emploi[42] et le Document de Stratégie pour le Développement du Secteur Rural[43] intègrent cette vision. Il faudrait en réalité considérer que le droit foncier sert de cadre à l'exercice de l'agriculture en ce sens qu'il permet de préconstituer, dans le milieu naturel qu'il réglemente en partie, les espaces destinés à être mis en valeur dans le but d'obtenir les produits destinés à l'alimentation de l'homme.

Au regard de cette considération, le problème juridique à résoudre est celui de savoir si le droit foncier positif camerounais joue ce rôle de manière satisfaisante ? Est-il d'un apport considérable à la promotion de l'agriculture ? Si tel n'est pas le cas, cet apport ne peut-il pas être amélioré ?

L'intérêt de cette réflexion est juridique et économique. La réflexion a un intérêt juridique dans la mesure où le Cameroun prépare en ce moment une réforme foncière permettant de faciliter le développement de l'agriculture de seconde génération[44] ; il est donc important que la doctrine, dans son effort d'analyse, contribue à cette œuvre de codification en faisant des propositions

---

officiellement adopté par les organes du NEPAD comme le cadre du développement de ce secteur en Afrique. Le Programme donne aux gouvernements africains, en collaboration avec leurs partenaires pour le développement, une possibilité de redoubler d'efforts et de les réorienter pour inverser la stagnation de la croissance économique, la faible production agricole et la baisse de la productivité, l'insécurité alimentaire et l'aggravation de la pauvreté que l'on observe depuis des décennies.

[41] Table ronde régionale pour l'adoption du pacte de partenariat pour la mise en œuvre du Programme Détaillé pour le Développement de l'Agriculture en Afrique (PDDAA). En ligne sur ceeac-pddaa.org, p. 7 et p. 11 ; ACHANCHO V., *op.cit.*, p. 133.

[42] *Document de Stratégies pour la Croissance et l'Emploi, Cadre de référence de l'action gouvernementale pour la période 2010-2020*, août 2009, p. 67-68, spéc. n° 188 et 190.

[43] Ce document a été élaboré en 2003 et prévoyait déjà la levée des contraintes relatives à l'accès aux moyens de production au rang desquels figure la terre : cf. ACHANCHO V., *op.cit.*, p. 142.

[44] À la faveur du Comice agropastoral d'Ebolowa, l'État entreprend actuellement, sur instruction du Président de la République, une réforme foncière pour assurer la disponibilité des terres en vue du développement d'une agriculture de seconde génération. Une première mouture est d'ores et déjà disponible.

au législateur. L'intérêt de la réflexion est par ailleurs économique en ce sens qu'elle touche un pan sensible de l'économie nationale, à savoir l'agriculture, surtout lorsqu'est pris en compte le contexte actuel qui est celui de la nouvelle économie des ressources[45].

L'hypothèse de raisonnement est qu'à partir du constat de la relativisation de l'apport du droit foncier à la promotion de l'agriculture au Cameroun, s'ouvre la perspective de la recherche d'une contribution optimale de ce droit à l'essor de cette activité économique. Le droit foncier positif, du point de vue de son apport à l'essor de l'agriculture, produirait quelque peu la grille de lecture pouvant servir de socle à une promotion plus conséquente de l'agriculture au Cameroun.

La vérification de l'hypothèse qui précède se fera par le recours à une *summa divisio* binaire qui permettra d'envisager d'une part, l'apport limité du droit foncier positif à la promotion de l'agriculture (I) et, d'autre part, l'apport optimal du droit foncier à l'essor de l'agriculture (II).

I- L'apport limité du droit foncier positif à la promotion de l'agriculture

En tant qu'activité économique vecteur de la croissance et par conséquent du développement, l'agriculture suppose un investissement rentable dans la terre. La mobilisation des terres en vue de la pratique de l'agriculture a nécessairement une base juridique. L'on peut ainsi considérer de ce point de vue que le droit foncier est d'un apport limité à la promotion de l'agriculture dans la mesure où il n'institue pas des structures foncières à vocation exclusivement agricole d'une part (A) et institue une condition de mise en valeur dont la déficience devrait être relevée, d'autre part (B).

A- L'inexistence des structures foncières à vocation exclusivement agricole

L'inexistence des structures foncières à vocation exclusivement agricole traduit le relatif échec de la stratégie nationale de mobilisation des terres agricoles dans un contexte de promotion du développement. Si

[45] LE ROY E., « Patrimonialité plutôt que propriété », in LE ROY E., KARSENTY A., BERTRAND A., *La sécurisation foncière en Afrique. Pour une gestion viable des ressources renouvelables*, *op.cit.*, p. 47.

l'ordonnance n° 74/1 du 6 juillet 1974 consacre le domaine national comme structure foncière quasi agricole (1), celle n° 74/2 recèle une structure foncière quasi agricole par détermination qui est le domaine de l'État (2).

1- La structure foncière quasi agricole consacrée : le domaine national

Le domaine national n'est pas, contrairement à ce qu'on pourrait penser[46], une structure foncière typiquement agricole, c'est-à-dire la structure foncière agricole par essence. Cela se vérifie lorsqu'on s'intéresse tour à tour au domaine national de première catégorie et au domaine national de seconde catégorie.

D'après l'ordonnance n° 74/1 du 06 juillet 1974[47], la première catégorie du domaine national est constituée des terrains d'habitation, des terres de culture, de plantation, de pâturage et de parcours dont l'occupation se traduit par une emprise évidente de l'homme sur la terre et une mise en valeur probante. Il résulte de cette énumération que le législateur a, sur le domaine national de première catégorie, une conception fonctionnelle de l'espace dans la mesure où il envisage, en rapport avec les activités de base et de manière successive et juxtaposée, les terres de culture et de plantation à côté des terrains d'habitation, de pâturage et de parcours. De manière plus schématique, les terres du domaine national de première catégorie forment un ensemble dont les composantes se tiennent, et ne se démarquent les unes des autres qu'en rapport avec le type d'activité exercée. On ne pourrait donc valablement soutenir qu'il s'agit spécifiquement d'une terre agricole, autrement dit d'un espace[48] exclusivement destiné à la pratique de l'agriculture exprimée par les concepts fonciers de « *plantation* »[49] et de « *culture* »[50].

---

[46]. TJOUEN A.D., *op.cit.*, p. 66.

[47] Art. 15.

[48] LE BRIS E. et LE ROY E., « La question foncière en Afrique noire », in LE BRIS E., LE ROY E. et LEIMDORFER F., *Enjeux fonciers en Afrique noire, op.cit.*, p. 393.

[49] La plantation désigne une grande exploitation agricole dans les pays tropicaux (cf. *Petit Larousse en couleurs, op.cit.*, p. 767). Il faudrait retrouver derrière cette définition qui est principalement taillée à la mesure des réalités des États d'Afrique subsaharienne, l'idée de parcelle, de bloc de parcelles, d'unité de production et qui, de ce fait, permet des comparaisons avec d'autres espaces géographiques et d'autres époques : cf. GASTELLU J.-M., « La plantation est-elle une unité foncière pertinente ? », in LE BRIS E., LE ROY E., MATHIEU P., *L'appropriation de la terre en Afrique noire, op.cit.*, p. 89. En zone rurale, les

Le domaine national de seconde catégorie est constitué des terres libres de toute occupation effective[51]. Dans la vision du législateur, il s'agit des terres qui sont soustraites de l'emprise de l'homme et sur lesquelles il ne peut justifier a priori d'une mise en valeur probante. Les terres relevant de cette catégorie foncière sont affectées à des projets de développement entrant dans le cadre des options économiques, sociales ou culturelles de la nation[52]. De la sorte, les parcelles de cette dépendance peuvent être affectées à la pratique de l'agriculture. Il ressort de quelques actes réglementaires octroyant des concessions que les concessionnaires sollicitent le plus souvent de vastes espaces pour des projets agricoles[53].

Cette conception du domaine national de seconde catégorie doit être relativisée dans la mesure où les marécages, lorsqu'ils supportent des plantations, relèvent, à travers la théorie des mutations domaniales[54], du

---

agriculteurs développent des plantations dans les filières suivantes : banane plantain, palmiers à huile, hévéa, cacao, café, etc.

[50] La culture peut d'abord être considérée comme un terrain cultivé, une surface exploitée. Elle désigne également l'espèce végétale cultivée : cf. *Petit Larousse en couleurs*, *op.cit.*, p. 293. L'ambivalence du concept permet de faire une distinction entre la terre, support de l'activité culturale, et le produit de l'activité culturale, en l'occurrence les espèces végétales. Dans les États d'Afrique subsaharienne, la distinction est souvent faite entre les cultures de rente et les cultures de consommation. Mais seulement, dans le contexte mondial actuel, la distinction s'estompe dans la mesure où toutes les cultures sont désormais insérées dans le circuit du capitalisme agraire.

[51] Ordonnance n° 74/1, art. 15.

[52] Art. 2 du décret n° 76/166 du 27 avril 1976 fixant les modalités de gestion du domaine national.

[53] À titre d'illustration, le décret n° 2006/087 du 11 mars 2006 autorise la conclusion d'un bail emphytéotique sur huit dépendances du domaine national entre l'État du Cameroun et la SOSUCAM, d'une superficie globale de 11 980 ha ; dans le même sens, le décret n° 2002/323 du 19 décembre 2002 porte attribution en concession provisoire d'une dépendance du domaine national sise à TIKO au profit de la société MISSAKA Holding PLC représentée par M. MBELLA SONNE DIPOKO en vue de la réalisation d'une bananeraie de 3000 ha.

[54] Cette théorie permet en réalité d'établir qu'il existe une relation de vases communicants entre les différents ensembles domaniaux, de telle sorte qu'une terre appartenant à une catégorie domaniale précise peut se retrouver incorporée à une autre catégorie. Nous sommes là en réalité dans la circulation intelligible des terres, à travers leur passage d'un domaine à un autre. C'est précisément ce qui a cours lorsque l'ordonnance n° 74/2 dispose que les marécages, à l'exception des plantations aménagées, font partie du domaine public.

domaine national de seconde catégorie. Pour le comprendre, il suffit de faire état des dispositions de l'ordonnance[55] n° 74/2 du 06 juillet 1974 selon lesquelles le domaine public naturel comprend un domaine public fluvial constitué entre autres choses des marécages, à l'exception des plantations aménagées. Ces espaces peuvent ainsi faire l'objet de droits réels immobiliers après immatriculation. Une décision de la Chambre administrative de la Cour Suprême[56] du Cameroun révèle que la procédure à suivre pour constituer les droits réels sur les marécages est celle de l'immatriculation indirecte. Or, il n'est possible de faire recours à l'immatriculation indirecte que sur les terres du domaine national de seconde catégorie[57]. De manière subtile, le législateur déclasse du domaine public les marécages supportant des plantations aménagées pour les incorporer dans le domaine national de seconde catégorie qui n'est pas une structure foncière agricole par excellence, mais plutôt une structure foncière constituée entre autres des terres agricoles.

À côté du domaine national qui est la structure foncière quasi agricole consacrée, se positionne une structure foncière quasi agricole par détermination qui est le domaine de l'État.

2- La structure foncière quasi agricole par détermination : le domaine de l'État et des autres personnes morales de droit public

Lorsqu'on envisage les terres agricoles, on ne pense pas très souvent au domaine de l'État et des autres personnes morales de droit public. Il faudra montrer en quoi ce domaine qui se divise en domaine privé et domaine public peut être considéré comme une structure foncière quasi agricole.

Du point de vue de son assiette, le domaine privé de l'État comprend entre autres les concessions rurales ou urbaines frappées de déchéance ou du droit de reprise, les prélèvements décidés par l'État sur le domaine national

---

Pour plus de précisions sur la question : cf. CAVERIVIERE M. et DEBENE M., *op.cit.*, p. 137 et s.

[55] Art. 3.

[56] CS/CA, Recours n° 1063/200-2001 du 18 mai 2000, Affaire Les Brasseries du Cameroun c/ État du Cameroun (MINUH), Jgt n° 42/2000-2001 du 30 août 2001, inédit.

[57] Art. 11 du décret n° 76/165 du 27 avril 1976 fixant les conditions d'obtention du titre foncier, modifié et complété par le décret n° 2005/481 du 16 décembre 2005.

et les propriétés des zones rurales qui, depuis 10 ans au moins, n'ont fait l'objet d'aucune régénération et qui ont été incorporées au domaine privé[58]. De même, « *les dépendances du domaine public naturel ou artificiel reconnues sans utilité compte tenu de leur affectation initiale peuvent être déclassées et intégrées par décret au domaine privé de l'État ou des autres personnes morales de droit public* »[59].

De ce qui précède, l'on peut soutenir que le domaine privé de l'État est constitué entre autres des espaces agricoles au regard du mode de constitution de son assiette. L'État peut y développer lui-même des activités agricoles ou attribuer ses parcelles en jouissance ou en propriété à des personnes physiques ou morales promotrices de projets agricoles[60]. Il peut en outre attribuer les terres du domaine privé en participation au capital[61] des sociétés exerçant des activités agricoles, avec droit de réincorporation[62] en cas de dissolution, faillite ou liquidation desdites sociétés[63]. Tel qu'on le voit, le domaine privé de l'État est utilisé à des fins de droit privé[64], tant on sait que le secteur privé est d'une contribution importante à l'essor de l'agriculture.

---

[58] Art. 10 de l'Ordonnance n° 74/2 du 6 juillet 1974 fixant le régime domanial.

[59] Art. 5 de l'Ordonnance n° 74/2.

[60] Art. 12 de l'Ordonnance n° 74/2 et art. 16 du décret n° 76/167 du 6 juillet 1974 fixant les modalités de gestion du domaine privé de l'État.

[61] Cet apport en capital est un apport en nature puisqu'il a pour objet des droits portant sur la terre, bien immobilier (art. 40 AUDSCGIE du 30 janvier 1994). Cet apport peut être libéré en propriété (art. 46 AUDSCGIE) ou en jouissance (art. 47 AUDSCGIE). Il est évalué par une commission composée du directeur des domaines, du directeur du cadastre et d'un commissaire aux apports désigné par l'Assemblée générale de la société (art. 12 du décret n° 76/167). Cette participation de l'État rejaillit sur la nature de la société qui sera soit une société à capital public, soit une société d'économie mixte (v. art. 2 la loi n° 99/016 du 22 décembre 1999 portant statut général des établissements publics et des entreprises du secteur public et parapublic).

[62] L'incorporation dont il question pose problème du point de vue de son automaticité dans la mesure où l'art. 4 de la loi du 22 décembre 1999 fait une distinction entre les biens immobiliers du domaine privé transférés en jouissance et ceux transférés en propriété. Dans le premier cas, les biens immobiliers conservent leur statut d'origine ; dans le second cas, ils sont intégrés de façon définitive dans le patrimoine de l'entreprise bénéficiaire (art. 4 de la loi du 22 décembre 1999).

[63] Art. 12 de l'ordonnance n° 74/2 et art. 12 du décret n° 76/167.

[64] LEY A., *op.cit.*, p. 99.

Parce que constitué des biens et droits réels immobiliers acquis par des voies de droit privé ou par incorporation[65], le domaine privé des autres personnes morales de droit privé est une miniaturisation du domaine privé de l'État. C'est la raison pour laquelle, à défaut pour la personne publique concernée de développer sur ces espaces des activités agricoles, elle peut les aliéner au profit des personnes désireuses de s'y investir. Mais dans ce dernier cas, les actes d'aliénation doivent être revêtus, à peine de nullité, du visa du ministre chargé des Domaines[66].

Le domaine public, qui est une composante du domaine de l'État, contient des espaces qui peuvent avoir un usage agricole. Aux termes de l'ordonnance[67] n° 74/2, « *les règles relatives à la délivrance des permis de stationnement, aux autorisations d'occupation ou d'exploitation du domaine public sont fixées par décret* »[68]. Les progrès réalisés par la doctrine foncière ces dernières années ont permis d'établir que le domaine public ne devrait plus être conçu comme un « *espace foncier négateur* »[69]. Il est possible de construire, en l'état actuel du droit positif[70] camerounais, les dynamiques de privatisation[71] du domaine public. La privatisation du domaine public en soi suppose à la base qu'on le conçoive comme un espace foncier. Cela revient à dire que le domaine public est, comme le domaine national ou le domaine privé, constitué de terres qui forment l'objet foncier[72]. C'est le cas par exemple des rives des embouchures des cours d'eau subissant l'influence de la mer jusqu'à la limite des plus hautes marées, ainsi que la zone de vingt-cinq mètres à partir de cette limite ou encore des cours d'eau navigables ou

---

[65] Art. 13 al. 1 de l'ordonnance n° 74/2.

[66] Art. 13 al. 2 de l'ordonnance n° 74/2.

[67] Art. 9.

[68] Depuis 1974, il n'existe pas à notre modeste connaissance un décret d'une telle nature. Tout au plus, l'on peut évoquer à l'heure actuelle, le projet de décret fixant les modalités de gestion et de protection du domaine public qui compte 60 articles.

[69] MBEM LISSOUK B. A., *Les étrangers et la terre en droit foncier camerounais*, Thèse en vue de l'obtention du Doctorat Ph. /D en Droit, Université de Yaoundé II Soa, février 2014, p. 94, n° 186.

[70] Notamment à travers la loi n° 2006/012 du 29 décembre 2006 fixant le régime général des contrats de partenariat.

[71] BRETON J.M., « Le domaine de l'État », in *Encyclopédie Juridique de l'Afrique*, Tome 5, *op.cit.*, p. 227-229.

[72] CAVERIVIERE M. et DEBENE M., *op.cit.*, p. 108.

flottables dans les limites déterminées par les plus hautes eaux, ainsi qu'une zone de vingt-cinq mètres à partir de cette limite[73] qui forment ce que le droit foncier sénégalais appelle « *les pas géométriques* »[74]. De tels espaces peuvent être utilisés pour l'agriculture irriguée ou fluviale[75], toutes choses qui concourent à la qualification de certains espaces du domaine public en terres agricoles.

Le droit foncier est également d'un apport limité à la promotion de l'agriculture du point de vue de la déficience de la condition de mise en valeur des terres agricoles.

B- La déficience de la condition de mise en valeur des terres agricoles

La condition de mise en valeur des terres agricoles, telle que prévue par les textes régissant la terre est en réalité la clé de voûte de l'éclosion de l'agriculture. Malheureusement, elle est déficiente dans la mesure où elle ne facilite pas l'accès à la propriété foncière d'une part (1), et la productivité d'autre part (2).

1- La mise en valeur : une condition peu favorable à la titrisation des terres agricoles

La titrisation des terres agricoles, en ce qu'elle est un levier important pour la promotion de l'agriculture, n'est malheureusement pas favorisée par la condition de mise en valeur. Cela se vérifie tant sur les terres agricoles du domaine national que sur celles du domaine de l'État.

Le domaine national de première catégorie est encore appelé domaine national occupé ou exploité. Si l'occupation ou l'exploitation, selon les cas, permet de caractériser la mise en valeur au sens large[76], celle-ci doit être antérieure au 5 août 1974, date de publication de l'ordonnance n° 74/1 du

---

[73] Art. 3 de l'ordonnance n° 74/2.

[74] Art. 5 de la loi sénégalaise n° 76-166 du 2 juillet 1976 portant code du domaine de l'État, JORS, 20 septembre 1976, p. 1478 ; CAVERIVIERE M. et DEBENE M., *loc.cit.*

[75] MATHIEU P., *op.cit.*, p. 62 ; COURADE G., « Le projet de développement rural : à la recherche de la productivité de la terre », in LE BRIS E., LE ROY E., MATHIEU P., *op.cit.*, p. 192.

[76] TJOUEN A.D., *op.cit.*, p. 144.

6 juillet 1974 fixant le régime foncier[77]. Pour ainsi dire, celui qui veut obtenir un titre foncier sur un terrain peut rapporter la preuve de l'intensification de la pratique de l'agriculture sur ledit terrain avant le 5 août 1974, même si l'activité s'est poursuivie au-delà de cette date. Cette disposition signifie que pour immatriculer une terre agricole relevant de la première dépendance du domaine national, l'agriculteur camerounais devrait justifier d'une possession antérieure au 05 août 1974, ce qui est précisément difficile. Comment peut-on encore concevoir qu'il soit d'actualité de demander de rapporter la preuve d'une mise en valeur remontant à quarante ans pratiquement ?

Si cette disposition ne semble pas poser des difficultés sérieuses aux agriculteurs membres des collectivités coutumières habilitées, son application stricte réduit considérablement les marges de manœuvre de ceux considérés comme des allochtones. Or, comme le souligne à juste titre le regretté Professeur S. Melone : « *La production doit être envisagée comme un rôle, une fonction nécessaire : chaque citoyen doit contribuer à cette recherche de richesse qui permet à l'individu de vivre mieux, à l'État d'être plus riche et aux citoyens de profiter de cette richesse. Si la terre est ainsi envisagée comme un instrument de production, il est nécessaire qu'elle puisse être à la disposition de tout le monde : c'est d'autant plus nécessaire que pour une majorité de citoyens, c'est la seule richesse disponible* »[78]. C'est certainement la raison pour laquelle les petites exploitations agricoles restent pour la plupart non immatriculées[79]. L'immatriculation, même lorsqu'elle est alors acquise par l'allochtone, pourrait être considérée d'un strict point de vue comme le produit d'une fraude à la loi dans la mesure où le droit de la pratique, prenant le pas sur la pratique du droit, s'appuie sur les certificats d'abandon

---

[77] Art. 9 du décret n° 76/165 fixant les conditions d'obtention du titre foncier, modifié et complété par le décret n° 2005/481 du 16 décembre 2005.

[78] MELONE S., Thèse préc., p.210.

[79] TCHIENTCHEU NJIAKO A., « Mystification et démystification du titrement foncier en Afrique : le cas du Cameroun », Présentation scientifique de la conférence internationale organisée par l'Union Internationale du Notariat sur le thème « *Le titrement foncier au service de la paix sociale et du développement du continent africain* », Ouagadougou (Burkina Faso), 25-26 janvier 2012, p. 13. En ligne sur www.Uinl.net/DOCUMENTOS/ARCHIVOSWEB/Thème3-Prés.scientif.-TCHIENTCHEU-MYSTIFICATION ET DEMYSTIFICATION.pdf.

des droits coutumiers[80]. Visiblement, il y a rupture entre la légalité, la légitimité et la pratique foncières.

Pour ce qui est du domaine national de deuxième catégorie, toute personne physique ou morale désirant obtenir une concession provisoire en vue de mettre en valeur les terres y relevant par l'agriculture, doit adresser une demande au service du lieu de situation de l'immeuble contre récépissé[81]. Cette demande est par ailleurs accompagnée d'un programme de mise en valeur[82] agricole faisant ressortir les étapes de la réalisation[83]. À l'expiration de la concession provisoire ou bien avant, la commission consultative procède à un constat de mise en valeur dont la pertinence fonde le droit à la mutabilité de la concession provisoire en bail emphytéotique ou en concession définitive[84]. Il ne fait ainsi aucun doute que ce qui est en jeu, c'est l'importance des investissements réalisés dans le cadre du projet agricole[85] présenté et son apport réel au développement de l'agriculture. Malheureusement, cette procédure qui a pour principal pivot la mise en valeur nécessite la mobilisation d'importants moyens humains, financiers et techniques qui ne la rendent pas toujours très accessible. Qui plus est, elle semble de plus en plus dévoyée et ne garantirait plus l'accès à la propriété foncière. Dans une circulaire récente[86], le Premier ministre de la République

---

[80] TIENTCHEU NJIAKO A., *Droits réels et domaine national au Cameroun*, Yaoundé, PUA, 2004, p. 339.

[81] Art. 4 du décret n° 76/166 du 27 avril 1976 fixant les modalités de gestion du domaine national.

[82] Pour que la mise en valeur projetée puisse donner lieu à l'octroi de la concession provisoire, il faudrait que le projet qui sous-tend la demande y relative, entre dans le cadre des options économiques de la nation. C'est la raison pour laquelle le chef de service compétent des domaines doit recueillir tous les avis utiles, notamment ceux des services publics locaux de l'agriculture, puis transmettre le dossier pour avis à la commission consultative[82]. C'est cette dernière qui, après avoir proposé à l'autorité préfectorale, la répartition de l'espace rural, qui est le domaine même de la concession provisoire, en zone agricole et pastorale, émet un avis sur les demandes d'attribution des concessions.

[83] Art. 5 du décret n° 76/166 du 27 avril 1976 fixant les modalités de gestion du domaine national.

[84] Art. 9 du décret n° 76/167.

[85] Pour des illustrations saisissantes, v. TJOUEN A.D., *op.cit.*, p. 164.

[86] Il s'agit de la circulaire n° 001/CAB/PM du 1er avril 2014 relative aux dispositions applicables aux investisseurs pour l'accès à la terre au Cameroun.

du Cameroun fait le constat de l'existence « *des irrégularités et des dysfonctionnements dans la mise à disposition des terres, dans la recherche et l'acquisition de ces terres par des investisseurs pour la réalisation de leurs projets* ». Ces derniers peuvent également être réalisés sur les terres agricoles du domaine de l'État.

Sur le domaine privé de l'État, les modalités de mise en valeur devraient être comprises à partir des règles relatives à la gestion[87] de cette catégorie foncière, et plus précisément celles ayant trait à la vente des parcelles y relevant par adjudication[88]. En cas d'adjudication, le titre foncier délivré porte une clause apparente d'incessibilité du terrain et de ses impenses avant la mise en valeur stipulée dans l'arrêté d'homologation. Les cessions ultérieures intervenues sans autorisation préalable et en infraction à cette clause sont nulles et inopposables aux tiers et à l'administration. Pour ainsi dire, l'acquisition d'une parcelle du domaine privé de l'État par adjudication, en vue de l'intensification agricole, ne confère pas *ipso facto* le droit de disposer de l'immeuble. Le droit de disposer du cessionnaire est conditionné par une mise en valeur agricole qui, lorsqu'elle est effective, consolide la propriété foncière. Avant la mise en valeur, il y a pour ainsi dire transfert de deux attributs du droit de propriété que sont *l'usus* et *le fructus* ; après la mise en valeur, *l'abusus* est définitivement transféré et le droit de propriété, caractérisé.

Il paraît encore plus intéressant de noter qu'en cas de décès de l'acquéreur avant la mise en valeur, les ayants droit restent assujettis aux obligations de mise en valeur. S'ils sont défaillants[89], le ministre prononce la résolution de la vente qui entraîne la caducité du titre délivré et le remboursement des sommes versées au titre de l'acquisition du terrain. Dans cette hypothèse, le législateur fait de la mise en valeur une condition

---

[87] Décret n° 76-167 du 27 avril 1976 fixant les modalités de gestion du domaine privé de l'État.

[88] Arts. 6 et 7 du décret n° 76/167 du 27 avril 1976.

[89] À titre de droit comparé, selon une tendance jurisprudentielle largement postérieure à la réforme de 1974-1976, la gravité du comportement d'une partie au contrat autorise l'autre à décider de la résolution, par une sorte de prolongement renforcé de l'exception d'inexécution (Civ. 1re, 13 octobre 1998, D. 1999, 197, note JAMIN ; Com., 22 octobre 1996, Bull. civ., IV, n° 260 ; Com., 20 février 2001, Bull. civ., I, n° 40).

résolutoire[90] de la vente. Si cela peut être compris quant à la nécessité de promouvoir le développement économique, l'on peut tout de même s'en inquiéter quant à ce qui concerne le pouvoir de résolution qui, par principe, est judiciaire[91]. La déjudiciarisation de la résolution impacte la sécurité juridique en ouvrant la voie à l'instabilité du rapport contractuel[92] qui rejaillit à son tour sur l'obtention du titre foncier. Elle peut en cela produire un effet de dissuasion dans la dynamique supposée de constitution d'un rapport foncier pertinent sur le domaine privé de l'État.

En dernière analyse, l'on devrait souligner que le domaine public peut également être mis en valeur lorsque le titulaire d'une autorisation d'occupation ou d'exploitation exerce une activité agricole de son choix. Mais comment concevoir dans ce cas qu'il obtienne un titre foncier sur la parcelle par lui exploitée ? Tout au plus, la loi[93] sur les contrats de partenariat fait de l'investisseur, le propriétaire des réalisations, donc le propriétaire de ce qui accède au domaine public.

La mise en valeur déteint également sur la productivité.

2- La mise en valeur : une condition peu favorable à la productivité

D'un strict point de vue économique[94], la mise en valeur se fait par la mobilisation des biens qui sont introduits dans le circuit de l'activité économique. Appliquée à l'activité agricole, la mise en valeur suppose un déploiement dans l'économie[95] de la terre. Celle-ci se construit autour d'un système d'input et d'output. L'input renvoie à la première forme de rente différentielle qui est liée à des considérations de fertilité[96] : il s'agit des biens

---

[90] BENABENT A., *Droit civil, Les obligations*, Paris, LGDJ-Montchrestien, 11e éd., 2007, p. 254.

[91] Art. 1184 du Code civil.

[92] Si la rupture est ensuite jugée non fondée, le contrat sera résolu aux torts de son auteur : Com., 17 novembre 1998, Bull. civ., IV, n° 271.

[93] Art. 16 de la loi n° 2006/012 du 29 décembre 2006 fixant le régime général des contrats de partenariat.

[94] CAVERIVIERE M. et DEBENE M., *op.cit.*, p. 43, spéc. n° 59 ; TIENTCHEU NJIAKO A., *Droits réels et domaine national au Cameroun*, Yaoundé, PUA, 2004, p. 72.

[95] Sur la question, on pourra lire ESSOMBE EDIMO NYA BONABEBE J.R., *Spatialité et développement économique à Douala. Entre le hasard et la nécessité*, Paris, L'Harmattan, 2007, 206 p.

[96] LE BRIS E. et LE ROY E., *op.cit.*, p. 396.

économiques mobilisés en vue de la production, notamment les intrants agricoles. L'output permet d'entrevoir les biens produits par la terre en l'occurrence les cultures[97] : c'est la seconde forme de rente différentielle qui proviendrait des investissements successifs incorporés au sol, investissements qui donneraient naissance à des surplus successifs[98].

Il est cependant regrettable de constater que la formulation de la condition de mise en valeur n'intègre pas cet aspect dans la mesure où elle doit remonter à une période antérieure au 5 août 1974, même si elle ne s'est pas poursuivie après cette date. L'on peut donc considérer que dans le contexte camerounais, le législateur a pris le parti de la mise en valeur circonstanciée sur les terres du domaine national de première catégorie, alors qu'il aurait pu faire le choix de la mise en valeur permanente ; cela a un impact sérieux sur la productivité[99] en matière agricole parce que d'après l'esprit de la réforme foncière de 1974, il faut avoir pu produire à une certaine époque pour obtenir le titre foncier.

Or, il est possible de considérer que du point de vue de la politique juridique[100], la finalité à atteindre en instituant une condition de mise en valeur préalable est de faire du titre foncier un acte juridique qui s'obtient au prix d'un certain effort[101] de participation au développement. Le titre foncier octroyé par l'administration vient couronner les efforts consentis par les demandeurs en ce qui concerne la valorisation des terres agricoles. Véritable prime à l'effort, le titre foncier octroyé à la suite de la procédure d'immatriculation[102] marque soit la consolidation d'une situation de fait, c'est-à-dire la possession, soit la consolidation d'une situation de droit en l'occurrence le contrat de concession provisoire. De ce point de vue, « *la*

---

97 *Ibid.*, p. 397.

98 *Ibid.*, p. 396.

99 TIENTCHEU NJIAKO A., *op.cit.*, p. 73.

100 Pour une appréhension de la notion, v. BERGEL J.-L., *Méthodologie Juridique*, Paris, PUF, 1re éd., 2001, p. 81 et s.

101 CAVERIVIERE M. et DEBENE M., *op.cit.*, p. 48.

102 Pour une analyse en profondeur de la procédure d'immatriculation, v. TJOUEN A.D., *op.cit.*, p. 142 et s. ; NYAMA J.M., *Régime foncier et domanialité publique au Cameroun*, Yaoundé, Presses de l'UCAC, 2001, p. 114 et s. ; GOUDEM J., *Les politiques foncières et domaniales du Cameroun : de l'ère précoloniale à nos jours*, Thèse en vue de l'obtention du Doctorat Ph. D. en Droit privé, Université de Yaoundé II, septembre 2010, p. 355 et s.

terre appartient à celui qui la travaille »[103] ; mieux, elle « *appartient à celui qui la met en valeur* »[104]. Seulement, entre cette option de politique juridique et sa mise en œuvre technique, la rupture est consommée[105].

Telle est construite l'idée de l'apport relatif du droit foncier positif camerounais à la promotion de l'agriculture. Cet apport pourrait toutefois être plus significatif.

II- L'apport optimal du droit foncier à l'essor de l'agriculture

Les législations de développement, à l'instar de la législation foncière, fluctuent au gré des options économiques des États. Ce postulat se vérifie à l'heure actuelle au Cameroun où il est annoncé une réforme foncière[106] qui devrait être d'un apport significatif à la promotion de l'agriculture. D'un point de vue théorique, pour que l'apport du droit foncier à la promotion de l'agriculture soit optimal, il est escompté de la réforme, un réaménagement institutionnel intégré des structures foncières quasi agricoles (A) et une reformulation du modèle de mise en valeur des terres y relevant (B).

A- Le réaménagement institutionnel intégré des structures foncières quasi agricoles

Les structures foncières quasi agricoles, dans leur configuration actuelle, semblent prises de cours par les dynamiques agraires, d'où la nécessité de leur réaménagement institutionnel intégré. C'est pour cela qu'il convient d'envisager d'une part l'option du réaménagement (1) et, d'autre part, l'intégration des structures foncières ainsi réaménagées (2).

---

[103] CHAUMIE J., « La régulation des rapports fonciers à l'unité d'exploitation », in LE BRIS E., LE ROY E., MATHIEU P., *op.cit.*, p. 56.

[104] CHAUMIE J., *loc.cit.*

[105] Elle est d'autant plus consommée que le ministre des Domaines relevait déjà dans l'Instruction n° 11/Y.7/MINDAF/D 100 du 25 juin 2007 portant rappel des dispositions réglementaires régissant la gestion du domaine national de deuxième catégorie que de nombreux projets d'exploitation des parcelles de terrain relevant du domaine national sont très souvent engagés sur de vastes superficies généralement sans commune mesure avec leur importance réelle, et ne comportent pas de garanties satisfaisantes aussi bien concernant leur pérennité que leur impact sur le développement économique et social

[106] Le Chef de l'État a annoncé, dans son discours d'ouverture du comice agropastoral d'Ebolowa du 17 janvier 2011, la préparation d'une réforme foncière visant à répondre aux exigences de l'agriculture de seconde génération.

1- L'option du réaménagement

Le réaménagement des structures foncières quasi agricoles est dicté par le diagnostic qui doit en être fait. Le moins que l'on puisse dire est qu'il existe une tendance à la remise en cause, par les pratiques agro-foncières, de la structuration institutionnelle de la terre. La mutation des pratiques agro-foncières sous l'effet de la croissance démographique[107] et de la recherche d'une sécurité alimentaire minimale déjoue les dynamiques juridiques de constitution des espaces agricoles. Il se crée ainsi, en rapport à la structuration institutionnelle de la terre, une rupture entre la pratique, la légitimité et la légalité foncières[108] qui forment l'intelligible triptyque qui conditionne la sécurisation[109] des droits sur la terre, et partant une meilleure intensification agricole. Il convient de le démontrer en envisageant chaque structure foncière quasi agricole.

Le domaine national est plus que jamais une structure foncière quasi agricole décloisonnée et monopartite, lorsqu'il est pris en compte l'idée selon laquelle sa seconde catégorie reste discutée, et constituée d'espaces « *disputés* »[110]. Le premier argument permettant de soutenir que le domaine national de seconde catégorie est une structure foncière quasi agricole discutée est tiré de la civilisation agro-foncière des masses paysannes africaines. Il est resté inscrit dans la mémoire et l'imaginaire collectifs des peuples d'Afrique, l'idée selon laquelle toutes les terres appartiennent aux hommes, bien que pouvant être inoccupées à un moment donné[111]. Telle terre a nécessairement un maître qui l'occupera un jour ou l'autre. Cet argument permet de justifier l'investissement des terres du domaine national

---

[107] LAVIGNE. DELVILLE Ph., « Privatiser ou sécuriser ? », in LAVIGNE DELVILLE Ph. (Sous la dir.), *Quelles politiques foncières pour l'Afrique rurale ? Réconcilier pratiques, légitimité et légalité*, Paris, Karthala et Coopération française, 1998, p. 28-35.

[108] MBEM LISSOUK B.A., thèse préc., p. 330, n° 684.

[109] LE ROY E., KARSENTY A., BERTRAND A., *La sécurisation foncière en Afrique*, *op.cit.*, p. 21.

[110] Expression empruntée à CROUSSE B., LE BRIS E., LE ROY E., *Espaces disputés en Afrique noire. Pratiques foncières locales*, Paris, Karthala, 1986, 427 p.

[111] BRIDIER B., « La répartition des terres entre unités d'exploitation. Quelques classifications de la recherche-développement », in LE BRIS E., LE ROY E., MATHIEU P., *op.cit.*, p. 58.

de deuxième catégorie au titre de l'agriculture, notamment par la pratique de la jachère[112].

Relativement au second argument, il convient de relever que le domaine national de seconde catégorie ne saurait être le « nerf de l'État », conformément à une tournure aujourd'hui consacrée[113]. Mais, à partir de la manière dont le législateur réglemente cette catégorie foncière, tout porterait à penser qu'il s'agit d'une catégorie domaniale. Aussi tôt que cela est dit, l'on peut paraître surpris de constater que les terres de la seconde dépendance sont administrées par l'État. Cet aspect des choses mérite d'être relevé dans la mesure où l'évocation de l'État dans la gestion fait craindre les collectivités coutumières qui inscrivent dans leur univers symbolique l'idée selon laquelle les terres de cette catégorie lui appartiennent.

Catégorie foncière discutée, la deuxième dépendance du domaine national est également une catégorie disputée. Cela peut être compris à partir de l'ordonnance n° 74/1 qui dispose : « *Dans le respect de la réglementation en vigueur, un droit de chasse et de cueillette leur (les collectivités coutumières, leurs membres ou toute autre personne de nationalité camerounaise) est également reconnu sur les dépendances de la deuxième catégorie prévue à l'art. 15, tant que l'État n'aura pas donné à ces terres une affectation précise* »[114]. Visiblement, le législateur a voulu atténuer l'effet lié à la perte par les collectivités coutumières de leur souveraineté foncière sur les terres relevant de la seconde catégorie. Fidèle à sa logique de « domanialisation »[115] des terres, il institue les droits de chasse et de cueillette qui ne permettent pas d'envisager le développement de la petite agriculture sur les terres libres de toute occupation effective. Il ne saurait en effet avoir qualification des terres concernées en terres agricoles avec la seule reconnaissance des droits de chasse et cueillette qui sont des droits d'usage concurrents sur les ressources. Or, la possibilité de voir les petits agriculteurs ruraux investir ces terres est grande, du simple fait de la reconnaissance à eux

---

[112] DESJEUX D., « Des stratégies paysannes pour gérer l'incertitude foncière », in LE BRIS E., LE ROY E., MATHIEU P., *op.cit.*, p. 202.

[113] TJOUEN A.D., *op.cit.*, p. 7.

[114] Art. 17 al. 3.

[115] POUGOUE P.G., Thèse préc., p. 72.

des droits de chasse et de cueillette qui, *mutatis mutandis*, se transformeront en « droits de culture ». La situation des marécages est tout aussi complexe.

Les marécages ne font pas partie du domaine public lorsqu'ils supportent des plantations aménagées. Seulement si toute activité agricole ne permet pas de caractériser une plantation, une mauvaise interprétation[116] de la loi[117] pourrait conduire à envisager la simple intensification agricole comme une plantation, l'enjeu étant le déclassement du domaine public. À l'observation, l'on constate l'investissement des marécages par les populations, non pas au titre de la grande agriculture nécessitant la mobilisation des blocs de parcelle permettant de caractériser la plantation, mais au titre de l'agriculture de subsistance dont l'impact sur le développement n'est pas négligeable. Ici encore, le besoin en terres arables crée une rupture entre la pratique, la légalité et la légitimité foncières.

Comme le domaine national et le domaine public, le domaine privé de l'État et des autres personnes morales de droit public est de plus en plus travaillé par les nouvelles dynamiques agraires exprimant le rejet de la toute-puissante extension de la domanialité de l'État. La prise en compte de cette considération a permis de fonder l'intervention du décret n° 2008/738/PM du 23 avril 2008 portant organisation des procédures et modalités de l'aménagement foncier. Ce texte contient des relents de générosité en ce sens qu'un projet de restructuration ou de rénovation foncière émanant de l'État précise les modalités de reconnaissance et d'indemnisation des propriétaires avec ou sans titre foncier[118]. C'est donc dire que le droit positif intègre le postulat de la remise en cause par les dynamiques agraires de l'intangibilité des domaines public et privé. À partir du diagnostic ainsi dressé, et compte tenu de la préoccupation relative à la mise en harmonie du triptyque constitué de la pratique, de la légalité et de la légitimité foncières, il paraît opportun de mettre le domaine national et le domaine de l'État en perspective.

---

[116] À notre avis, l'interprétation devrait en principe être intrinsèque : cf. BERGEL J.-L., *op.cit.*, p. 236 et s. Même si l'on choisit de faire recours à l'interprétation extrinsèque, celle-ci doit être systémique : cf. BERGEL J.-L., *op.cit.*, p. 234.

[117] Ordonnance n° 74/2, à rapprocher de celle n° 74/1.

[118] Art. 6.

Le domaine national pourrait désormais être envisagé en terroir et réserve foncière. Le terroir[119] agricole serait constitué par un ensemble homogène de terres du domaine national nécessaires au développement de la petite agriculture par les groupes lignagers qui y sont implantés[120]. L'ensemble ainsi défini comprend les terres qui sont exploitées pour la culture, les plantations ou l'élevage. La détermination de cet ensemble homogène pourrait se faire par rapprochement aux pratiques foncières coutumières, fondamentalement topocentriques[121], parce qu'exaltant les lieux symboliques dans la délimitation des espaces. La logique de la constitution des réserves foncières[122] vise à corriger les tares du domaine national qui reste une catégorie foncière sujette à des polémiques dont la teneur ne permet plus de l'envisager dans une logique bipartite. L'institution des réserves foncières, telle qu'elle est dictée par les théories évolutionnistes[123] des droits sur la terre et les pratiques agraires locales, devrait intégrer, à côté de la constitution de vastes espaces destinés à l'agriculture industrielle dite de seconde génération et pouvant être qualifiés de « réserves foncières

---

[119] LERICOLLAIS A., « Le plan parcellaire », in LE BRIS E., LE ROY E., MATHIEU P., *op.cit.*, p. 292.

[120] MELONE S., Thèse préc., pp. 202-204.

[121] LE ROY E., « Introduction générale », in LE BRIS E., LE ROY E. et MATHIEU P., *L'appropriation de la terre en Afrique noire*, *op.cit.*, p. 8.

[122] *Document de Stratégie pour la Croissance et l'Emploi, Cadre de référence de l'action gouvernementale pour la période 2010-2020*, août 2009, p. 66.

[123] LAVIGNE DELVILLE Ph., « Privatiser ou sécuriser ? », in LAVIGNE DELVILLE Ph. (Sous la dir.), *op.cit.*, p. 28-35. La thèse qui alimente les théories évolutionnistes des droits sur la terre a pour source l'idée selon laquelle sous l'influence de la croissance démographique et du marché, on assiste à une évolution progressive des systèmes fonciers vers une généralisation de la propriété privée individuelle. De manière plus prosaïque, les théories évolutionnistes établissent un rapport pertinent entre la croissance démographique et la tendance irréversible à la constitution du droit de propriété, droit d'essence individuelle. Dans un tel contexte, on assiste à un fractionnement effréné de l'espace qui débouche à court, moyen ou long terme sur la rareté de la terre. La situation de rareté ainsi créée génère une compétition et une pression sur les terres disponibles. Les rapports sociaux impliquant la terre sont extrêmement sensibles à ces phénomènes dont la portée ne saurait être négligée. La particularité du phénomène qui vient d'être décrit est d'autant plus forte que les rapports fonciers sont nécessairement intégrés dans un environnement social macroscopique, générateur d'une interaction non négligeable avec les rapports fonciers qui se nouent à l'échelle des transactions immobilières privées.

agricoles », la mise sur pied des finages[124] agricoles dans le but de favoriser l'émergence de nouvelles solidarités villageoises structurées en communautés rurales ou tout autre groupement autour des projets agricoles à l'échelle locale[125]. C'est en se fondant sur ces éléments objectifs que l'autorité administrative créera et délimitera[126] chaque finage agricole[127].

D'un second point de vue, la restructuration du domaine de l'État est aussi nécessaire qu'utile. Pour le cas particulier du domaine public, la restructuration s'inspire des pratiques agraires qui sont en rupture avec la légalité foncière. La réconciliation entre la pratique agraire et la légalité foncière pourrait être construite par l'amputation des marécages du domaine public et leur simple reversement dans le domaine national, plus précisément dans les terroirs[128]. En droite ligne de la dynamique de restructuration des quasi-structures foncières agricoles, le domaine privé de l'État pourrait être doté, par amputation sur les terres actuellement libres de toute occupation effective, d'espaces destinés à la pratique de l'agriculture, notamment dans les zones rurales. Cela pourrait participer de la constitution de réserves foncières étatiques destinées à faire respirer l'économie foncière[129]. Ce n'est qu'après cette opération de restructuration que toutes les structures foncières quasi agricoles pourront être intégrées.

---

[124]KARSENTY A., « Maîtrises foncières et gestion forestière », in LE ROY E., KARSENTY A., BERTRAND A., *op.cit.*, p. 117.

[125]POUGOUE P.G., Thèse préc., p. 275.

[126]POUGOUE P.G., *loc.cit.*, art. 15 de la première mouture de l'Avant-projet de loi portant régime foncier et domanial de la République du Cameroun.

[127] Cette construction théorique trouve un écho favorable dans l'article 15 de la première mouture de l'Avant-projet de loi fixant le régime foncier et domanial qui institue au profit des collectivités coutumières un espace vital insusceptible d'appropriation dans les dépendances du domaine national de la première catégorie sur lesquelles les titres d'exploitation en jouissance, sous forme de concession coutumière ou rurale, peuvent leur être délivrés. Il faudrait toutefois préciser que ces mesures ne peuvent être opératoires que sur les terres considérées actuellement comme libres de toute occupation effective.

[128] Cet aspect des choses n'est cependant pas pris en compte par l'art. 20 de l'Avant-projet de loi qui maintient les marécages dans le domaine public fluvial, variante du domaine public naturel.

[129] L'art. 31 de l'Avant-projet de loi fixant le régime foncier et domanial consacre cette solution. Ce texte dispose que « *l'acte déclarant un terrain réserve foncière de l'État emporte transfert de propriété à son profit et permet de poursuivre la procédure d'indemnisation selon les*

2- L'intégration des structures foncières quasi agricoles réaménagées

L'intégration des structures foncières quasi agricoles réaménagées passe par la collecte des informations y relatives. Cette opération est déjà prévue en partie par le décret n° 76/166 du 27 avril 1976 fixant les modalités de gestion du domaine national[130]. La collecte de ces informations devrait se faire par une prise en compte de toutes les structures foncières quasi agricoles dans une perspective postérieure au réaménagement institutionnel, et non pas seulement du domaine national comme cela est le cas à l'heure actuelle. Le réalisme de cette solution s'impose en raison de l'impossibilité d'une refonte totale des structures foncières.

Les informations reçues pourraient par la suite être centralisées dans un plan foncier rural. Ce nouveau système d'information foncière agricole permettrait aux investisseurs d'avoir des informations fiables sur la disponibilité des terres agricoles, en vue de leur meilleure exploitation. Au Cameroun, le plan foncier rural[131] pourrait constituer la nouvelle matrice de l'organisation des terres rurales, c'est-à-dire des terres destinées à la pratique de l'agriculture et des activités connexes. Ce nouveau dispositif pourrait alors être intégré dans la stratégie du développement du secteur rural dans la mesure où la quasi-totalité des terres qui sont vouées à l'agriculture est dépourvue de documentation foncière ; et le plan a pour objectif de corriger cette situation en vue d'un meilleur contrôle et d'une meilleure gestion des terres[132]. Or, la gestion optimum des terres agricoles suppose vraisemblablement la mise sur pied d'une documentation foncière touchant

---

règles applicables en la matière ». Le législateur ne devrait cependant pas s'arrêter là. La réserve foncière doit clairement contenir des terres à usage exclusivement agricole.

130 Art. 14. Aux termes de cet article, « *la commission consultative propose à l'autorité préfectorale la répartition de l'espace rural en zone agricole et pastorale suivant les besoins des populations ; en outre, elle reçoit toutes observations et toutes informations en rapport avec la gestion du domaine national et fait des recommandations au ministre chargé des Domaines* ».

131 YAPI DIAHOU A., « Le plan foncier ivoirien », in LE BRIS E., LE ROY E., MATHIEU P., *op.cit.*, p. 310 ; CHAUVEAU J.-P., BOSC P.-M. et PESCAY M., « Le plan foncier rural en Côte-d'Ivoire », in LAVIGNE DELVILLE Ph., *op.cit.*, p. 553 ; GASTALDI J., « Les plans fonciers ruraux en Côte-d'Ivoire, au Bénin et en Guinée », in LAVIGNE-DELVILLE Ph., *op.cit.*, p. 481.

132 YAPI DIAHOU A., *loc.cit.*

toutes les terres agricoles des domaines national, public et privé[133]. Il faudrait alors après cela que le modèle de mise en valeur des terres agricoles soit reformulé.

B- La reformulation du modèle de mise en valeur des terres agricoles intégrées

Le moins que l'on puisse dire est que la mise en valeur, telle qu'elle est actuellement articulée par les textes, soulève quelques inquiétudes quant à la capacité du droit foncier de contribuer à la promotion de l'agriculture. Ainsi, avant de décliner la reformulation du modèle de mise en valeur (2), il paraît d'abord nécessaire d'envisager les perspectives qu'elle ouvre (1).

1- Les perspectives ouvertes par la reformulation

La sécurité alimentaire guide inéluctablement les dynamiques juridiques de reformulation du modèle de mise en valeur des terres agricoles en vue de la titrisation. Elle pourrait se traduire par l'allocation rationnelle des ressources foncières, donc des terres, en vue de la pratique de l'agriculture de subsistance et de l'agriculture industrielle. L'allocation rationnelle des terres suppose inéluctablement le cantonnement des superficies[134] à octroyer dans le cadre des procédures de concession. Les terres du domaine national doivent être protégées à la fois contre le *« détournement d'espace »*[135] et contre

---

[133] Cela est d'autant plus vrai que le ministère chargé des Domaines, du Cadastre et des Affaires Foncières (MINDCAF) se propose depuis quelques années d'identifier les terres suivant leur usage : cf. Ministère de l'Économie, de la Planification et de l'Aménagement du Territoire, *Comité de pilotage du développement rural, Autosuffisance et sécurité alimentaires au Cameroun : Une analyse basée sur la flambée des prix des produits alimentaires de première nécessité*, août 2008, p. 52.

[134] Celles-ci pourraient par exemple être réduites à 1000 m^2 pour les petites exploitations agricoles, 1 ha, soit 10 000 m^2 , pour les moyennes exploitations et 5 ha, soit 50 000 m^2 , pour les grandes exploitations. Cette idée figure en bonne place dans la première mouture de l'Avant-projet de loi portant régime foncier et domanial de la République du Cameroun. Aux termes de ce texte[134] : « *Les acquisitions foncières en propriété par les particuliers sur les terrains domaniaux sont limitées à dix hectares au plus sur toute l'étendue du territoire national. Au-delà de cette superficie, seules les acquisitions en jouissance sont admises* ». Qu'à cela ne tienne, cette superficie minimale reste exagérée, d'où sa réduction dans les portions plus congrues.

[135] PIERMAY J.-L., « Le détournement d'espace, corruption, et stratégies de détournement dans les pratiques foncières urbaines en Afrique centrale », in *Politique africaine*, volume 21, mars 1986, p. 22 et s, cité par LE ROY E., « L'appropriation et les systèmes de production

l'accaparement par des producteurs dotés de puissants moyens financiers dans un contexte foncier international marqué par le « *land grabbing* »[136]. Dans un contexte de concurrence entre l'agriculture familiale et l'agriculture industrielle, la limitation des superficies octroyées apparaît comme un moyen de garantir la sécurité alimentaire des petits agriculteurs qui conditionne elle-même leur droit à la vie. L'agriculture industrielle ou de rente coexiste avec une agriculture de consommation qui ne doit cependant pas conduire à l'écrasement de la seconde par la première. La disponibilité en terres arables est tout aussi bénéfique aux ruraux qu'aux acteurs structurés du développement. La réalisation de cet équilibre permettra d'éviter le développement d'un paysannat sans terre qu'on aura cru consoler avec le versement des sommes représentant la part financière des redevances domaniales[137] allouées aux collectivités coutumières dont l'espace agricole est adjacent aux terrains concédés.

Jusqu'ici, le concessionnaire d'une dépendance du domaine national de seconde catégorie est astreint au paiement d'une redevance de base qui est de 1 F/m², que le terrain soit situé en zone rurale ou urbaine[138]. Il est temps, compte tenu de l'attractivité des terres en Afrique subsaharienne et particulièrement au Cameroun, que cette pratique soit abandonnée et qu'il soit procédé à une augmentation du montant de base de la redevance. Cette augmentation aurait pour effet d'induire chez les producteurs structurés, le réflexe de la limitation des superficies. Qui plus est, il peut être considéré que la revalorisation permettra d'augmenter les sommes versées aux collectivités riveraines qui, elles-mêmes doivent bénéficier, comme tous les sujets de droit, d'un allègement des contraintes procédurales relativement à l'immatriculation des terres agricoles.

Au cœur des perspectives, se trouve surtout l'allègement des contraintes procédurales. Dans le cadre de l'immatriculation directe, cet allègement pourrait se faire par la suppression de la condition relative à la mise en

---

», in LE BRIS E., LE ROY E., MATHIEU P., *L'appropriation de la terre en Afrique noire*, *op.cit.*, p. 34.

[136] MBEM LISSOUK B.A., Thèse préc., p. 205, n° 432.

[137] L'art. 4 du décret n° 2006/087 du 11 mars 2006 autorisant la conclusion d'un bail emphytéotique sur huit dépendances du domaine national avec la SOSUCAM alloue aux victimes des travaux d'extension de la SOSUCAM, une indemnité de 186 659 150 FCFA.

[138] Art. 2 de la loi de finances 1990-1991.

valeur avant le 5 août 1974[139] qui est d'ailleurs reprise par l'Avant-projet de loi portant régime foncier et domanial[140] ; il s'agit là d'un indice qui permet de conjecturer que la réforme en vue n'a pas prétention à s'en départir. Si cette condition désarticule le triptyque légitimité-légalité-pratique, la réconciliation de ces trois paradigmes pourrait passer par l'institution de l'usucapion[141] encore appelée prescription acquisitive. Pour ce qui est de la procédure d'immatriculation indirecte, l'allègement des contraintes procédurales prend nécessairement le visage de la régionalisation de la procédure compte tenu de la réduction des superficies à octroyer. En plein contexte de décentralisation, les collectivités territoriales décentralisées que sont les régions pourraient valablement intervenir. De la sorte, le développeur pourrait obtenir le titre foncier après une mise en valeur dont la reformulation doit être déclinée.

2- La déclinaison de la reformulation

La production agricole à grande échelle ne peut être réalisée sans une capacité de mise en valeur conséquente. C'est la raison pour laquelle la mise en valeur qui se veut permanente doit être postérieure à l'aménagement réalisé par une structure spécialisée.

Parmi les institutions chargées de promouvoir l'agriculture, il manque[142] à l'heure actuelle une structure d'aménagement des terres agricoles comme il

---

[139] Art. 9 du décret n° 76/165. L'on pourrait aisément conjecturer qu'il était question de consolider les situations nées antérieurement à l'aboutissement de la réforme foncière dans la mesure où il ne peut avoir de développement économique réel par le biais de l'agriculture dans un contexte de tensions sociales ayant pour déterminants les terres agricoles. En voulant préserver la cohésion sociale et nationale par la condition de la mise en valeur antérieure au 5 août 1974, le législateur jetait les jalons de la contribution du droit foncier au développement dans l'harmonie.

[140] Art. 4.

[141] TIENTCHEU NJIAKO A., *op.cit.*, p. 357-363.

[142] Et pourtant, l'on se serait attendu à ce que les pouvoirs publics prennent la mesure de cette carence. Mais l'art. 3 du décret n° 2012/2274/PM du 06 août 2012 portant création du Programme Économique d'Aménagement du Territoire pour la Promotion des Entreprises de Moyenne et Grande Importances dans le Secteur Rural au Cameroun se borne à préciser que le Programme Agropoles prévoit l'aménagement des bassins de production par le développement d'infrastructures socio-économiques d'accompagnement dans les sites agricoles[142]. Le problème demeure par conséquent entier.

en existe pour les zones industrielles[143] et pour les zones vouées à la construction[144]. À titre de droit comparé, l'État du Sénégal a, devant le défi du développement rural de la vallée du fleuve Sénégal, créé la SAED[145]. La mission de cette structure à sa création était de procéder de manière technique et matérielle à l'aménagement préalable des terres du delta et d'en organiser la mise en valeur[146]. Cette solution, qui pourrait être expérimentée au Cameroun si l'on veut faciliter une mise en valeur rationnelle et rapide des terres agricoles par les agriculteurs, ne devrait cependant être limitée à la seule agriculture irriguée ou fluviale[147]. La structure d'aménagement à créer au Cameroun doit être au cœur d'une nouvelle politique de mise en valeur des terres à vocation agricole. L'idée est de la faire intervenir après que les développeurs ont constitué un rapport foncier avec le service public foncier compétent, selon que les terres cultivables relèvent de telle ou telle catégorie foncière. Il ne saurait d'ailleurs en être autrement dans la mesure où les contraintes qu'impose l'agriculture moderne ne peuvent être levées que grâce à un aménagement conséquent en vue de la mise en valeur permanente.

La mise en valeur permanente intègre et dépasse la mise en valeur circonstanciée et cadre mieux avec la professionnalisation de l'activité agricole. Au nom de la cohérence de l'ordre juridique camerounais, il serait possible de convoquer l'Acte uniforme portant sur le droit commercial général qui donne le statut d'entrepreneur à tout professionnel exerçant des

---

[143] Décret n° 73/483 du 25 août 1973 portant création de la Mission d'Aménagement et de Gestion des Zones Industrielles.

[144] Décret n° 77-193 du 23 juin 1977 portant création de la Mission d'Aménagement et d'Équipement des Terrains Urbains et Ruraux.

[145] Société d'Aménagement et d'Exploitation du Delta créée par la loi n° 65.01 du 20 janvier 1965 sous la forme d'un établissement public industriel et commercial. La loi n° 81.57 du 10 juillet 1981 portait dissolution de l'Établissement Public et autorisait la création de la Société Nationale SAED dont les statuts furent approuvés par le décret n° 81-981 du 29 septembre 1981.

[146] CARIVIERE M. et DEBENE M., *op.cit.*, p. 14.

[147] Contrairement au Sénégal qui est un pays sec, le Cameroun compte cinq zones agro-écologiques qui font de lui une « Afrique en miniature » et qui favorisent la diversité des cultures : la zone soudano-sahélienne (Extrême-Nord et Nord) ; la zone des hautes savanes (Adamaoua) ; la zone des hauts plateaux (Nord-ouest et Ouest) ; la zone forestière bimodale (Centre, Sud et Est) et la zone forestière monomodale (Littoral et Sud-ouest).

activités agricoles[148]. Visiblement, l'introduction des activités agricoles dans le giron du droit commercial permet de saisir la « *dimension commerciale* »[149] du droit foncier qui s'intègre dans le droit des affaires, véritable droit au service du développement[150]. Dans ce mouvement, les sociétés commerciales ne sont pas en reste et jouent également un grand rôle dans la mise en valeur permanente, notamment lorsqu'elles exercent des activités agricoles conformément à leur objet social. Le bouillonnement du droit des sociétés[151] offre plusieurs possibilités[152] aux investisseurs et à l'État dans la perspective de la mise en valeur permanente dont le non-accomplissement dûment constaté pourrait entraîner l'incorporation des terres concernées au domaine privé de l'État.

CONCLUSION

À l'heure des grands enjeux fonciers nationaux et internationaux liés à la promotion de l'agriculture qui demeure pour l'Afrique en général et le Cameroun en particulier, l'activité économique de base et la clé de voûte de la sécurité alimentaire, la stratégie nationale de mobilisation et de mise en valeur des terres agricoles doit sortir des sentiers battus en vue de faciliter le développement économique. La présente réflexion qui se propose de construire cette voie de sortie a permis d'initier un mouvement dialectique ayant consisté premièrement à ressortir les limites du droit foncier positif à la promotion de l'agriculture, notamment sous les prismes basiques de l'inexistence des structures foncières à vocation exclusivement agricole et de la déficience de la condition de mise en valeur ; et deuxièmement, à produire une grille d'analyse assez innovante, prenant en compte la nécessaire progression du droit foncier vers un réaménagement

[148] AUDCG du 15 décembre 2010, art. 30.

[149] LE BRIS E. et LE ROY E., *op.cit.*, p. 396.

[150] V. le préambule du Traité du 17 octobre 1993 relatif à l'harmonisation du droit des affaires en Afrique, modifié le 17 octobre 2008.

[151] Entre 2010 et 2014, l'OHADA a adopté un Acte uniforme sur les sociétés coopératives et un nouvel Acte uniforme sur le droit des sociétés commerciales et le groupement d'intérêt économique.

[152] Ces possibilités oscillent entre les sociétés commerciales par la forme (SA ; SNC ; SCS ; SARL ; SAS) et les sociétés coopératives qui sont les plus prisées du monde agricole.

institutionnel intégré des terres agricoles et la redéfinition du modèle de mise en valeur desdites terres. S'il est vrai que la terre est une donnée de valeur et que le développement du pays passe par le développement de l'agriculture, c'est que la terre apparaît comme l'élément fondamental du développement[153]. La législation y relative devrait ainsi l'amener à jouer pleinement son rôle au lieu de constituer en elle-même un obstacle majeur. Dans ce dialogue qui a pour objet le passage du droit foncier tel qu'il est au service de l'agriculture au droit foncier tel qu'il pourrait mieux être au service de cette activité, il reste à espérer que le législateur camerounais qui sera bientôt appelé sur le terrain de la codification dans le cadre de la réforme en cours, ne restera pas à la fois sourd et aveugle. En tout état de cause, à supposer que les orientations définies dans le cadre de la présente réflexion soient prises en compte, encore faudra-t-il que l'État mobilise les ressources financières nécessaires. Le plan de relance de l'agriculture camerounaise est en cela porteur d'un espoir qui rend nécessairement optimiste.

[153] MELONE S., Thèse préc., p. 193.

L'INFORMATION DES ASSOCIÉS, UNE EXIGENCE FONDAMENTALE DU DROIT DES SOCIÉTÉS COMMERCIALES OHADA

Marcel Williams TSOPBEING[1]

Résumé

Bien que ne figurant pas parmi les droits attachés aux titres sociaux (parts sociales, actions), l'information des associés dans les sociétés commerciales est une exigence reconnue et garantie par de nombreuses dispositions de l'Acte uniforme relatif au droit des sociétés commerciales et du GIE, et divers autres textes. Il s'agit d'une exigence fondamentale du droit OHADA commune à toutes les formes de société commerciale.

Mots clés : Information – associés – exigence fondamentale – ordre public.

Abstract

Although it does not appear among the rights attached to the company shares (stocks, shares), the information of the partners in the commercial companies is a requirement recognized and guaranteed by many provisions of the uniform act relating to commercial companies and EIG, and various other texts. It is a fundamental requirement of the OHADA Law common to all forms of commercial companies.

Key words : Information – partners – fundamental requirement – public order.

Introduction

Depuis quelques années, le législateur OHADA[2] a initié un vaste mouvement de réformes des textes. Ainsi, le Traité signé à Port-Louis (Île

---

[1] Assistant à la Faculté des Sciences Juridiques et Politiques – Université de Yaoundé II. E.mail : twilliam79@yahoo.fr

[2] L'OHADA, Organisation pour l'Harmonisation en Afrique du Droit des Affaires est une organisation internationale instituée par le traité signé à Port-Louis (Île Maurice) le 17 octobre 1993. Elle a pour objectif, au plan économique, le développement et l'intégration régionale, ainsi que la sécurité juridique et judiciaire notamment par l'unification du droit

Maurice) le 17 octobre 1993 a été révisé en 2008 à Québec au Canada à sa date anniversaire. De même, les Actes uniformes relatifs au droit commercial général et au droit des sûretés ont été réformés le 15 décembre 2010, tandis que l'Acte uniforme relatif au droit des sociétés commerciales et du Groupement d'intérêt économique (AUSC) a été révisé le 30 janvier 2014. La révision de l'AUSC a touché de nombreux aspects du droit des sociétés commerciales, notamment celui de l'information des associés qui en sort renforcé[3]. C'est dans ce contexte qu'il convient de s'interroger sur la valeur réservée à l'information des associés aussi bien dans l'ancien AUSC que dans celui issu de la révision.

L'information occupe une place majeure dans notre société en raison de l'impact qu'elle produit sur le comportement des individus. Elle est requise dans de nombreux domaines d'activités, notamment en matière contractuelle et sociétaire. La multiplication des travaux de recherche relativement à l'information dans les contrats en général[4] et spécifiquement à l'information des associés[5] dans le cadre des sociétés commerciales traduit la vitalité et l'importance de la place qu'occupe l'information dans ces domaines. En droit des sociétés, l'information oriente notamment les associés dans l'exercice de leur droit de vote et dans le contrôle de la gestion

---

des affaires des États membres. Elle compte actuellement 17 États membres : le Bénin, le Burkina Faso, le Cameroun, le Congo (Brazzaville), la Côte d'Ivoire, le Gabon, la Guinée, la Guinée-Bissau, la Guinée équatoriale, le Mali, le Niger, la République centrafricaine, la République Démocratique du Congo (RDC), le Sénégal, le Tchad, le Togo et l'Union des Comores.

[3] Sur l'étendue de ce renforcement, v. note de bas de page n° 209.

[4] FABRE-MAGNAN M., *De l'obligation d'information dans les contrats. Essai d'une théorie*, Paris, L.G.D.J., 1992 ; DE JUGLART M., « L'obligation de renseignements dans les contrats », *RTD Civ.*, 1945, p. 1.

[5] MUKA TSHIBENDE L.-D., *L'information des actionnaires, source d'un contre-pouvoir dans les sociétés anonymes de droit français et du périmètre OHADA*, Préface de Jacques Mestre, PUAM, 2009 ; GATSI J., « L'information dans les sociétés commerciales de droit OHADA », *RTD act.*, n° 17, janv.-févr.-mars 2011, p. 3-26 ; VOUDWE BAKREO, *L'exigence de transparence des sociétés commerciales dans l'espace OHADA*, thèse, Université de Ngaoundéré – Cameroun, 2013 ; URBAIN-PARLEANI I. et BOIZARD M., « L'objectif d'information dans la loi du 24 juillet 1966 », *Rev. Sociétés* (3) juil.-sept 1966.

de leur société. C'est une « source de contre-pouvoir » selon un auteur[6]. Cependant, pour que l'information puisse jouer pleinement le rôle qui lui est assigné, il faut qu'elle soit une donnée reconnue et protégée par le législateur. En l'absence de garantie, l'information des associés pourrait en effet subir des atteintes émanant notamment des associés eux-mêmes[7] et des mandataires sociaux. Cette inquiétude conduit à s'interroger sur la valeur attribuée à l'information des associés par le législateur OHADA. Autrement dit, l'information des associés constitue-t-elle une exigence reconnue et protégée par le législateur OHADA ? S'agit-il d'une exigence d'ordre public ?

Qu'il s'agisse de l'AUSC entré en vigueur le 1er janvier 1998 ou de l'AUSC révisé, aucune disposition générale ne consacre de manière expresse le droit à l'information des associés[8], contrairement aux autres droits des associés qui sont énoncés clairement par une disposition générale de l'AUSC[9]. Le droit à l'information des associés ne figure pas non plus parmi les droits des associés affirmés par la jurisprudence et érigés en principes[10]. À ce stade, on est en mesure de douter du caractère fondamental de ce droit. Cependant, une lecture attentive de l'AUSC[11] révèle que le nombre de dispositions générales et spéciales consacrées, même de manière indirecte, à l'information des associés est important. Ces normes traitant de

[6]MUKA TSHIBENDE L.-D., *L'information des actionnaires, source d'un contre-pouvoir dans les sociétés anonymes de droit français et du périmètre OHADA*, *op.cit.*

[7] Ils pourraient, au cas où les dispositions relatives à l'information seraient supplétives, restreindre ou supprimer le droit à l'information de certains associés à travers les clauses statutaires.

[8] Seul l'article 344 relatif à la SARL affirme clairement le droit à l'information des porteurs de parts : « les associés ont un droit d'information permanent sur les affaires sociales … ».

[9] L'article 53 de l'AUSC énonce les droits attachés au titre parmi lesquels le droit sur les bénéfices réalisés par la société, le droit de participer aux votes des décisions collectives… V. de manière spécifique les articles 751 et suivants pour les droits attachés aux actions.

[10] De nombreux principes non écrits relatifs aux droits des associés ont été dégagés par la jurisprudence : le principe d'égalité entre associés, le principe de la liberté de vote, le droit reconnu à chaque associé de rester dans la société. Sur ce point, voir notamment, MONSALLIER M.-Ch., *L'aménagement contractuel du fonctionnement de la société anonyme*, Paris, LGDJ, Bibl. de droit privé, T. 303,p. 362 et s., n° 881 et s.

[11] Et même de l'Acte uniforme relatif à la comptabilité des entreprises (v. par exemple articles 1, 3, 9, 14 et 111).

l'information des associés doivent être complétées par de nombreuses autres règles émanant des textes auxquels sont assujetties les sociétés soumises à un régime particulier[12]. L'examen de tous ces textes révèle que l'information des associés est requise dans toutes les formes de société[13] et à différentes étapes de la vie sociale. Le législateur a pris soin de définir le contenu et les différents procédés d'information, les sanctions en cas de leur violation, ainsi que les débiteurs de l'information[14]. C'est fort de tout ce qui précède qu'il

---

[12] En plus de l'AUSC, le droit à l'information des associés peut découler de textes spéciaux auxquels sont assujetties les sociétés soumises à un régime particulier. Pour les sociétés faisant appel public à l'épargne, on peut citer la loi n° 99/015 du 22 décembre 1999 portant création et organisation d'un marché financier (notamment les articles 12, 32, 35, 38), la Décision n° 02/002 du 03 décembre 2002 portant Règlement général de la commission des marchés financiers (notamment les articles 3, 6, 8, 15), le décret n° 2001/213 du 13 juillet 2001 précisant l'organisation et le fonctionnement de la Commission des Marchés Financiers (notamment l'article 2), le Règlement général de la Commission de Surveillance du Marché Financier de l'Afrique Centrale du 15 janvier 2009 (notamment articles 3, 24, 25, 36, 67, 68, 390, 400), le Règlement n° 06/03- CEMAC-UMAC du 12 novembre 2003 portant organisation, fonctionnement et surveillance du Marché Financier de l'Afrique Centrale (notamment articles 60 (iii), 64 (ii)), le Règlement général du Conseil Régional de l'Epargne Publique et des Marchés Financiers (CREPMF) de 1996 (notamment les articles 131, 132). Pour les entreprises d'assurance, v. notamment les articles 330-18, 330-21, 330-22, 330-45 du Code CIMA.

[13] Le droit à l'information des associés n'a pas cependant la même intensité en fonction de la forme sociale. Il est plus accentué dans les SA que dans les sociétés par intérêts.

[14] En ce qui concerne les débiteurs de l'information, il faut dire que le devoir d'informer les associés repose sur **les dirigeants sociaux** (gérant, directeur général, président-directeur général, administrateur général, président du conseil d'administration). Il peut même s'agir de dirigeant de société en crise tel que l'administrateur provisoire (v. par exemple l'article 160-6 de l'AUSC) ou le liquidateur (v. par exemple l'article 217 de l'AUSC). **Le commissaire aux comptes** a également la charge d'informer les associés (v. par exemple l'article 716 al. 1. Le plus souvent, l'information est fournie aux associés à travers ses différents rapports (voir par exemple les articles 440 al. 3, 442, 503 al. 2, 156 al. 1). Dans certains cas, il a l'obligation de provoquer l'information des associés en demandant au gérant de communiquer son rapport aux associés (art. 152 al. 2 et 3)). Dans les sociétés faisant appel public à l'épargne, les débiteurs de l'information sont plus nombreux (L'obligation d'information repose non seulement sur **la société émettrice** (débitrice principale de l'obligation d'information), mais aussi sur de nombreuses autres personnes telles que **les prestataires des services d'investissement, l'entreprise de marché, les auxiliaires du marché financier**, etc. Dans le cadre de cette étude, nous nous limiterons cependant à l'obligation d'information qui repose sur la société émettrice ainsi que les procédés d'information qu'elle utilise).

est intéressant de penser que l'information des associés constitue désormais, à l'instar du droit de vote, une exigence fondamentale du droit des sociétés commune à toutes les formes de société commerciale. En effet, comme toute exigence fondamentale, l'information des associés est une donnée reconnue (I) et garantie (II) par le législateur.

I – Une exigence reconnue

L'information des associés telle qu'une exigence reconnue par le législateur est marquée par la mise en place d'un cadre de l'information (A), accompagné des procédés y afférents (B).

A- Le cadre de l'information

La mise en place d'un cadre précis d'information des associés se matérialise par la reconnaissance d'un droit de tous les associés à l'information (1) et par la fixation de l'objet de l'information (2).

1- Le droit de tous les associés à l'information

Les associés – qui ne sont pas les seuls créanciers de l'information au sein de la société commerciale[15] – ont tous droit à l'information, quelle que soit

[15] L'information est également due à de nombreux autres personnes ou organes. Il s'agit **des administrateurs** (le droit à l'information des administrateurs a été affirmé par la Cour de cassation française dans l'arrêt Cointreau du 02 juillet 1985 (Cass. Com. 02 juillet 1985, Cointreau, *D.* 1986, jurispr., p.351, note Loussouann ; *JCP (éd. G)* 1985, II, n° 20518, note Viandier ; *Rev. Sociétés* 1986, p. 231, note Le Cannu) et confirmé par l'AUSC révisé (v. par exemple les articles 435 al. 3, 465 al. 3 et 480 al. 3 de l'AUSC révisé)) ; **des créanciers sociaux** (la publicité de certaines opérations est sans doute destinée à leur information. V. par exemple les articles 194, 202, 264, 266, 631, 633 de l'AUSC) ; **des obligataires** (v. par exemple les articles 678, 686 de l'AUSC. Cependant l'obligataire ne peut, individuellement, obtenir la communication des documents sociaux (article 813 al. 1). Seuls les représentants des groupements d'obligataires disposent de cette prérogative (article 791 AUSC)) ; **du président du conseil d'administration** (v. article 480 al. 3 de l'AUSC) ; **des commissaires aux comptes** (v. par exemple articles 150, 153, 157 al 2, 158 al 2, 160, 440 al 2, 503 al 1) ; **des autorités administratives indépendantes** (pour la COBAC, v. par exemple l'article 36 de l'Annexe à la Convention portant harmonisation de la réglementation bancaire dans les États de l'Afrique Centrale du 17 janvier 1992 (v. l'article 31 du même texte qui envisage l'information au profit des Conseils Nationaux du Crédit) ; pour la Commission Régionale de Contrôle des Assurances, v. par exemple l'article 310 al. 2 et 3 du Code CIMA ; pour les autorités de régulation financière, v. par exemple l'article 90 de l'AUSC) ; **du juge** (v. par exemple les articles 152 al 1 et 4, 156 al. 3, 160-5, 716 al

la forme de la société dont ils sont membres (a). Ils ont un égal accès à l'information (b).

a) L'accès de tous les associés à l'information dans toutes les formes de société

La question peut se poser de savoir si tous les associés ont droit à l'information, quelle que soit la forme de leur société. Autrement dit, le droit à l'information des associés constitue-t-il une exigence d'ordre public commune à toutes les formes de société y compris la SAS ? La question est intéressante en ce sens que malgré la liberté contractuelle qui règne dans la SAS permettant aux associés de prévoir par les statuts l'organisation et le fonctionnement de leur société, il a été admis que cette liberté ne peut conduire les associés à remettre en cause, par des stipulations contractuelles, certaines exigences fondamentales du droit des sociétés à l'instar du droit de vote[16]. Le droit à l'information des associés pourrait être rangé parmi les exigences d'ordre public du droit des sociétés s'il est établi qu'il conserve une certaine vigueur dans toutes les formes de société.

Deux arguments peuvent être invoqués pour démontrer l'exigence de l'information des associés dans toutes les formes de société commerciale : tout d'abord, de nombreuses dispositions générales de l'AUSC qui traitent de l'information des associés s'imposent dans toutes les formes de société.

---

2) ; et même **des salariés** (même si le législateur ne l'a pas clairement prévu, les auteurs soulignent l'intérêt de la reconnaissance d'un droit à l'information au profit des salariés (v. sur ce point, VOUDWE BAKREO, *op.cit.,* p. 217 et s., n° 329 et s.). En France les salariés disposent d'un droit à l'information reconnu par le législateur (v. GODON L., « Des actionnaires, des dirigeants et des salariés de sociétés anonymes », *in Aspects actuels de droit des affaires, Mélanges en l'honneur de Yves Guyon*, Dalloz 2013, p. 447 et s., n° 19 et s))

[16] Sur ce point, Cass. Com. 23 octobre 2007, *D.* 2007, AJ, p. 2726, obs. Lienhard, idem 2008, p. 47, note Paclot ; *JCP (éd. E)* 2007, p. 2433, note Viandier ; *Dr. Sociétés* 2007, n° 219, note Hovasse ; *RTD fin.* 2007, p. 115, obs. Poracchia ; *Rev sociétés* 2007, p. 814, note Le Cannu ; *RTD com.* 2007. 791, obs. Le Cannu et Dondero ; *Bull. Joly* 2008, p. 101, note Schmidt ; *RJ com.* 2008, p. 37, obs. Monserie-Bon ; *Defrenois* 2008, p. 674, note Gibirila. Dans cet arrêt, la Chambre commerciale de la Cour de cassation au visa des articles 1844, alinéa premier du Code civil et L. 227-16 du Code de commerce énonce qu'« il résulte du premier de ces textes que tout associé a le droit de participer aux décisions collectives et de voter et que les statuts ne peuvent déroger à ces dispositions que dans les cas prévus par la loi ». V. également PAILLUSSEAU J., « La liberté contractuelle dans la société par actions simplifiées et le droit de vote », *D.* 2008, n° 23, p. 1563 et s.

On peut évoquer notamment les dispositions relatives à l'expertise de gestion[17], à l'alerte[18] ou des dispositions qui mettent le devoir d'information à la charge de certains organes tel que l'administrateur provisoire[19]. L'aménagement semble ne concerner en grande partie que les règles spéciales. Ensuite, le droit à l'information conditionne l'exercice du droit de vote, droit fondamental de l'associé. Méconnaître le droit à l'information de l'associé serait l'empêcher d'exercer efficacement son droit de vote. Ces droits de l'associé sont donc intimement liés.

Fort de ce qui précède, il est possible d'affirmer qu'il existe un droit à l'information des associés irréductible dans toutes les formes de société. Tous les associés ont donc droit à l'information, quelle que soit la forme de la société à laquelle ils appartiennent. On peut en conclure qu'il s'agit d'une exigence fondamentale.

b) L'égal accès des associés à l'information

Le principe d'égalité entre associés[20] constitue l'un des grands principes du droit des sociétés bien que son contenu semble relatif[21]. L'égalité d'information en constitue l'un des éléments. En droit des sociétés,

---

[17] Article 159 de l'AUSC.

[18] D'après l'article 158-1 de l'AUSC, les dispositions de l'article 158 relatif à l'alerte dans les SA s'appliquent aux SAS.

[19] V. article 160-6 de l'AUSC.

[20] AFANA BINDOUGA M., *L'égalité des associés dans l'Acte uniforme de l'OHADA relatif au droit des sociétés commerciales et du groupement d'intérêt économique*, thèse de doctorat université de Yaoundé II – Université de Nantes, 2010 ; TOZWEM TEUNKWA R. Fl., *Le principe d'égalité entre associés en droit des sociétés OHADA*, mémoire de DEA en droit communautaire et comparé CEMAC, Faculté des sciences juridiques et politiques de l'université de Dschang, 2004 ; FAYE A., « L'égalité entre associés (Acte uniforme sur le droit des sociétés et du GIE) », *in www.ohada.com/ohadata D-04-10* ; MOULIN J.-M., *Le principe d'égalité dans les sociétés anonymes*, Th. dactyl., Paris V, 1999 ; GERMAIN M. « Les moyens de l'égalité des associés dans les sociétés par actions non cotées », *in Mélanges offerts à Paul DIDIER, Études de Droit Privé*, Paris, Economica, 2008, p. 189, n°1 ; MESTRE J., « L'égalité en droit des sociétés (aspects de droit privé) », *Rev. Sociétés* 1989, p. 399.

[21] FAYE A., « L'égalité entre associés (Acte uniforme sur le droit des sociétés et du GIE) », *op.cit.*, p. 2, l'auteur affirmant que l'AUSC détermine le contenu de l'égalité, mais « les associés peuvent [aussi] décider du contenu qu'ils vont donner à la règle de l'égalité ». Sur le contenu du principe d'égalité en droit des sociétés, v. DIDIER P., « Rapport », *in L'égalité des actionnaires, Mythe ou réalité ? Entretien de NANTERRE*, JCP (éd. E), 1994, Cah. dr. entr. n° 5, p. 20.

« l'information est organisée dans le respect du sacro-saint principe d'égalité »[22]. L'information des associés ne saurait en effet être effective s'il est établi des discriminations au niveau de l'accès à l'information. C'est fort de ce constat que le législateur OHADA a établi un accès égalitaire des associés à l'information.

Tous les associés ont droit à l'information, peu importe le nombre ou la valeur des parts qu'ils détiennent dans la société. Il s'agit donc d'une égalité arithmétique[23] contrairement à l'égalité proportionnelle qui s'observe dans la jouissance des autres droits d'associés, notamment le droit de vote[24]. Dans les cas prévus par l'AUSC, tout associé, même minoritaire, peut poser des questions aux dirigeants sociaux sur des faits de nature à compromettre la continuité de l'information, consulter les documents sociaux, etc.[25]. La loi n'exige pas dans la majeure partie des cas la détention d'un certain montant du capital social pour prétendre à l'information ; et même dans les cas où la loi impose exceptionnellement la détention d'un certain nombre de parts sociales, plusieurs associés minoritaires peuvent s'associer pour atteindre le nombre de parts exigées pour solliciter l'information[26].

---

[22] URBAIN-PARLEANI I. et BOIZARD M., « L'objectif d'information dans la loi du 24 juillet 1966 », *Rev. Sociétés* (3) juil.-sept 1966, p. 455, n° 20.

[23] Cette égalité arithmétique observée au niveau du droit à l'information des associés traduit, selon un auteur, la survivance d'une véritable égalité, cf. RUFIN C.-M., *L'égalité dans les sociétés par actions*, thèse, Nancy II, 1981, n° 52.

[24] L'alinéa 1 de l'article 54 envisage en effet une égalité proportionnelle pour la répartition des droits et obligations des associés prévus à l'article 53 en ces termes : « sauf clause contraire des statuts ou dispositions contraires du présent Acte uniforme, les droits et l'obligation de chaque associé, visés à l'article 53 ci-dessus, sont proportionnels à ses apports, qu'ils soient faits lors de la constitution de la société ou au cours de la vie sociale ». V. également les articles 129, 543 al. 1, 751, 853-12 de l'AUSC.

[25] Sur ce point, FENEON A., « Les droits des actionnaires minoritaires dans les sociétés commerciales de l'espace OHADA », *Penant* n° 839, 2002, p. 155, l'auteur indiquant que « le principe d'égalité des droits entre associés, qui existe en vertu de l'*affectio societatis*, confère à chacun d'entre eux des droits d'information totalement équivalents » ; v. également, POISSON M.-D., *La protection des actionnaires minoritaires dans les sociétés de capitaux, en droit français et en droit anglais comparés*, Thèse, Université de Clermont 1, 1984, p. 5 et s., n° 3 et s.

[26] V. par exemple l'article 159 relatif à l'expertise de gestion qui prévoit qu'un ou plusieurs associés représentant au moins le dixième du capital social peuvent, soit individuellement, soit en se groupant solliciter expertise de gestion.

On peut cependant s'interroger sur l'étendue du droit à l'information des titulaires d'actions de préférence[27] sans droit de vote, étant donné que l'information donnée aux associés vise notamment à leur permettre d'émettre un vote éclairé. N'ayant pas de droit de vote[28], devraient-ils disposer d'un droit à l'information équivalent à celui des autres associés titulaires du droit de vote ? Face au silence de l'AUSC, on peut estimer que si ces associés ne peuvent voter, ils conservent néanmoins certains de leurs droits, notamment les droits pécuniaires et doivent au moins bénéficier des informations relatives à cette catégorie de leurs droits. Dans tous les cas, si une restriction du droit à l'information des titulaires d'actions de préférence sans droit de vote est admise en raison de la nature de leurs actions, elle instaurerait pour cette catégorie d'associés, un droit à l'information proportionnelle à la valeur des droits attachés aux titres sociaux.

D'après l'article 527 de l'AUSC, le droit de communication des documents sociaux appartient à chacun des copropriétaires d'actions indivises, au nu-propriétaire et à l'usufruitier d'actions[29]. En ce qui concerne le droit à l'information attaché à une part sociale nantie, on peut estimer qu'il appartient au propriétaire, le créancier nanti devant attendre la réalisation de sa sûreté pour prétendre à des droits à l'égard de la société.

De nombreux mécanismes ont été mis en place par le législateur OHADA pour assurer l'égalité de l'information : d'abord, lorsqu'une question est posée à la veille d'une assemblée générale, le dirigeant répond à cette question au cours de l'assemblée générale, ce qui permet à tous les associés d'accéder à l'information. Ensuite, il existe des sanctions contre des comportements de nature à porter atteinte à l'égalité d'information des

---

[27] Sur les actions de préférence, v. les articles 778-1 et s. de l'AUSC ; v. également NJEUFACK TEMGWA R., « Les titres sociaux assortis de droits particuliers en droit OHADA », *Juridique Périodique* n° 77, jan.-févr.-mars 2009, p. 83 et s.

[28] Encore faut-il savoir si le défaut de droit de vote entraîne l'impossibilité de participer aux assemblées générales, où seul est supprimé le droit de vote, le titulaire d'actions de préférence sans droit de vote conservant la possibilité de participer aux assemblées.

[29] L'accès du nu-propriétaire et de l'usufruitier d'actions à l'information se justifie par le fait que la qualité d'associé est reconnue à tous les deux, v. MPONDO MBOKA G. R., « La nue-propriété des titres sociaux », *Revue africaine des sciences juridiques*, vol. 8, n° 1, 2011, p. 119 et s.

associés[30]. Enfin, contrairement aux autres droits des associés – à l'instar du droit de vote – qui peuvent faire l'objet d'aménagements ou de suppression[31] susceptibles d'affecter le principe d'égalité entre associés, l'égalité d'information des associés subira difficilement des atteintes étant donné que les aménagements de nature à restreindre le droit à l'information de l'associé semblent rarement admis.

2- L'objet de l'information

Sur quoi porte l'information due aux associés ? Le législateur OHADA a spécifié l'objet de l'information[32] dont l'étendue varie en fonction de la forme de la société[33]. La définition du contenu de l'information est nécessaire dans la mesure où il faut des informations à la fois suffisantes, complètes et circonscrites. En effet, si le maintien dans le secret de certaines informations peut limiter la marge d'action des associés, il est aussi admis que « trop d'information génère la surinformation, puis la désinformation, enfin le rejet de l'information »[34]. Par ailleurs, il faut informer les associés tout en se gardant de révéler certaines informations qui doivent rester dans le secret pour protéger la société contre la concurrence[35]. L'information

---

[30] Nullité de délibération prise en violation des dispositions de l'AUSC relatives à l'information des associés (voir notamment articles 345 al. 5, 440 al. 7, 525 al. 4 de l'AUSC), responsabilité civile ou pénale de ceux qui portent atteinte à l'égalité de l'information des associés (v. par exemple article 891-3 de l'AUSC), etc.

[31] KONGATOUA KOSSONZO A., « Le droit de vote dans les sociétés commerciales tel que prévu par l'acte uniforme relatif au droit des sociétés commerciales et du GIE », *in Penant* n° 873, p.468 et s.

[32] Mais dans les sociétés faisant appel à l'épargne, les autorités de régulation financière ont également compétence pour préciser le contenu de l'information (v. par exemple l'article 88 de l'AUSC). Dans certains cas, il revient au dirigeant social ou au commissaire aux comptes d'apprécier l'opportunité de divulguer une information sensible.

[33] Le contenu de l'information est plus étendu dans les SA et les SA faisant appel public à l'épargne que dans les sociétés par intérêts.

[34] SCHMIDT D., « Transparence et marchés financiers et boursiers » *in Revue de Jurisprudence Commerciale (RJC)*, 11/1993, numéro spécial sur la transparence, colloque de Deauville organisé les 19-20 juin 1993 par l'Association Droit et commerce, p. 169.

[35] VIRASSAMY G. J., « Les limites à l'information sur les affaires d'une entreprise », *RTD Com.*, n° 2, avr.-juin 1988, p. 179 à 217, spéc. p. 183, n° 4, l'auteur indiquant que pour nécessaire qu'il soit pour la protection de l'intérêt privé (celui des associés, des salariés et des divers interlocuteurs de l'entreprise) ou de l'intérêt général, le droit à l'information « ne peut être absolu et sans limites. Il doit tenir compte d'un intérêt tout aussi respectable, voire

porte sur de nombreuses questions. Elle porte principalement sur la gestion et la situation financières de l'entreprise (a). D'autres informations qu'on pourrait qualifier de complémentaires ou d'accessoires sont également requises (b).

a) L'objet principal : l'exigence d'informer sur la gestion et la situation financières de l'entreprise

Les documents sociaux contenant des informations relatives à la gestion et à la situation financière de l'entreprise doivent être mis à la disposition des associés. Il s'agit d'une part des documents comptables constitués des états financiers de synthèse de l'exercice[36] – auxquels sont annexés un état des cautionnements, avals et garanties et un état de sûretés réelles consentis par la société[37] – et de l'inventaire[38]. Il s'agit d'autre part des différents rapports, notamment les rapports de gestion, les rapports du commissaire aux comptes, etc. Dans le rapport de gestion, le gérant, le conseil d'administration ou l'administrateur général, selon le cas, expose la situation

---

vital : celui qu'a l'entreprise de mener ses activités dans la discrétion, c'est-à-dire dans le respect du secret de ses affaires. Ce secret peut avoir un objet multiple. Il peut aussi bien s'agir de ses procédés de fabrication, que de ses simples secrets de commerce (techniques de distribution, fichier de clientèle, relations avec ses fournisseurs, projets et thèmes publicitaires, projets d'implantation…). Une transparence totale constituerait un grand danger » ; BERLIOZ P., « Quelle protection pour les informations économiques secrètes de l'entreprise ? », *RTD Com.*, n° 2, 2012, p. 263 et s. NGOMO A-Fl., « Le commissaire aux comptes entre les obligations de faire et de ne pas faire pénalement sanctionnées dans l'espace OHADA », *Revue Africaine des Sciences Juridiques* n° 2/2014, p. 59 et s., spéc. p. 86 et s. NGO NDJIGUI Y.-.R., *Le secret des affaires dans le droit des pays de l'espace OHADA et en droit français*, thèse, Evry-Val-d'Essonne, 2005.

[36]Aux termes de l'article 137 de l'AUSC, « À la clôture de chaque exercice, le gérant ou le conseil d'administration ou l'administrateur général, selon le cas, établit et arrête les états financiers de synthèse conformément aux dispositions de l'Acte uniforme portant organisation et harmonisation des comptabilités des entreprises ». Ils sont constitués pour l'essentiel du bilan, du compte de résultat, du tableau des ressources et des emplois, de même que l'état annexé.

[37] Article 139 de l'AUSC.

[38] L'inventaire est l'état descriptif du patrimoine de la société, v. VIANDIER A. et LAUZAINGHEIN C., *Droit comptable*, Précis Dalloz, 1993, n° 342 ; COSSON G., « L'information des actionnaires par l'inventaire », *Rev. Fr. Compt.*, 1977, p. 237 et s. GORE F. et DUPOUY G., *Comptabilité générale et entreprise*, Ed. Montchrestien, 1975, p. 32 ; BOURGAUX Ch., *La publicité des informations concernant les sociétés anonymes*, thèse, Nancy, 1976, p. 325.

de la société durant l'exercice écoulé, son évolution prévisible, les événements importants survenus entre la date de clôture de l'exercice et la date à laquelle il est établi et, en particulier, les perspectives de continuation de l'activité, l'évolution de la situation de trésorerie et le plan de financement[39]. Le paiement des dividendes doit être porté à la connaissance des associés.

Les associés ont également droit aux informations relatives aux conventions ou engagements pris au nom ou pour le compte de leur société. Aussi doivent-ils être informés sur les actes pris pour le compte de la société en formation avant sa constitution[40]. Ces actes sont décrits dans un document intitulé « état des actes et engagements accomplis pour le compte de la société en formation » et portés à la connaissance des associés afin de leur permettre de mieux apprécier l'opportunité de la reprise de ces actes par la société constituée. En cours de vie sociale, les conventions réglementées sont portées à la connaissance des associés[41].

Enfin, dans les sociétés cotées, le contenu de l'information est plus étendu[42]. L'AUSC révisé a procédé à une extension du contenu de l'information dans les sociétés faisant appel public à l'épargne pour se conformer aux exigences de la *corporate governance*. Au cas où la société se réfère volontairement à un code de gouvernement d'entreprise, les actionnaires doivent être informés des dispositions de ce code qui ont été écartées, les raisons pour lesquelles elles l'ont été et sur le lieu où ce code peut être consulté[43]. L'information peut aussi porter sur les rémunérations et avantages de toute nature versés aux mandataires sociaux[44], l'émission

---

[39] Article 138 de l'AUSC.

[40] V. articles 106 et s. de l'AUSC ; GIBIRILA D., « Le sort des actes accomplis au nom d'une société en formation », *Revue Lamy Droit des affaires*, n° 6, oct. 2006, p. 10 et s.

[41] Articles 440 al. 3 et 4, 503 al. 2 et 3, 853-14 al. 1.

[42] Mais une grande partie de l'information contenue dans les documents d'information est destinée aux investisseurs. Sur ce point, v. NGNIJIO TSAPI M., *L'information de l'acquéreur des titres sociaux dans les sociétés anonymes*, mémoire de DEA, Faculté des Sciences Juridiques et Politiques de l'Université de Dschang, 2009. Sur les informations contenues dans les documents d'information du public, voir article 86 de l'AUSC.

[43] Article 831-2 al. 2.

[44] Article 831-3. Sur la publicité de la rémunération des mandataires sociaux, v. CHAMPAUD C. et DANET D., « Rémunération des dirigeants (L. NRE du 15 mai 2001,

d'actions[45]. Il serait fastidieux de vouloir présenter de manière exhaustive tout ce qui rentre dans l'objet de l'information des actionnaires dans les sociétés cotées[46].

b) L'objet accessoire : les informations à caractère non financier

Il s'agit, d'une part, des informations relatives à la tenue des assemblées. Les associés doivent être informés de la tenue des assemblées en ce sens qu'il doit être porté à leur connaissance, les dates, les lieux et l'ordre du jour des réunions[47], quinze jours avant la tenue de celles-ci. Cependant, au cours des assemblées, certaines questions non inscrites à l'ordre du jour et qui par conséquent n'auraient pas été portées à la connaissance de tous les associés avant, peuvent faire l'objet de discussions. Ainsi, dans une espèce portant sur la révocation du gérant d'une SARL, il a été décidé que l'assemblée générale – qui conformément à l'article 326 de l'AUSC a compétence pour révoquer le gérant – peut prendre une telle décision alors même que le point de la révocation du gérant ne figurait pas à l'ordre du jour, ce point pouvant être discuté dans les questions diverses[48].

Il s'agit, d'autre part, des informations relatives aux résolutions à caractère non financier. En prélude à la tenue d'assemblées autres que celles relatives à l'approbation des comptes, les associés bénéficient d'un droit à l'information relatif aux décisions qui y seront prises. C'est ainsi que certains documents doivent être mis à leur disposition. Il s'agit du texte des résolutions proposées et, suivant le type de société et de la nature de la décision à prendre, du rapport du dirigeant ainsi que celui du commissaire aux comptes. Les informations à caractère non financier contenues dans les textes de résolutions peuvent porter sur la modification des statuts, la

---

art. 116) », *RTD Com.* 2002 p. 97 ; CHAMPAUD C. et DANET D., « Contrôle de la rémunération des dirigeants. Loi pour la confiance et la modernisation de l'économie. Information sur les rémunérations des administrateurs », *RTD Com.* 2005, p. 749.

[45] V. notamment articles 827, 832 de l'AUSC, 67 du Règlement général de la COSUMAF du 15 jan. 2009.

[46] V. également l'article 86 de l'AUSC, articles 67 à 78 du règlement général de la COSUMAF du 15 jan. 2009.

[47] V. notamment articles 286, 303, 338, 404, 518, 831 de l'AUSC.

[48] Tribunal régional hors classe de Dakar, jugement n° 327 du 19 févr. 2003, Pèdre DIOP contre Oumar SECK et BAG SARL, *Répertoire quinquennal OHADA 2000 – 2005,* ouvrage réalisé par ISSA SAYEG J., assisté de TALFI B., p. 650, n° 45 ; Ohadata J-03-180.

prorogation de la durée de vie de la société, le transfert du siège social en toute autre ville, etc. L'objet de l'information peut déterminer le choix du procédé d'information.

B- Les procédés d'information des associés

Divers procédés servent à informer les associés dans les sociétés commerciales. Il faut préciser que l'AUSC révisé a diversifié davantage ces procédés d'information avec l'introduction des Technologies de l'Information et de la Communication. Désormais, un associé peut être informé de la tenue d'une réunion par courrier électronique[49]. Il est également possible de participer à une assemblée à distance par visioconférence ou d'autres moyens de communication permettant l'identification du concerné[50]. La visioconférence peut permettre à un associé éloigné d'accéder en temps réel à certaines informations qui sont communiquées aux associés lors des assemblées générales d'associés. Elle devrait redonner vie aux assemblées générales d'actionnaires qui ont souvent été affaiblies par l'absentéisme de leurs membres[51]. En ce qui concerne les sociétés faisant appel public à l'épargne, l'AUSC révisé leur permet de diffuser le document d'information du public en le mettant en ligne sur le site internet de l'émetteur, des intermédiaires financiers, de la bourse des valeurs ou de l'autorité compétente de l'État partie du siège de l'émetteur[52].

Les procédés d'information varient suivant que l'information est due aux associés de manière permanente, occasionnelle ou périodique. Mais étant donné que certains moyens d'information (à l'instar des questions écrites posées aux dirigeants ou des consultations des documents sociaux) sont usités à la fois dans le cadre de l'information permanente et de l'information

[49]Articles 286, 303 al. 2 et 3, 338 al. 1, 518 al. 3 de l'AUSC.

[50] Article 133-2 de l'AUSC. Lire CHAMPAUD C. et DANET D., « Assemblées générales. Visioconférence (L. NRE du 15 mai 2001, art. 115) », *RTD Com.* 2002, p. 94.

[51] Sur ce point, v. DUCOULOUX-FAVARD C., « Grandeur et décadence des assemblées générales d'actionnaires », *in Aspects actuels du droit des affaires, Mélanges en l'honneur de Yves Guyon*, Dalloz 2013, p. 359 et s.

[52] Article 93, 3°), 4°) 5°) de l'AUSC.

périodique des associés[53], il convient de regrouper les procédés d'information en distinguant selon qu'ils concourent à l'information en période normale (1) ou en période de crise (2).

1- En période normale

Il faut distinguer les procédés d'information communs à toutes les formes de société (a) des procédés spécifiques aux sociétés faisant appel public à l'épargne (b).

a) Les procédés d'information communs à toutes les formes de société

Ils sont constitués des documents sociaux (α), des questions écrites (β), des lettres télécopies, courriers électroniques et avis (*y*).

α- L'information par les documents sociaux

Divers documents servent à l'information des associés. Ces documents peuvent soit être communiqués ou présentés aux associés, soit être consultés par les associés, avec possibilité d'en obtenir une copie.

***Les communications et présentations de documents.** La loi impose aux dirigeants sociaux de communiquer aux associés (et parfois aux commissaires aux comptes[54]) avant la tenue des assemblées, des documents visant à les imprégner de certaines informations nécessaires pour prendre des résolutions en connaissance de cause[55]. Cette communication demeure nécessaire quand bien même les associés auraient choisi d'adopter les décisions collectives par voie de consultations écrites[56]. La communication

---

[53] Les associés peuvent poser des questions aux dirigeants sociaux non seulement de manière permanente (à tout moment de l'année, deux fois par exercice), mais aussi de manière périodique, à la veille des assemblées générales.

[54] Dans les SA, SAS et le cas échéant les SARL, les états financiers de synthèse annuels et le rapport de gestion sont adressés au commissaire aux comptes 45 jours au moins avant la date de l'assemblée générale ordinaire (article 340 al. 1 de l'AUSC).

[55] V. articles 344, 345, 152 al 2 et 3, 160, 288 al. 1 et 2, 360 al. 1 et 2, 160-6 al. 4, 340, 350 al. 2. L'intensité de cette obligation varie en fonction des sociétés. Il est évident que la communication des documents aux associés serait difficile et peu envisageable dans les grandes sociétés et les sociétés faisant appel public à l'épargne au regard du nombre d'associés et du coût.

[56] V. article 340 de l'AUSC. Excepté le cas de l'assemblée générale annuelle (article 333 al. 2 de l'AUSC), les décisions collectives peuvent être prises en assemblée générale ou par

de documents est un procédé qui rend l'information portable et non quérable, ce qui assure un accès facile à l'information. Lorsque l'associé est en effet appelé à se déplacer pour consulter le document mis à sa disposition au siège social, la distance et le temps peuvent le décourager à exercer ce droit. La communication de documents est un procédé auquel le recours est organisé par le législateur de façon à limiter le coût de l'information[57]. Elle semble difficile à réaliser dans les sociétés cotées, constituées généralement d'un nombre d'actionnaires très élevés. L'AUSC ne précise pas toutefois le moyen de communication de documents. On peut penser que la communication pourrait se faire par voie postale ou par voie électronique.

Dans certains cas, un rapport doit être présenté par les mandataires sociaux[58] et/ou les commissaires aux comptes[59] aux associés. Ces rapports contiennent les opinions ou les observations de leurs auteurs relativement à une situation donnée ou à un projet de résolution. La présentation du rapport du mandataire social et le cas échéant le rapport du commissaire aux comptes (commissaires aux apports dans certains cas) sont envisagés dans de nombreuses hypothèses[60]. Dans tous les cas, la nature des documents à

---

consultation écrite des associés (voir articles 133, 333 al. 2 de l'AUSC). Dans les SA, les décisions collectives sont exclusivement prises en assemblée générale.

[57] Il s'agit d'un procédé prévu pour les petites sociétés. Dans les grandes sociétés, notamment les SA faisant appel public à l'épargne, les documents sont en général mis à la disposition des associés au siège social.

[58] Articles 350 al. 2, 502 al. 1, 564, 570, 588. Cette obligation repose également sur les dirigeants sociaux en période de crise comme le liquidateur (article 228) ou l'administrateur provisoire (article 160-6) de l'AUSC.

[59] V. notamment articles 350 al. 2, 711, 713 al. 2 de l'AUSC.

[60] En vue de permettre aux associés de se prononcer sur les conventions réglementées (articles 350 al 2, 440 al 3 et 4, 502 al. 1, 503 al. 2 et 3, 853-14 al. 1,), sur l'évaluation des biens en nature et/ou d'avantages particuliers faite par le commissaire aux comptes ou le commissaire aux apports (articles 363, 401 al. 1, 403 al. 1, 408 al. 2 et 547 al. 1), d'apprécier l'opportunité d'une augmentation du capital social (articles 564, 570), la fixation du prix d'émission des actions nouvelles (article 588), la réduction du capital social (article 630), l'attribution d'actions gratuites (article 626-1 al. 1, 626-4), l'émission de valeurs mobilières composées (article 822-5), l'émission d'actions de préférence (articles 778-2, 788-3, 778-4, 778-7, 788-8), la transformation, fusion et scission de la SA (articles 691, 671 al. 4 et 5, 674, 684), le déroulement des opérations de liquidation (article 228), la reprise des actes accomplis pour le compte de la société en formation, avant sa constitution (ces actes décrits dans un document intitulé « état des actes accomplis pour le compte de la

communiquer ou à présenter varie suivant que les communications ou présentations sont faites en vue de la tenue de l'assemblée générale annuelle ou en vue de la tenue d'assemblées autres.

En prélude à la tenue de l'assemblée générale annuelle[61], et afin de fournir certaines informations nécessaires à la prise des résolutions[62], certains documents doivent être communiqués aux associés quinze jours au moins avant la tenue de l'assemblée[63]. Il s'agit en général du rapport de gestion, de l'inventaire, des états financiers de synthèse de l'exercice, du texte de résolutions proposées ainsi que le cas échéant du rapport du commissaire aux comptes.

En ce qui concerne les assemblées autres que l'assemblée annuelle[64], le droit de communication porte en général sur le texte de résolutions proposées, le rapport des mandataires sociaux et, le cas échéant, le rapport du commissaire aux comptes...[65].

***La possibilité de consulter les documents sociaux et/ou d'en prendre copie.** Cette possibilité est prévue par certaines dispositions de l'AUSC spécifiques à certaines sociétés. Les associés peuvent y recourir tantôt de manière permanente, tantôt de manière périodique.

De manière permanente, l'article 289 al. 1 prévoit, en ce qui concerne la SNC[66] que les associés non gérants ont le droit de consulter à tout moment, deux fois par an au siège social, les documents sociaux. Ils ont le droit d'en

---

société en formation » doivent être portés à la connaissance des associés (articles 106, 107 et 108)), le respect par la société de droits particuliers attachés aux actions de préférence (article 778-15).

[61] L'article 307 de l'AUSC permet cependant aux associés commanditaires et aux associés commandités non gérants d'obtenir communication des livres et documents sociaux, deux fois par an, c'est-à-dire de manière permanente.

[62] L'assemblée ordinaire annuelle a notamment pour objet de statuer sur les états financiers de synthèse de l'exercice, de décider de l'affectation des résultats...

[63] Articles 288 al. 1 et 2, 306 al. 1 et 2, 345 al. 1 et 2, 525 al. 1.

[64] En fonction de la nature de la résolution à adopter, il peut s'agir d'assemblées générales ordinaires (v. les attributions aux articles 347 et 546 de l'AUSC) ou extraordinaires (v. les attributions aux articles 357 et 551 de l'AUSC).

[65] V. article 345 al. 4 de l'AUSC pour la SARL et 525 al. 3 pour le SA.

[66] Et la SCS également en vertu de l'article 293-1 de l'AUSC qui permet l'application des dispositions de la SNC à la SCS.

prendre copie à leur frais[67]. Cette possibilité semble également réservée aux associés de la SARL[68] et de la SA[69]. Dans la SAS, ce procédé est laissé à la discrétion des statuts[70].

De manière périodique dans les SA, à la veille des assemblées générales d'actionnaires[71], l'article 525 al. 1 et 3 de l'AUSC prévoit que tout actionnaire a le droit par lui-même ou par le mandataire qu'il a nommément désigné pour le représenter à l'assemblée générale, de prendre connaissance des documents sociaux au siège social[72]. Sauf en ce qui concerne l'inventaire, le droit pour l'actionnaire de prendre connaissance emporte celui de prendre copie à ses frais[73]. Le droit de prendre connaissance s'exerce durant les quinze jours qui précèdent la tenue de l'assemblée générale[74]. Les dispositions propres aux autres formes de société n'envisagent pas expressément la possibilité pour les associés de consulter les documents sociaux à l'approche des assemblées ou d'en prendre copie. Cependant, étant donné que dans la plupart de sociétés l'AUSC[75] reconnaît aux associés la possibilité de consulter à toute époque, deux fois par exercice

---

[67] Ils doivent avertir le gérant de leur intention d'exercer ce droit au moins quinze jours à l'avance. Ils ont le droit de se faire assister par un expert comptable ou un commissaire aux comptes à leurs frais.

[68] L'article 345 al 6 de l'AUSC prévoit que l'associé peut à toute époque obtenir copie des documents sociaux. On peut présumer que l'associé, avant de demander copie, peut au préalable consulter le document.

[69] L'article 526 al. 1 de l'AUSC énonce que tout actionnaire peut à toute époque, prendre connaissance et copie des documents sociaux.

[70] L'article 853-3 ne rend pas l'application de l'article 526 al. 1 obligatoire dans la SAS.

[71] Cette faculté est ouverte à l'actionnaire non seulement à l'approche de l'assemblée générale annuelle, mais aussi en ce qui concerne les autres assemblées, notamment les assemblées appelées à se prononcer sur le projet de fusion (article 674 al. 1 et 2 de l'AUSC), sur le respect par la société des droits particuliers attachés aux actions de préférence (article 778-15).

[72] Parmi les documents pouvant être consultés ou dont les associés peuvent en prendre copie, on peut citer notamment l'inventaire, les états financiers de synthèse, les procès-verbaux des délibérations et décisions collectives, les rapports du commissaire aux comptes, etc. (articles 289 al. 1, 525 al.1 et 3, 526 al. 1, 674 al. 1)

[73] Article 525 al. 2.

[74] Article 525 al. 2.

[75] V. par exemple l'article 289 relatif à la SNC et à la SCS (d'après l'article 293-1, les règles de la SNC sont applicables à la SCS).

les documents sociaux et d'en prendre copie, on pourrait admettre qu'ils puissent exercer cette prérogative à l'approche d'une assemblée.

β- L'information par le mécanisme des questions écrites

Les associés peuvent s'informer au moyen des questions écrites, aussi bien de manière périodique que de manière permanente.

De manière périodique, en prélude à la tenue d'une assemblée générale et à compter de la communication des documents[76], tout associé a le droit de poser par écrit, des questions auxquelles le dirigeant est tenu de répondre au cours de l'assemblée. En réalité, seul l'alinéa 3 de l'article 345 relatif à la SARL évoque la possibilité pour les associés de poser des questions à la veille des assemblées d'associés. S'agit-il d'un moyen d'information réservé exclusivement aux associés de la SARL ? Étant donné que dans les autres formes de société le législateur, bien que n'ayant pas expressément prévu la possibilité de poser des questions à la veille des assemblées, reconnaît néanmoins aux associés la possibilité de poser des questions par écrit, deux fois par exercice aux dirigeants sociaux[77], rien n'empêche un associé d'exercer ce droit à l'approche d'une assemblée. Par ailleurs, en l'absence de précision suffisante de l'AUSC, toute possibilité pour les associés ou les actionnaires de poser des questions pendant la tenue de l'assemblée n'est pas exclue[78].

De manière permanente, tout associé (non gérant) peut, deux fois par exercice, à tout moment de l'année, poser par écrit des questions au gérant sur tout fait de nature à compromettre la continuité de l'exploitation[79]. Le dirigeant répond par écrit dans le délai de quinze jours aux questions posées. Dans le même délai, il adresse une copie de la question et de la réponse au commissaire aux comptes s'il en existe un dans la société. Bien qu'aucune disposition de l'AUSC spéciale à la SNC n'ait prévu cette possibilité, elle

---

[76] La communication des documents doit être faite 15 jours au moins avant la tenue de l'assemblée générale (articles 288 al. 2, 306 al. 2, 345 al. 2 et 778-15 al. 3).

[77] V. de manière générale l'article 157 pour les sociétés autres que les sociétés par actions et l'article 158 pour les sociétés par actions, et de manière spécifique, l'article 307 pour la SCS et 526 al. 2 pour la SA.

[78] VOUDWE BAKREO, *op.cit.*, n° 63.

[79] Articles 307 (pour la SCS), 345 al. 6 (pour la SARL), 526 al. 2 (pour la SA).

peut néanmoins y être reconnue aux associés en vertu de l'article 157 de l'AUSC qui reconnaît de manière générale à tout associé non gérant dans les sociétés autres que les sociétés par actions, la possibilité de poser des questions au gérant deux fois par exercice, sur tout fait de nature à compromettre la continuité de l'exploitation. De même, bien que l'alinéa 2 de l'article 526 de l'AUSC qui permet aux actionnaires de poser des questions écrites aux dirigeants sociaux, deux fois par exercice, ne figure pas parmi les dispositions de la SA applicables à la SAS[80], il n'en demeure pas moins que les actionnaires de la SAS peuvent poser des questions aux mandataires sociaux deux fois par exercice en vertu de l'article 158-1 qui permet l'application de l'article 158 de l'AUSC à la SAS. Cette dernière disposition reconnaît en effet aux actionnaires de la SA la possibilité de poser des questions aux mandataires sociaux deux fois par exercice.

En définitive, la possibilité de poser des questions écrites à la veille des assemblées ou de manière permanente à tout moment de la vie sociale, semble commune à toutes les formes de société. L'Acte uniforme indique que les questions doivent être posées par écrit sans indiquer la forme. On peut penser qu'elles pourraient être posées sous forme papier ou par voie électronique.

***y*- L'information par des lettres, télécopies, courriers électroniques ou avis**

Il faut distinguer l'information par des lettres, télécopies et courriers électroniques qui sont des procédés communs à toutes les formes de société, de l'information par des avis, spécifique aux SA.

De nombreuses informations sont portées à la connaissance des associés par des lettres, télécopies ou courriers électroniques[81]. Ces procédés servent principalement à convoquer ou à informer les associés de la tenue des assemblées[82]. Les convocations par télécopie et courrier électronique ne sont

---

[80] V. article 853-3 de l'AUSC.

[81] L'AUSC révisé admet en effet que les associés puissent être informés par courrier électronique (v. articles 286, 303 al. 2 et 3, 338 al. 1, 518 al. 3 de l'AUSC).

[82] Les convocations sont adressées aux associés au moins quinze jours avant la tenue de l'assemblée (v. articles 286 al. 1 (pour la SNC), 303 al. 1 (pour la SCS), 338 al. 1 (pour la SARL) et 518 al. 3 (pour la SA)). Les convocations doivent indiquer la date, le lieu de la

cependant valables que si l'associé a préalablement donné son accord écrit et communiqué son numéro de télécopie ou son adresse électronique selon le cas[83]. Il peut à tout moment demander que le moyen de communication susmentionné soit remplacé à l'avenir par envoi postal. Certains auteurs soutiennent que l'on puisse admettre en fonction de la nature de la société, que les convocations des associés se fassent verbalement, dès lors qu'il est certain qu'ils seront tous présents ou représentés[84]. Dans les SAS, les règles relatives aux convocations des assemblées sont fixées par les statuts, en ce sens que les dispositions de la SA sur la question ne s'imposent pas à la SAS[85]. Mais rien n'empêche les statuts de la SAS de prévoir que la convocation des assemblées se fera par des lettres, télécopies ou courriers électroniques.

Les lettres, télécopies, courriers électroniques permettent toutefois de véhiculer des informations autres que celles relatives à la tenue des assemblées. Dans la SA par exemple, en cas d'émission d'actions nouvelles, les actionnaires (et les investisseurs) sont informés par lettre au porteur contre récépissé ou par lettre recommandée avec demande d'avis de réception, six jours au moins avant la date d'ouverture de la souscription[86]. La société est également tenue d'informer l'actionnaire qui n'a pas libéré les actions, par lettre au porteur contre récépissé ou par lettre recommandée avec demande d'avis de réception, lorsqu'elle décide de vendre lesdites actions[87].

L'avis est une annonce, un avertissement ou une déclaration[88]. Dans les SA, les informations peuvent être portées à la connaissance des associés par des avis insérés dans des journaux habilités à recevoir les annonces légales. Le recours à ce procédé d'information peut se justifier notamment par la forme

---

réunion et l'ordre du jour de l'assemblée (articles 286 al. 2, 303 al. 3, 338 al. 2, 404 al. 2,518 al. 4, 827-6 al. 3 de l'AUSC).

[83]Articles 286 al. 1, 303 al. 2, 338 al. 1, 518 al. 3 de l'AUSC.

[84] GIBIRILA D., « Nom collectif (Société en) », *Rep. Sociétés*, 2003, mise à jour 2010, n° 216.

[85] V. article 853-3 de l'AUSC qui exclut l'application de l'article 518 du même Acte uniforme à la SAS.

[86] Article 599 de l'AUSC.

[87] Articles 775 et 776 de l'AUSC.

[88] CORNU G., *op.cit.*, p. 112 et s.

des actions. Ainsi, la convocation des assemblées y est faite par un avis de convocation inséré dans un journal habilité à recevoir les annonces légales[89]. Mais si toutes les actions sont nominatives, cette insertion peut être remplacée par une convocation faite aux frais de la société, par lettre au porteur contre récépissé ou par lettre recommandée avec demande d'avis de réception, télécopie ou courrier électronique[90].

De nombreuses autres informations sont portées à la connaissance des associés par des avis. Lorsque la SA décide de procéder à l'achat de ses propres actions en vue de les annuler et de réduire son capital, elle présente cette offre à tous les actionnaires en insérant un avis à cet effet dans un journal habilité à recevoir les annonces légales du lieu du siège social[91]. Les actionnaires (et les investisseurs) sont également informés par avis et/ou par lettre notamment en cas d'émission d'actions nouvelles[92].

b) Les procédés d'information spécifiques aux sociétés faisant appel public à l'épargne[93]

Dans les sociétés faisant appel public à l'épargne, en raison du volume de l'information et de la diversité des destinataires[94], de nombreux procédés d'information ont été prévus aussi bien par l'AUSC que par de nombreux autres textes auxquels sont assujetties les sociétés faisant appel public à l'épargne[95]. L'information est en général publiée. Les procédés

---

[89] Article 518 al. 2 de l'AUSC.

[90] Article 518 al. 3 de l'AUSC. L'avis de convocation doit parvenir ou être porté à la connaissance des actionnaires quinze jours au moins avant la date de l'assemblée sur première convocation et, le cas échéant, six jours au moins pour les convocations suivantes (article 518 al. 5 de l'AUSC). Lorsque l'assemblée est convoquée par un mandataire *ad hoc* le juge peut fixer un délai différent (article 518 al. 6)

[91] Articles 643 et 644 de l'AUSC.

[92] Articles 598 et 599, voir aussi article 832 de l'AUSC.

[93] Les procédés d'information spécifiques ne sont pas l'apanage des sociétés faisant appel public à l'épargne. En ce qui concerne les établissements de crédit, l'article 37 de l'Annexe à la Convention portant harmonisation de la réglementation bancaire dans les États de l'Afrique Centrale du 17 janvier 1992 énonce que « tout établissement de crédit doit publier ses comptes dans les conditions fixées par l'Autorité Monétaire après avis du Conseil National du Crédit ».

[94] À côté des actionnaires déjà bien nombreux, les investisseurs et le public doivent accéder à l'information.

[95] Sur ces différents textes, v. supra, note de bas de page 12.

d'information varient en fonction de l'objet de l'information et surtout de l'époque de son intervention.

α- Les mécanismes d'information antérieurs à la souscription des actions

Les informations à porter à la connaissance du public[96] avant le début des opérations de souscription des actions (dont le contenu est fixé par le législateur et l'organisme de contrôle de la bourse[97]) sont contenues dans un document d'information qui est diffusé sur support papier ou électronique par divers moyens : diffusion dans les journaux habilités à recevoir les annonces légales, mise à la disposition d'une brochure accessible pour consultation à toute personne qui en fait la demande au siège social de l'émetteur et auprès des organismes chargés d'assurer le service financier des valeurs mobilières, mise en ligne sur le site internet de l'émetteur ou, le cas échéant, sur celui des intermédiaires financiers qui placent ou vendent les valeurs mobilières concernées, etc.[98]. Le document d'information du public doit être mis à jour dans les cas prévus par la loi[99]. D'autres informations sont contenues dans une notice publiée dans les journaux d'annonces légales[100]. Pour renforcer la diffusion de l'information, les circulaires, les affiches et les annonces dans les journaux destinés à l'information du public sur l'émission d'actions projetée, reproduisent les énonciations de la notice

---

[96] Le terme public peut englober les associés. Ces derniers doivent être informés en cas d'émission de nouvelles actions par leur société.

[97] Le législateur détermine le contenu du document d'information. Cependant, l'organisme de contrôle de la bourse des valeurs de l'État partie du siège social peut dispenser d'inclure dans le document d'information certaines informations pour des raisons prévues à l'article 88 de l'AUSC. Par ailleurs, la loi a prévu des hypothèses dans lesquelles l'émetteur n'est pas tenu de publier un document d'information (v. articles 95 et 95-1 de l'AUSC, 26 et s. de la Décision n° 02/002 du 03 décembre 2002 portant Règlement général de la commission des marchés financiers (v. article 35 du même texte pour les dispenses partielles d'établir un document d'information), 49 et 50 du Règlement général de la COSUMAF du 15 janvier 2009).

[98] V. article 93, 825 de l'AUSC ; article 53 du Règlement général de la COSUMAF signé le 15 janvier 2009.

[99] V. article 92 de l'AUSC, articles 38 et 40 du Règlement général COSUMAF précité, article 128 du Règlement général du CREPMF précité.

[100] Article 825 et 826 de l'AUSC.

d'information avec indication du numéro des journaux habilités à recevoir les annonces légales dans lesquels elle a été publiée[101].

β- Les mécanismes d'information postérieurs à la souscription des actions

Après la souscription des actions, des informations sont dues aux actionnaires de manière permanente ou occasionnelle, ou de manière périodique.

En ce qui concerne les informations dues aux actionnaires de manière permanente ou occasionnelle[102], elles sont portées à leur connaissance selon divers procédés : publication d'un avis contenant certaines mentions dans les journaux habilités à recevoir les annonces légales pour informer les actionnaires de la tenue des assemblées générales[103] ou de l'émission de nouvelles actions[104], diffusion d'un communiqué de presse dans un journal ou sur tout autre support en cas de survenance d'un changement important susceptible d'exercer une influence sur le cours ou la valeur des titres[105], etc.

---

[101] Article 827 de l'AUSC.

[102] L'émetteur faisant appel public à l'épargne est tenu notamment d'informer les actionnaires de la tenue des assemblées générales, du paiement des dividendes, des opérations d'émission d'actions nouvelles, de tout fait nouveau important survenu dans son secteur d'activité et de nature à affecter son activité de façon significative (v. notamment articles 67 à 73 du Règlement général de la COSUMAF signé le 15 janvier 2009, articles 16 et s de la Décision n° 02/002 du 03 décembre 2002 portant Règlement général de la CMF, article 132 du Règlement général de la CREPMF relatif à l'organisation, au fonctionnement et au contrôle du marché financier régional de l'UEMOA, les dispositions de l'AUSC, qu'elles soient générales à toutes les sociétés ou spéciales aux sociétés faisant appel public à l'épargne, notamment 831 et s.). L'information est également due aux actionnaires en cas de franchissement de seuils (articles 22 et s. de la décision n°02/002 du 03 décembre 2002 portant Règlement général de la CMF, 75 et s. du Règlement général de la COSUMAF, 164 et s. du Règlement général de la CREPMF).

[103] Article 831de l'AUSC. Un rapport du président du conseil d'administration joint au rapport mentionné aux articles 525 2e) et 547-1 est tenu à la disposition des actionnaires (v. articles 831-2 al. 2, 831-3 de l'AUSC).

[104] Articles 832 et s. de l'AUSC. La diffusion de cette information est renforcée par les circulaires, les annonces et les affiches dans les journaux (article 835 AUSC).

[105] V. article 68 du règlement COSUMAF précité, voir aussi article 132 du règlement général du CREPMF.

Quant aux informations dues aux actionnaires de manière périodique[106], à la fin du premier semestre ou à la fin de l'exercice, elles sont portées à leur connaissance en général par des publications dans les journaux habilités à recevoir les annonces légales[107].

2- En période de crise

La notion de crise employée ici peut revêtir plusieurs sens. Elle peut renvoyer tantôt à une crise de confiance, tantôt à la crise économique[108]. Certains procédés d'information sont destinés à prévenir la crise (a) alors que d'autres concourent à son traitement (b).

a) Les procédés d'information destinés à prévenir les crises

Il s'agit de l'expertise de gestion et l'expertise préventive (α), ainsi que l'alerte (β).

α- L'expertise de gestion et l'expertise préventive

Lorsque des suspicions de mauvaise gestion de la société pèsent sur les mandataires sociaux, la mise de certaines informations à la disposition des associés peut contribuer à apaiser les tensions. C'est fort de cela que le législateur OHADA a institué l'expertise de gestion. Bien que l'AUSC ne l'ait pas prévu, la possibilité de recourir également à une expertise préventive ne semble pas exclue.

L'expertise de gestion est l'une des innovations apportées par l'OHADA au droit des sociétés en Afrique[109]. Elle vise à garantir une information fiable

---

[106] Les sociétés faisant appel public à l'épargne doivent publier à la clôture de l'exercice, en prélude à l'assemblée générale annuelle, les états financiers de synthèse (bilan, compte de résultats, tableau financier des ressources et emplois et état annexé), le projet d'affectation des résultats. Après l'assemblée générale ordinaire, ils doivent publier les états financiers de synthèse approuvés, la décision d'affectation des résultats, etc. D'autres informations doivent être publiées à la fin du premier semestre (v. notamment article 847 à 853 de l'AUSC, article 74 du Règlement général COSUMAF précité, article 127 du Règlement général de la CREPMF précité, article 15 de la Décision n°02/002 du 03 décembre 2002 portant Règlement général de la CMF).

[107] V. articles 847 à 853 de l'AUSC.

[108] En ce sens, VOUDWE BAKREO, *op.cit.,* n° 102 et s.

[109] Sur l'expertise de gestion en droit OHADA, v. FOKO A., « L'essor de l'expertise de gestion dans l'espace OHADA », *in* AKAM AKAM A. (dir.), *Les mutations juridiques dans*

des associés minoritaires et à assurer de manière générale une participation efficace des associés dans la gestion de leurs affaires[110]. L'expertise de gestion consiste en « une évaluation qualitative de la gestion sociale puisqu'elle permet l'obtention de rapport sur des opérations de gestion susceptibles de porter atteinte aux intérêts des associés et à ceux de la société »[111]. L'article 159 de l'AUSC permet en effet aux associés minoritaires de demander qu'un expert soit désigné si une opération de gestion paraît critiquable ou contestable, aux fins de présenter un rapport sur ladite opération de gestion. L'AUSC révisé a davantage assoupli les conditions de la demande d'une expertise de gestion dans la mesure où, désormais pour solliciter cette mesure, il suffit que le ou les associés demandeurs représentent au moins le dixième (soit 10 %) du capital social, au lieu du cinquième (20 % du capital social) comme par le passé. Le rapport de l'expert est adressé au demandeur et aux organes de gestion, de direction ou d'administration ainsi qu'au commissaire aux comptes. L'expertise de gestion est une technique d'information générale à toutes les formes de société.

L'expertise préventive ou expertise *in futurum* est une procédure d'instruction destinée à obtenir des preuves en vue d'une éventuelle action en justice[112]. Elle consiste pour une personne de se prémunir des preuves qu'elle pourra utiliser lors d'un procès éventuel. Il s'agit donc d'un procédé permettant à son demandeur d'obtenir certaines informations des dirigeants sociaux en prélude à un procès. En droit OHADA, l'expertise *in futurum* n'est pas prévue par l'AUSC, mais découle implicitement des dispositions du droit interne de certains pays membres. Au Cameroun par exemple, elle est déduite de l'article 116 du Code de procédure civile et commerciale qui

---

le système OHADA, L'Harmattan, 2009, p. 141 à 180 ; MEUKE B., « De l'expertise en droit des sociétés OHADA », *in Jurifis Info*, n° 4 juillet/août 2009, p. 10 et s. Pour des études sur la notion en droit français, v. GUYON Y., « Les nouveaux aspects de l'expertise de gestion », *JCP (éd E)*, 1985, n° 14593 ; LE CANNU P., « Éléments de réflexion sur la nature de l'expertise judiciaire de gestion », *Bull. Joly* 1988, p. 553 et s. ; MAIGRET-MATHIOT A.-S., *L'expertise dans les sociétés commerciales*, thèse, Rennes, 2003 ; TOUYERAS-PAULZE D'IVOY B., *L'expertise en droit des sociétés*, Thèse, Lille, 1993.

[110]VOUDWE BAKREO, *op.cit.*, n° 105.

[111] MEUKE B., « De l'expertise en droit des sociétés OHADA », *op.cit.*, p. 11.

[112]VOUDWE BAKREO, *op.cit.*, n° 122 ; MEUKE B., *op.cit.*, p. 16.

énonce « qu'un ou plusieurs experts peuvent être désignés avant le cours d'une contestation afin d'établir la preuve de certains faits et actes »[113]. Elle peut être exercée dans toutes les formes de société et par tout intéressé[114]. L'expertise préventive complète l'expertise de gestion en ce sens qu'à défaut de remplir les conditions de la mise en œuvre d'une expertise de gestion, les associés ne détenant pas le dixième du capital pourront recourir à l'expertise préventive[115].

β- L'alerte

L'alerte est une procédure destinée à attirer l'attention sur des faits de nature à compromettre la continuité de l'exploitation de la société[116]. Elle peut être déclenchée par les commissaires aux comptes ou par les associés.

Le commissaire aux comptes qui constate les mauvais résultats persistants, ou tout à fait de nature à compromettre la continuité de l'exploitation, relevés lors de l'examen des documents qui lui sont communiqués ou dont il a connaissance à l'occasion de l'exercice de sa fonction, doit demander des explications au dirigeant social qui est tenu de répondre. À la suite de la réponse du dirigeant, le commissaire aux comptes peut établir un rapport destiné à l'information des associés sur la situation.

Contrairement au commissaire aux comptes pour qui le déclenchement de l'alerte est un devoir, l'alerte est une faculté pour les associés. Elle consiste pour tout associé non gérant ou pour tout actionnaire, deux fois par exercice, à poser par écrit des questions au dirigeant social sur les actes de gestion. Le dirigeant répond par écrit dans un délai de quinze jours aux questions posées. Dans le même délai, il adresse une copie de la question et de la réponse au commissaire aux comptes s'il y en a un dans la société[117].

b) Procédés d'information pendant les procédures de traitement des crises

---

[113] V. également l'article 167 du Code de procédure civile, commerciale et sociale du Mali. En France, cette procédure découle de l'article 145 du Nouveau Code de procédure civile.

[114]VOUDWE BAKREO, *op.cit.*, n° 225.

[115]*Ibid.*, n° 226.

[116] V. articles 150 et s. de l'AUSC.

[117] V. articles 157, 158 et 158-1 de l'AUSC.

Certaines procédures, à l'instar de l'administration provisoire, sont prévues en cas de difficultés surmontables alors que la liquidation peut être ordonnée lorsque les difficultés de l'entreprise sont telles que la poursuite de son activité est impossible. Les associés ont droit à l'information aussi bien pendant la période d'administration provisoire (α) que pendant la liquidation (β) de l'entreprise.

α- Procédés d'information pendant la période d'administration provisoire

L'administration provisoire est une pure construction de la jurisprudence française dont les origines remontent au milieu du XIXe siècle[118]. Elle s'est progressivement étendue à d'autres systèmes juridiques. Dans l'espace OHADA, la technique de l'administration provisoire a intégré le droit des États membres[119] où elle est mise en œuvre par les tribunaux[120] et d'autres organes compétents[121]. Cette technique de traitement des difficultés d'entreprise a longtemps été réglementée dans l'espace OHADA par de nombreuses lois spéciales[122] et superficielles qui ne permettaient pas de

---

[118] LAPP (Ch.), « La nomination judiciaire des administrateurs de sociétés », *Rev. trim. dr. com* 1952, p. 769 ; CHASSAGNON (A.), *L'administrateur provisoire des sociétés commis par justice*, thèse dactyl., Paris, 1954, p. 2. CONTIN (R.), « L'arrêt Fruehauf et l'évolution du droit des sociétés », *D.* 1968, chr. p. 45 et s.

[119] NGUIHE KANTE P., *Les techniques de sauvetage des entreprises en difficultés en droit camerounais*, thèse, Yaoundé, 1999, p. 83 et s., NYAMA J. M., *Stratégie et perspectives du droit de la faillite au Cameroun*, thèse, Paris, 1980, p. 48 et s.

[120] KALIEU Y. R., « Note sur arrêt n° 38/REF du 10 févr. 1999, affaire REEMTSMA et autres C/ SITABAC et autres, Cour d'appel du Littoral (Cameroun) », *Juridis Périodique* n° 42 avril-Mai-Juin 2000. p. 45 à 54 ; Cour d'appel d'Abidjan, arrêt n° 258 du 25 févr. 2000, *Bulletin Juris Ohada*, n° 1/2002, jan.-mars 2002, p. 42, note anonyme ; OHADATA J-02-132, *Répertoire quinquennal OHADA 2000-2005*, p. 648, n° 38.

[121] Certains organes notamment, les commissions bancaires, la commission régionale de contrôle des assurances, les conseils des ministres et les ministres sont également compétents pour désigner l'administrateur provisoire qui est qualifié en ce moment d'« administrateur provisoire non judiciaire », cf. NJOYA NKAMGA B., *L'administrateur provisoire dans l'espace OHADA*, 1re éd., édition Viritas, 2012, p. 18, n°6.

[122] Il s'agit des lois concernant des sociétés soumises à un régime particulier à l'instar des établissements de crédit, les sociétés à capitaux publics, les sociétés d'assurance. On peut citer notamment l'Annexe de la Convention portant création de la commission bancaire de l'Afrique Centrale du 16 octobre 1990 (article 16), l'Annexe de la Convention portant harmonisation de la réglementation bancaire dans les États de l'Afrique Centrale du 17

dégager « une théorie d'ensemble en la matière »[123]. C'est fort de cela que l'AUSC révisé en ses articles 160-1 et suivants a aménagé la technique de l'administration provisoire. C'est une technique qui consiste, en cas de difficultés graves entraînant un dysfonctionnement de la société, à faire désigner par la juridiction compétente, un administrateur provisoire chargé d'assurer momentanément la gestion sociale[124].

L'aménagement de l'administration provisoire s'est accompagné d'un renforcement de l'information des associés pendant cette période[125]. Aux termes de l'article 160-6 de l'AUSC révisé, lorsqu'il dispose de tous les pouvoirs d'administration au sein de la société, l'administrateur provisoire, dans les quatre mois de la clôture de l'exercice, établit les états financiers de synthèse annuels au vu de l'inventaire qu'il a dressé de divers éléments de l'actif et du passif existant à cette date et un rapport écrit par lequel il rend compte des opérations de l'administration provisoire au cours de l'exercice écoulé. Ces documents sont portés à la connaissance des associés lors de la tenue de l'assemblée des associés. Les associés peuvent également prendre communication des documents sociaux en période d'administration provisoire.

β- Procédés d'information pendant la période de liquidation

La liquidation est l'opération qui consiste, en cas de dissolution de la société, à réaliser l'actif et à apurer le passif social. Le législateur OHADA a aménagé l'information des associés pendant cette période. Ces derniers sont

---

janvier 1992 (article 39), la Convention régissant la commission bancaire de l'Union Monétaire Ouest Africaine (article 26), le Code CIMA (article 321), le Règlement n° 1/02/CEMAC/UMAC du 26 janvier 2002 relatif aux conditions d'exercice de l'activité de micro-finance dans la CEMAC (article 63), la loi camerounaise n° 99/016 du 22 décembre 1999 portant statut général des établissements publics et des entreprises du secteur public et parapublic (article 23), le projet de Règlement relatif au traitement des établissements de crédit en difficulté (article 29 à 56).

[123] L'expression est empruntée LAPP Ch., *op.cit.*, p.769.

[124] V. article 160-1 de l'AUSC révisé.

[125] Les associés n'étaient pas bien traités pendant cette période, v. VOUDWE BAKREO, *op.cit.*, n° 234, qui observait avant la révision de l'AUSC que « leur traitement est abandonné au bon vouloir de l'administrateur ; ce dernier ayant la faculté de s'entretenir avec toute personne susceptible de l'informer sur la situation et les perspectives de redressement de l'entreprise ».

informés tout d'abord au début de la procédure[126]. Ensuite, pendant le déroulement de la procédure, le liquidateur doit convoquer, au moins une fois par an et dans les six mois de la clôture de l'exercice (sauf dispense accordée par la juridiction compétente), l'assemblée des associés qui statue notamment sur les états financiers de synthèse annuels[127]. Les associés peuvent également prendre communication des documents sociaux[128]. Enfin, à la fin de la liquidation, les associés sont convoqués pour statuer sur les comptes définitifs, sur le quitus de la gestion du liquidateur et la décharge de son mandat et pour constater la clôture de la liquidation[129].

En définitive, l'information des associés est une exigence reconnue en droit OHADA. Le législateur, tout en prescrivant l'égal accès des associés à l'information, en a défini le contenu et les procédés. L'exigence d'information ne peut toutefois être respectée et produire tout l'effet recherché que si elle est garantie

II – Une exigence garantie

L'information des associés a une fonction essentielle dans les sociétés commerciales. Premièrement, elle permet aux associés d'avoir une meilleure connaissance de la situation financière de l'entreprise et de la gestion sociale. Deuxièmement, elle permet aux associés de contrôler leur société[130]. Troisièmement, l'information permet aux associés d'exercer efficacement leur droit de vote. Elle conditionne d'ailleurs le bon exercice du droit de vote[131]. L'information des associés joue de nombreuses autres fonctions[132].

---

[126] L'article 228 AUSC dispose en effet que « dans les six mois de sa nomination, le liquidateur convoque l'assemblée des associés à laquelle il fait rapport sur la situation active et passive de la société, sur la poursuite des opérations de la liquidation, le délai nécessaire pour les terminer et demande, le cas échéant, toutes autorisations qui pourraient être nécessaires ».

[127] Article 233 de l'AUSC.

[128] Article 234 de l'AUSC.

[129] Article 217 de l'AUSC.

[130] Les articles 289 et suivants de l'AUSC relatifs à l'information des associés dans les SNC sont d'ailleurs intitulés « contrôle des associés ». Les associés qui ont le droit de contrôler leur société ne peuvent cependant bien exercer cette prérogative que s'ils disposent des informations nécessaires et fiables.

[131]Aussi la Chambre commerciale de la Cour de cassation française a-t-elle refusé de qualifier d'abusif le vote d'un minoritaire rejetant une augmentation de capital destinée à

Elle constitue une boussole qui oriente les associés dans l'exercice de leur pouvoir décisionnel, « une donnée incontournable dans la gestion des relations sociales »[133].

Conscient du rôle que joue l'information des associés dans la vie des sociétés commerciales, le législateur OHADA a aménagé d'importantes garanties pour la rendre effective[134]. Ces garanties se matérialisent par la reconnaissance d'un caractère d'ordre public aux dispositions relatives à l'information des associés (A), l'encadrement temporel et qualitatif de l'information (B) et l'édiction d'une diversité de sanctions pour des cas de violation ou de non-respect du droit à l'information des associés (C).

A- Le caractère d'ordre public des dispositions relatives à l'information des associés

Les dispositions relatives à l'information des associés, qu'elles émanent de l'AUSC ou des textes qui le complètent sont pour la plupart d'ordre public. Il ne peut y être dérogé sauf dans les cas prévus par la loi. En réalité, l'analyse de ces normes révèle qu'en matière d'information des associés, les dérogations admises devraient se faire suivant la méthode de l'« ordre public

---

éviter la dissolution de la société au motif que les actionnaires devant se prononcer sur une telle augmentation « doivent disposer des informations leur permettant de se prononcer en connaissance de cause sur les motifs, l'importance et l'utilité de cette opération au regard des perspectives d'avenir de la société et qu'en l'absence d'une telle information, ils ne commettent pas d'abus en refusant d'adopter la résolution proposée » (Cass. Com. 20 mars 2007, *D.* 2007, AJ, p. 952, obs. Lienhard ; *Id.* 2008, Pan., p. 384, obs. Hallouin et Lamzerolles ; *Dr. sociétés* 2007, n° 87, note Lécuyer ; *Bull. Joly* 2007, p. 745, note Schmidt ; *JCP (éd. E)* 2007, p. 1755, note Viandier ; *Id.*, p. 1877, n° 3, obs. Caussain, Deboissy et Wicker ; *Id.* 2008, p. 1721, note Monsallier-Saint-Mleux ; *RJ com.* 2007. 216, obs. Monsèrie-Bon ; *RTD fin.* 2007, n° 2, p. 88, obs. Poracchia ; *Rev. Sociétés* 2007, p. 806, note Champetier de Ribes-Justeau ; *RTD com.* 2007, p. 744, obs. Champaud et Danet).

[132] L'information communiquée au public ou aux investisseurs avant le début des opérations de souscription des actions par les sociétés qui se constituent par appel public à l'épargne leur permet de mieux apprécier les opportunités d'investissement dans cette société…

[133] NJEUFACK TEMGWA R., « La règle de la majorité dans le droit des sociétés commerciales OHADA », in *Annales de la Faculté des Sciences Juridiques et Politiques*, T. 10, PUA, 2006, p. 84.

[134] LE CANNU P., « Effectivité et ineffectivité du droit des sociétés », in *Mélanges en l'honneur de Dominique Schmidt, Liber amicorum*, Paris, Éditions Joly, 2005, p. 337 et s.

relatif[135] » observée en droit du travail[136]. Il s'agit de dérogations qui ne sont admises que si elle confère plus de protection à la partie dont la règle d'ordre public a été instituée pour protéger. Les auteurs soulignent d'ailleurs l'existence de cette méthode – qualifiée aussi de « principe de faveur [137] » – en droit des sociétés[138]. La présence de la locution adverbiale « au moins » dans de nombreuses dispositions de l'AUSC relatives à l'information des associés atteste certainement de la présence en la matière du « principe de faveur »[139]. À titre d'exemple, lorsque l'alinéa 1er de l'article 548 de l'AUSC prévoit que « l'assemblée générale ordinaire est réunie au moins une (1) fois par an, dans les six (6) mois de la clôture de l'exercice… », il permet des dérogations, mais dans le sens de l'amélioration de l'information des associés. En effet, les clauses des statuts qui mettraient sur pied une périodicité moins importante de tenue de l'assemblée générale seraient réputées non écrites. Il en est de même de celles qui réduiraient les délais de convocation aux assemblées ou de communication des documents. À l'inverse, on pourrait admettre que les associés puissent augmenter leur

---

[135] En réalité, une distinction est faite entre les règles d'ordre public pouvant faire l'objet de dérogation et celles ne pouvant pas faire l'objet de dérogation. Les premières font partie d'un « ordre public social » ou plutôt d'un « ordre public relatif » et les secondes d'un « ordre public absolu ».

[136] Sur l'ordre public relatif en droit du travail, v. CANUT Fl., *L'ordre public en droit du travail*, Paris, LGDJ, Bibl. de l'institut André Tunc, T. 14, 2007, p. 151, n° 135 ; COUTURIER G., « Ordre public de protection, heurs et malheurs d'une vieille notion neuve », *in Études Flour*, Défrénois, 1979, p. 111, n° 5, indiquant qu'en droit du travail, les règles d'ordre public font l'objet d'une « indérogabilité relative ».

[137] JEAMMAUD A., « Le principe de faveur. Enquête sur une règle émergente », *Dr. soc.* 1999, p. 115 ; V. également CHALARON Y., « L'application de la disposition la plus favorable », in *Les transformations du droit du travail : études offertes à Gérard Lyon-Caen*, Paris, Dalloz, 1989, p. 243, qui estime que le principe de faveur constitue « l'âme du droit du travail » ; SCHRYVE L., *L'ordre public et le droit des sociétés*, thèse dactyl., Université de Lille 2, 2009, p. 563 et s.

[138] LEGROS J.-P., « La nullité des décisions de sociétés », *Rev. Sociétés* 1991, p. 290, n° 35, indiquant que « l'ordre public de protection en matière de société présente une particularité semblable à celle que comporte l'ordre public en droit social ». L'auteur ajoute que « la protection des minoritaires peut être renforcée, mais elle ne saurait être amoindrie » ; SCHRYVE L. *op.cit.*, p. 563 et s.

[139] Notamment, articles 338 al. 1, 548 al. 1de l'AUSC.

prérogative dans ce domaine, en augmentant par exemple la périodicité de tenue des assemblées ou le délai de convocation aux assemblées d'associés.

Le non-respect des dispositions relatives à l'information des associés – qui peut se manifester par un défaut d'information, une mauvaise information ou une information insuffisante – peut être sanctionné. Les dispositions d'ordre public concourent à l'encadrement temporel et qualitatif de l'information.

B- L'encadrement temporel et qualitatif de l'information

L'encadrement temporel se traduit par la fixation des délais et de la périodicité de l'information (1), tandis que l'encadrement qualitatif est marqué par le contrôle de sa fiabilité (2).

1- L'encadrement temporel

Pour garantir l'information des associés, le législateur n'a pas laissé le choix au débiteur de l'information de décider du moment où de la périodicité de l'information. Il a fixé de manière impérative la périodicité (a) et les délais (b) de l'information.

a) La périodicité de l'information

Elle varie en fonction de la nature de l'information, qu'il s'agisse des informations relatives aux résultats de l'entreprise, ou de celles relatives aux opérations de gestion et à tout fait de nature à compromettre la continuité de l'exploitation.

Les informations relatives aux résultats de l'exercice doivent être portées à la connaissance des associés à la clôture de chaque exercice. C'est ainsi que le législateur a fixé la périodicité de la tenue des assemblées annuelles d'associés[140]. Ces assemblées doivent impérativement se tenir dans les six mois de la clôture de chaque exercice[141]. Il s'agit d'une exigence impérative à laquelle les dirigeants sociaux ne peuvent se soustraire. Ils ne peuvent choisir une autre périodicité, car les associés doivent être régulièrement informés de

[140] Il s'agit des assemblées au cours desquelles les associés sont informés notamment des comptes de l'exercice écoulé à travers notamment le rapport de gestion, l'inventaire, les états financiers de synthèse.

[141]Articles 140 al. 2, 306 al. 1, 288 al. 1, 348 al. 1 et 548 de l'AUSC. Il est vrai que la loi envisage dans certains cas la possibilité pour le dirigeant social de demander la prorogation de ce délai de six mois à la juridiction compétente (article 348 al. 1 de l'AUSC).

la gestion de leur société. D'ailleurs, si l'assemblée des associés n'a pas été réunie dans ce délai, le ministère public ou tout associé peut saisir la juridiction compétente statuant à bref délai afin d'enjoindre, le cas échéant sous astreinte, aux dirigeants sociaux de convoquer cette assemblée ou désigner un mandataire *ad hoc* pour y procéder[142]. Il convient de préciser qu'en dehors de la tenue des assemblées, les sociétés dont les titres sont inscrits à la bourse des valeurs sont tenues d'informer sur leurs résultats à travers des publications dont la périodicité est annuelle[143] ou semestrielle[144].

Les informations relatives aux opérations de gestion et à tout fait de nature à compromettre la continuité de l'exploitation peuvent intervenir, respectivement, à la suite de l'expertise de gestion et de la procédure d'alerte. En ce qui concerne la périodicité de l'alerte, les associés peuvent poser par écrit, des questions aux dirigeants sociaux deux fois par exercice. Ils pourraient poser certaines de ces questions à la veille des assemblées d'associés. Quant à la périodicité de l'expertise de gestion, elle n'a fait l'objet d'aucune précision par l'AUSC. Cependant, en tenant compte à la fois de l'utilité de cette technique dans la prévention des difficultés d'entreprise, mais aussi de frais qu'elle peut générer pour la société, on peut estimer que les associés devraient avoir le droit de solliciter une expertise de gestion chaque année dès lors qu'il y a nécessité.

b) Les délais de l'information

Les associés ne peuvent exploiter l'information à des fins utiles que si celle-ci leur parvient dans des délais raisonnables. À quoi servirait-il de communiquer des documents aux associés dans un délai aussi court qu'ils ne puissent pas les exploiter à temps pour préparer l'assemblée générale en vue ? Serait-il utile d'adresser une convocation en vue d'une assemblée dans un délai tellement proche que les associés ne puissent pas ménager du temps et la réflexion pour y prendre part et émettre un vote éclairé ? C'est pour conférer une certaine valeur à l'information donnée aux associés que le législateur a fixé des délais aussi bien pour la communication de certains documents aux associés que pour leur convocation aux assemblées générales.

---

[142] V. par exemple articles 348 al. 2 et 548 de l'AUSC.
[143] V. articles 847 et 848 de l'AUSC.
[144] V. article 849 de l'AUSC.

Les documents sociaux (notamment le rapport de gestion, l'inventaire, les états financiers de synthèse) doivent être communiqués ou pouvoir être consultés au siège social par les associés au moins quinze jours avant la tenue de l'assemblée[145]. Cette exigence s'impose même en cas de consultations écrites[146]. En ce qui concerne les convocations pour les assemblées d'associés, elles doivent selon les cas, être adressées aux associés ou publiées dans les journaux habilités à recevoir les annonces légales dans l'État partie du siège social au moins quinze jours avant la tenue de l'assemblée[147]. Il s'agit d'une exigence d'ordre public à laquelle il ne peut être dérogé. Ainsi a été annulée une assemblée convoquée quatorze et non quinze jours à l'avance[148]. Les clauses de statuts qui stipuleraient un délai plus court devraient être considérées comme nulles. En revanche, on pourrait admettre que les associés puissent prévoir un délai plus long. Par ailleurs, toute assemblée irrégulièrement convoquée peut être annulée[149].

2- L'encadrement qualitatif

Pour que l'information des associés puisse être considérée comme effective, il faudrait notamment qu'ils aient accès dans les délais ou périodes prévus par la loi, à des informations utiles, intelligibles et exactes. On ne saurait donc parler d'une information effective des associés si les informations portées à leur connaissance ne sont pas fiables. Ce n'est que lorsque l'information est exacte qu'elle peut être exploitée à des fins utiles. Une mauvaise information ne permet pas aux associés d'exercer efficacement leur pouvoir de décision. Certes, le législateur impose aux dirigeants sociaux de respecter les principes comptables, ce qui est de nature à donner une image fidèle à leur gestion et à garantir la qualité de l'information[150]. Mais il demeure possible que les informations données aux associés soient faussées. Les associés ne disposent pourtant pas toujours de compétences pouvant

---

[145] Articles 306 al. 2, 288 al. 2, 345 al. 2, 778-15 al. 3 de l'AUSC.

[146] Article 340 de l'AUSC.

[147] Articles 286 al. 1, 338, al. 1, 303 al. 1, 404 al. 3, 518 al. 5, 6, 827-6 al. 3 et 4 de l'AUSC.

[148] Cass. Com., 6 juillet 1983, *Rev. Sociétés*, 1984, 76, note Guyon Y. ; *D.* 1985, IR, 135, note Bousquet J. C.

[149] Articles 303 al. 4, 286 al. 3, 339. Mais l'action en nullité n'est pas recevable lorsque tous les associés étaient présents ou représentés.

[150] V. articles 3, 9 et 14 de l'Acte uniforme OHADA portant organisation et harmonisation des comptabilités des entreprises.

leur permettre d'apprécier la fiabilité de toutes les informations qui sont mises à leur disposition. C'est conscient de tout cela que le législateur a prévu des mécanismes de contrôle par des spécialistes, de l'information destinée aux associés. L'information est en général contrôlée par le commissaire aux comptes (a). Toutefois, dans les sociétés faisant appel public à l'épargne, l'autorité de régulation financière intervient aussi pour contrôler l'information destinée aux associés (b).

a) Le contrôle de la fiabilité de l'information par le commissaire aux comptes

Le rôle du commissaire aux comptes dans les sociétés commerciales n'est plus à démontrer. Il a notamment pour mission de contrôler les comptes de la société[151] et de prévenir ainsi les difficultés d'entreprise[152], de s'assurer que l'égalité est respectée entre les associés[153], de déclencher l'alerte, etc.[154]. C'est pourquoi il faut saluer les innovations apportées par la récente révision de l'AUSC dans le sens de la généralisation du commissariat aux comptes dans toutes les sociétés commerciales[155]. Il est évident que pour mieux exercer ces missions, le commissaire aux comptes doit jouir d'une certaine indépendance par rapport aux dirigeants sociaux[156].

---

[151] V. articles 710 et s. de l'AUSC.

[152] ALGADI A. S., « Commissaire aux comptes et prévention des difficultés des entreprises dans l'espace OHADA », *in Penant* n° 870, p. 5 et s.

[153] Article 714 de l'AUSC.

[154] V. AFECAC, Synthèse des travaux du séminaire international sur « Le rôle du commissaire aux comptes dans la gouvernance de l'entreprise dans l'espace OHADA », *in www.ohada.com.*

[155] Alors que le commissariat aux comptes n'était prévu dès le départ que pour les sociétés à risque limité (SA, SARL), désormais, il est possible de disposer d'un commissariat aux comptes dans les sociétés à risque illimité, à savoir les SNC (v. article 289-1) et les SCS (l'article 293-1 permet l'application des règles de la SNC à la SCS). Dans la SAS, les associés peuvent nommer un ou plusieurs commissaires aux comptes (v. articles 853-13 et s.).

[156] Pour garantir cette indépendance, l'AUSC a défini les incompatibilités (v. articles 378, 687 à 701 de l'AUSC). Sur la question de l'indépendance du commissaire aux comptes, lire ALGADI A. S., « Commissaire aux comptes et prévention des difficultés des entreprises dans l'espace OHADA », *op.cit.*, p. 5 et s., spéc. p. 6 et s. VIDAL D., « Libres propos sur l'indépendance du commissaire aux comptes après la LSF » in *Mélanges D. SCHMIDT*, éd. Joly 2005, p. 475et s. BARBIERI J. F., « Code de déontologie et indépendance des

Dans le cadre de sa mission de protection des intérêts des associés, il revient au commissaire aux comptes de contrôler la fiabilité de l'information donnée aux associés. Ce contrôle s'exerce à de nombreuses occasions : d'abord, lorsque les associés décident d'exercer la prérogative que la loi leur reconnaît de poser des questions aux dirigeants sociaux (ce qui peut conduire à l'alerte), ce dernier répond par écrit et adresse toujours une copie de la question et de la réponse au commissaire aux comptes[157]. Ensuite, dans le cadre de l'exercice de la prérogative que la loi leur reconnaît de consulter au siège social, deux fois par exercice les documents et pièces comptables, ainsi que les procès-verbaux des délibérations, les associés non gérants ont le droit de se faire assister par un expert-comptable ou un commissaire aux comptes à leur frais[158]. Enfin, à la clôture de l'exercice, les états financiers de synthèse annuels et le rapport de gestion sont adressés aux commissaires aux comptes quarante-cinq jours avant la date de l'assemblée générale ordinaire (dans les SA, SAS et SARL)[159]. La communication des documents aux commissaires aux comptes vise de manière générale à lui donner des outils nécessaires pour exercer son contrôle sur la société. Elle vise de manière spécifique à mettre à sa charge l'obligation de vérifier la fiabilité des informations contenues dans lesdits documents[160].

Dans tous les cas, l'obligation de communiquer une copie des documents destinés aux associés au commissaire aux comptes a aussi un rôle dissuasif à l'égard des dirigeants sociaux. Le simple fait de savoir que les informations destinées aux associés sont vérifiées par le commissaire aux comptes pourrait les contraindre à fournir des informations fiables. Le législateur a fait de la communication des documents au commissaire aux comptes une exigence

---

commissaires aux comptes », *Bull. Joly sociétés* 2006, n° 3, p. 409 ; GUYON Y., « L'indépendance des commissaires aux comptes » *JCP* 1977, I., 2831.

[157] V. articles 157, 158, 345 de l'AUSC.

[158] Article 289 de l'AUSC.

[159] Article 140 al. 1 de l'AUSC.

[160] D'après l'article 713 de l'AUSC, « Le commissaire aux comptes vérifie la sincérité et la concordance avec les états financiers de synthèse, des informations données dans le rapport de gestion du conseil d'administration ou de l'administrateur général, selon le cas et dans les documents sur la situation financière et les états financiers de synthèse de la société adressés aux actionnaires ».

d'ordre public qui ne saurait connaître des dérogations ou des restrictions sous peine d'un rappel à l'ordre par le juge[161].

Dans les sociétés faisant appel public à l'épargne, le rôle du commissaire aux comptes dans le contrôle de la fiabilité de l'information destinée aux associés est plus étendu. D'après l'article 42 du Règlement général de la COSUMAF du 15 janvier 2009, « les commissaires aux comptes apportent leur contribution au bon fonctionnement du marché en assurant la fiabilité des informations financières et comptables contenues dans le document d'information et des documents comptables et financiers établis par les émetteurs, les organismes et intermédiaires du marché ».

À la suite du contrôle de l'information, le commissaire aux comptes, dans les cas prévus par la loi, fait état de ses observations dans un rapport qu'il présente aux associés lors de leur assemblée générale[162]. Sont nulles les délibérations prises sans que les rapports devant être établis par le commissaire aux comptes conformément à l'AUSC aient été soumis à l'assemblée générale[163].

b) Le contrôle de la fiabilité de l'information par l'autorité de régulation financière[164]

Dans les sociétés cotées, en plus du commissaire aux comptes, l'autorité de régulation financière[165] intervient pour contrôler la fiabilité de

[161] Le juge français a eu à sanctionner le refus de communication de documents au commissaire aux comptes (C. A. Paris, 9e Ch, Section A, Corr. 24 septembre 2008) ; MERLE Ph., « Entrave aux fonctions du commissaire aux comptes », *Bull. commissaire aux comptes*, 2008, n °152, 670.

[162] V. notamment articles 711, 713 al. 2.

[163] Article 717-1 al. 1.

[164] Dans le secteur bancaire, les Autorités de tutelle que sont l'Autorité Monétaire, la Banque Centrale et la COBAC s'assurent de la fiabilité des informations destinées au public et peuvent ordonner aux établissements concernés de publier des rectificatifs dans le cas où des inexactitudes ou omissions altérant la sincérité des informations en cause auraient été relevées (V. article 37 de l'Annexe à la Convention du 17 janvier 1992 portant harmonisation de la réglementation bancaire dans les États de l'Afrique centrale).

[165] En l'absence de cet organisme, c'est le ministre chargé des Finances de l'État partie du siège social de l'émetteur et, le cas échéant, des autres États parties dont le public est sollicité (article 90 al. 1 de l'AUSC).

l'information destinée aux associés ou aux futurs associés (investisseurs)[166]. L'information diffusée dans le public par les personnes ou entités faisant appel public à l'épargne doit en effet être exacte, précise et sincère[167]. Le contrôle intervient à diverses étapes de la vie sociale et porte sur divers informations ou documents. De manière générale, le contrôle porte sur les informations diffusées préalablement à l'appel public à l'épargne ou après.

Lorsque la société fait appel public à l'épargne, le projet de document destiné à l'information du public est soumis au contrôle de l'autorité de régulation de la bourse des valeurs mobilières. Ce n'est qu'à la suite de ce contrôle que l'autorité peut accorder son visa[168]. Ce contrôle s'étend au supplément du document d'information que doit établir l'émetteur en cas de changement important survenu après l'obtention du visa[169]. Si le document d'information n'est pas conforme aux dispositions légales, l'autorité de contrôle de la bourse peut refuser son visa[170]. Le refus de visa entraîne l'interdiction de solliciter l'épargne publique pour l'opération envisagée[171]. Il y a cependant dispense de l'obligation de publier un document d'information ou d'obtenir un visa dans certains cas[172].

Au cours du fonctionnement de la société, de nombreuses informations diffusées au public sont soumises au contrôle préalable de l'autorité de contrôle de la bourse. L'autorité contrôle tout projet d'émission de nouvelles valeurs mobilières par un émetteur dont les titres sont déjà cotés à la bourse[173]. De même, les copies d'encarts ou d'annonces publicitaires

---

[166] D'après l'article 3 du Règlement général de la COSUMAF du 15 janvier 2009, la COSUMAF a pour mission de veiller notamment à l'information des investisseurs.

[167] V. article 24 du Règlement général de la COSUMAF précité.

[168] D'après l'article 26 du Règlement de la COSUMAF, le visa ne porte pas sur l'opportunité de l'opération envisagée, mais sur la pertinence et la cohérence de l'information publiée (v. aussi article 3 al. 2 Règlement CMF).

[169] Article 92 de l'AUSC, 38 du Règlement général de la COSUMAF.

[170] Article 33 Règlement COSUMAF.

[171] Article 34 Règlement COSUMAF. D'après l'article 115 du Règlement général du CREPMF, « la non-obtention du visa préalable par le Conseil Régional entraîne, tant à l'égard du postulant que du public sollicité, la nullité de l'opération ».

[172] V. articles 95 et s. de l'AUSC, articles 26 et s. de la Décision du 03 décembre 2002 portant Règlement général de la CMF.

[173] V. article 21 Règlement général CREPMF.

destinées à la presse écrite ainsi que les textes d'annonces radiodiffusées ou télévisées sont soumis au contrôle de l'autorité de régulation[174]. Le non-respect des règles relatives à l'information des associés peut être sanctionné.

C- Les sanctions de la violation du droit à l'information des associés

De nombreuses sanctions sont prévues par l'AUSC, d'autres Actes uniformes, ainsi que les textes spéciaux auxquels sont assujetties les sociétés faisant appel public à l'épargne, pour des cas de non-respect du droit à l'information des associés. Ces sanctions sont en général prononcées par les tribunaux (1). D'autres sanctions spécifiques aux sociétés faisant appel public à l'épargne sont prononcées par les autorités de régulation financière (2). Il convient de préciser que les associés peuvent également sanctionner les dirigeants fautifs, notamment par la révocation.

1- Les sanctions judiciaires

En cas de méconnaissance du droit à l'information des associés, les tribunaux peuvent prononcer des sanctions civiles ou pénales.

a) Les sanctions civiles

Elles sont constituées :

D'abord, de l'exécution forcée en nature[175]. L'exécution forcée fait partie des sanctions applicables aux cas d'inexécution des obligations mises à la

---

[174] Articles 21 Décision du 3 décembre 2002 portant Règlement général de la CMF et 73 du Règlement général de la COSUMAF.

[175] Sur la distinction entre exécution forcée et exécution en nature, v. LONIS-APOKOURASTOS V., *La primauté contemporaine du droit à l'exécution en nature*, PUAM, 2003, préf. MESTRE J., n° 11, p. 26-27 : « *Certains auteurs considèrent que l'expression exécution forcée est synonyme d'exécution en nature de l'obligation. Selon d'autres, l'exécution en nature étant l'un des modes d'exécution forcée des obligations* » ; LAITHIER Y.-M., *Étude comparative des sanctions de l'inexécution du contrat*, LGDJ, 2004, préf. MUIR WATT H., n° 15, p. 37 : L'exécution forcée s'oppose à l'exécution volontaire : « *L'exécution de l'obligation contractuelle est forcée lorsqu'elle est ordonnée par le juge… L'exécution forcée a lieu en nature si le débiteur est condamné à fournir l'objet précis de la prestation convenue ; elle a lieu par équivalent si elle vise à octroyer au créancier des dommages-intérêts évalués de façon à les replacer dans la situation qui aurait été la sienne si le contrat avait été ponctuellement et complètement exécuté* » ; *Contra :* LE GAC-PECH S., « Vers un droit des remèdes », *LPA*, 4 décembre 2007, n° 242, p. 7, spéc. p. 14-15 : « *Il faut tenir pour synonyme l'exécution forcée ou en nature, car l'exécution sous contrainte est toujours une exécution en nature consistant à contraindre le débiteur à ce à quoi il s'était obligé. On ne doit parler d'équivalence qu'à propos de la réparation, car la réparation est toujours un équivalent… Les termes de réparation en*

charge de certaines personnes en droit des sociétés[176]. Lorsqu'il y a méconnaissance de l'obligation d'information des associés, le juge peut prononcer à l'égard du débiteur une obligation d'exécuter l'obligation en question. Il peut s'agir de l'exécution forcée en nature et de l'obligation de communiquer les documents sociaux aux associés. L'alinéa 2 de l'article 528 de l'AUSC prévoit par exemple que « le président de la juridiction compétente peut ordonner à la société, sous astreinte, de communiquer les documents à l'actionnaire... »[177].

Il peut s'agir d'autre part de l'exécution forcée en nature de l'obligation de convoquer une assemblée. En principe, l'assemblée des associés doit être convoquée par les organes sociaux que sont les gérants, conseil d'administration ou administrateur général, selon le cas[178]. À défaut, elle peut être convoquée par le commissaire aux comptes[179] et, en période de crise, par l'administrateur provisoire[180] ou le liquidateur[181] selon le cas. En cas de non-convocation d'assemblée par les dirigeants sociaux, l'AUSC entré en vigueur en 1998, ne prévoyait qu'une possibilité d'exécution forcée en nature par un tiers : l'associé peut demander en justice[182] la désignation d'un

---

nature et d'exécution par équivalent ne sont que de faux concepts » ; en ce sens, v. MOLFESSIS N., « Force obligatoire et exécution : un droit à l'exécution en nature ? », *in Exécution du contrat en nature ou par équivalent*, *RDC* 2005, p. 37, spéc. p. 46.

[176] V. MIGNON-COLOMBET A., *L'exécution forcée en droit des sociétés*, Economica, 2004, préf. Y. GUYON.

[177] En cas de refus de communiquer à l'actionnaire les documents requis, celui-ci peut saisir le juge de référé qui peut ordonner à la société, le cas échéant sous astreinte, la communication des documents. Il pourra même ordonner le cas échéant la suspension de la tenue de l'assemblée jusqu'à l'accomplissement de cette formalité. (TPI Yaoundé, Ord. Réf. n°494/0 du 6 février 2001, NDJEUDJUI Thaddée c/ Continental Business Machines S.A., inédit).

[178] V. articles 286 al. 1, 337 al. 1 et 516 al. 1 de l'AUSC.

[179] Articles 337 al. 3, 516 al. 2 (1°) de l'AUSC.

[180] V. article 160-6 al. 3 de l'AUSC.

[181] V. article 516 al. 2 (3°) de l'AUSC.

[182] Le juge des référés a compétence pour désigner le mandataire en question : Tribunal régional hors classe de Dakar – audience du 28 octobre 2002 – Jugement n°1364, Papa Balle Diouf c/ Mamadou SY, ohada.com, Ohadata J-05-39. Sur les différents cas d'intervention du juge des référés en droit des sociétés v. LEFEUVRE C., *Le référé en droit des sociétés*, PUAM, 2006.

mandataire chargé de convoquer l'assemblée et de fixer son ordre du jour[183]. L'AUSC révisé a étendu le champ des personnes appelées à exécuter de manière forcée l'obligation de convoquer l'assemblée d'associés, en prévoyant désormais la possibilité d'une exécution forcée en nature par les dirigeants sociaux. D'après l'article 548 (nouveau) de l'AUSC, « ... si l'assemblée générale ordinaire n'a pas été réunie dans ce délai, le ministère public ou tout actionnaire peut saisir la juridiction compétente statuant à bref délai afin d'enjoindre, le cas échéant, sous astreinte, aux dirigeants de convoquer cette assemblée ou de désigner un mandataire pour y procéder »[184].

Ensuite, de la nullité[185]. Dans de nombreux cas, la méconnaissance du droit à l'information des associés est sanctionnée par la nullité. Il peut s'agir de la nullité d'une assemblée irrégulièrement convoquée[186], de la nullité d'une délibération prise en violation des dispositions de l'AUSC relatives à l'information des associés[187] ou de la nullité de certaines opérations[188]. En

---

[183] Article 337 al. 1, 516 al. 2 (2°) de l'AUSC. Si dans la SARL tout associé peut introduire cette demande, peu importe le nombre de parts sociales qu'il détient, dans la SA la demande doit être introduite, soit par tout intéressé en cas d'urgence, soit par un ou plusieurs actionnaires représentant au moins le dixième du capital social s'il s'agit d'une assemblée générale, ou le dixième des actions de la catégorie intéressée s'il s'agit d'une assemblée spéciale.

[184] V. aussi l'article 348 al. 2 de l'AUSC.

[185] KASSIA B. O., « Le recul de la nullité dans l'Acte uniforme sur les sociétés commerciales et le groupement d'intérêt économique » *in Penant* n° 848, p. 352 et s.

[186] V. articles 286 al. 3, 303 al. 4, 339, 519 al.4,674 al. 3, 684, 827-11 de l'AUSC. La CCJA a rendu un arrêt remarqué relatif à la nullité d'assemblée irrégulièrement convoquée (CCJA, arrêt n° 034/2008/PC, 3 juillet 2008, Bassirou Ka c/ Abdoulaye Cisse, Mohamed El Béchir Sissoko et Djibril Cisse, note NJEUFACK TEMGWA R., *in* POUGOUE P. G. et KUATE TAMEGHE S. S. (dir.), *Les grandes décisions de la Cour commune de justice et d'arbitrage de l'OHADA*, L'Harmattan, 2010, p. 121-128). Le déplacement du lieu de la réunion sans informer tous les associés consiste en un défaut de convocation (Tribunal Régional hors classe, de Dakar, jugement n° 2301 du 27 octobre 2004, Bara Tall c/ Cheikh Oumar Dioum et Youssou Ndour, *in www.ohada.com*, Ohadata J-05-103).

[187] V. articles 345 al. 5, 440 al. 7, 525 al. 4, 547 al. 4, 622 al. 3, 626-1-1-1, 630, 778-14, 822-5 al 5, 853-14 al. 5 de l'AUSC. Il a été décidé que le juge des référés est incompétent pour annuler les délibérations d'une assemblée générale d'associés (Cour d'appel d'Abidjan, 5e Chambre Civile et Commerciale, Arrêt n° 32 du 13 janvier 2004, T.W et autres c/ K.B

général, la nullité encourue lorsqu'une assemblée a été irrégulièrement convoquée est une nullité facultative[189]. L'AUSC prévoit en effet que l'action en nullité n'est pas recevable lorsque tous les associés étaient présents ou représentés[190]. La jurisprudence se conforme à cette exigence légale[191].

Enfin, des dommages-intérêts. Les débiteurs de l'obligation d'information des associés peuvent voir leur responsabilité civile être engagée suite au non-respect ou à la mauvaise exécution de ladite obligation. En ce qui concerne les dirigeants sociaux, leur responsabilité civile[192] est organisée par le livre 3 de l'AUSC. D'après l'article 161 de cet Acte uniforme, « sans préjudice de la responsabilité éventuelle de la société, chaque dirigeant social est responsable individuellement envers les tiers des fautes qu'il commet dans l'exercice de ses fonctions ». Les associés victimes d'un préjudice suite notamment à un défaut d'information ou à une mauvaise information du dirigeant social peuvent engager la responsabilité

et K.A.L, *Le Juris Ohada*, n° 4/2004, oct.-déc. 2004, p. 59 ; Ohadata J-05-180 ; *répertoire quinquennal OHADA 2000-2005*, p. 651, n° 50).

[188] V. par exemple article 646- de l'AUSC qui prévoit la nullité des opérations de rachat réalisées en violation de certaines règles relatives à l'information des associés.

[189] Sur ce point, NJEUFACK TEMGWA R., « Assemblées de sociétés et décisions collectives », *in* POUGOUE P. G. (dir.), *Encyclopédie du droit OHADA*, Lamy, 2011, p. 330 et s., n° 34 ; GUYON Y., « Caractère facultatif de la nullité d'une assemblée générale d'actionnaires pour irrégularité de la convocation », *Rev. Sociétés*, 2002, p. 716.

[190] Articles 286 al. 3, 303 al. 4, 339, 519 al. 4 de l'AUSC.

[191] Trib. 1re instance Abidjan, jugement n° 1245 du 21 juin 2001, Michel Jacob et autres c/ Sté Scierie Bandama-Établissements Jacob et autres, *Ecodroit* n°1, juillet-août 2001, p. 49, ohada.com, Ohadata J-02-19 ; Cour d'appel d'Abidjan, Arret n° 1121 du 8 août 2003, La Société Ash International Disposal et Autres c/ Zokora Simplice, *in www.ohada.com*, Ohadata J-04-99.

[192] Sur la responsabilité civile des dirigeants sociaux, v. AKAM AKAM A., « La responsabilité civile des dirigeants sociaux en droit OHADA », *Revue Internationale de Droit Economique*, 2007, p. 211-243 ; KOM J., « La responsabilité des dirigeants sociaux dans les cas de défaillances d'entreprises à la lumière du droit OHADA et des dispositions de droit interne camerounais », *Revue Africaine des Sciences Juridiques (RASJ)*, vol. 8, n°1, 2011 ; NJEUFACK TEMGWA R., *La responsabilité des dirigeants des sociétés commerciales OHADA*, Mémoire de DEA, Université de Dschang, 1999, 71 p.

civile de ce dernier au moyen de l'action individuelle[193]. Quant au commissaire aux comptes, il est, aux termes de l'article 725 de l'AUSC, civilement responsable tant à l'égard de la société que des tiers, des conséquences dommageables des fautes et négligences commises dans l'exercice de ses fonctions. Ainsi, sa responsabilité civile[194] pourrait par exemple être engagée s'il omet par myopie ou par complaisance de déclencher la procédure d'alerte[195]. L'action en responsabilité civile conduit à la condamnation du fautif au versement des dommages-intérêts aux personnes ayant subi un préjudice.

b) Les sanctions pénales

La responsabilité pénale du débiteur de l'information peut être engagée lorsque les faits reprochés sont constitutifs d'une infraction. De nombreux comportements sont incriminés par l'AUSC[196] ; d'autres Actes uniformes[197], ainsi que certains textes spéciaux aux sociétés faisant appel public à l'épargne[198]. Tous les débiteurs de l'information, dirigeants sociaux[199],

---

[193] Article 162 de l'AUSC. D'après l'article 164 al. 2 de l'AUSC, « L'action individuelle se prescrit par trois ans à compter du fait dommageable ou, s'il a été dissimulé, de sa révélation. L'action individuelle se prescrit par dix ans pour les crimes ».

[194] Sur la responsabilité civile du commissaire aux comptes, v. NEMEDEU R., « La responsabilité du commissaire aux comptes en droit OHADA : un enjeu plus théorique que pratique », *RASJ*, vol. 8, n° 2, 2011, p. 1 et s.

[195] POUGOUE P. G., « L'impact de l'Acte Uniforme de l'OHADA relatif au droit des sociétés commerciales et du GIE sur le contrôle et le développement des entreprises locales », *Juridis Périodique* n° 66, avr.-mai-juin 2006, p. 107 et s., spéc., p. 115.

[196] V. articles 887 4°), 890, 890-1, 891-3, 893 2°), 894 2°), 895, 896 2°), 899, 901, 902, 903 1°) 2°) 3°) 4°), 905 de l'AUSC.

[197] Il s'agit de l'Acte uniforme sur la comptabilité (article 111), l'Acte uniforme portant organisation des procédures collectives d'apurement du passif, qui sanctionne certaines règles de droit comptable sous la qualification de banqueroute (articles 228 4e, 231 5e).

[198] Loi n° 99/015 du 22 décembre 1999 portant création et organisation d'un marché financier (notamment articles 37 et 38) ; Règlement n° 06/03-CEMAC-UMAC du 12 novembre 2003 portant organisation, fonctionnement et surveillance du Marché Financier de l'Afrique Centrale (notamment articles 63 et 64) ; Règlement général de la COSUMAF du 15 novembre 2009 (notamment articles 383, 384, 389, 390, 400) ; Annexe à la Convention du 3 juillet 1996 portant composition, organisation, fonctionnement et attributions du Conseil Régional de l'Épargne Publique et des Marchés Financiers (article 36).

commissaires aux comptes[200]... peuvent voir leur responsabilité pénale être engagée. En dehors de la loi n° 99/015 du 22 décembre 1999 portant création et organisation d'un marché financier[201] qui incrimine des comportements et prévoit directement des sanctions, les autres textes renvoient aux législations nationales pour la détermination des sanctions pénales encourues[202].

2- Les sanctions administratives

Dans les sociétés cotées, le non-respect de l'obligation d'information est également sanctionné par les autorités de régulation financière[203]. Il convient de rappeler que l'obligation d'information pèse ici non seulement sur la société émettrice (principale débitrice de l'information), mais aussi sur de nombreuses autres personnes, notamment les prestataires de services d'investissement, l'entreprise de marché, les auxiliaires du marché financier. Les autorités de régulation peuvent, en cas de violation du droit à l'information des associés par la société émettrice, infliger des sanctions

---

[199] V. NDOKO N. C. et YAWAGA S., « Infractions relatives à la gestion des sociétés », *in* POUGOUE P.-G. (dir.), *Encyclopédie du droit OHADA*, Paris, Lamy, 2011, p. 957 et s. MASCALA C., « La responsabilité pénale du chef d'entreprise », *Petites Affiches* 19 juillet 1996, n° 87, p. 16-22.

[200] Sur la responsabilité pénale du commissaire aux comptes, v. NEMEDEU R., article précité, p. 5 et s. YAWAGA S., « Infractions relatives au contrôle de gestion », *in* POUGOUE P.-G. (dir.), *Encyclopédie du droit OHADA*, *op.cit.*, p. 991 et s. NGOMO A-Fl., « Le commissaire aux comptes entre les obligations de faire et de ne pas faire pénalement sanctionnées dans l'espace OHADA », *RASJ* n° 2/2014, p. 59 et s.

[201] V. articles 35 à 39.

[202] Les sanctions relatives aux comportements incriminés par les Actes uniformes sont déterminées par les législateurs nationaux en vertu de l'article 5 du traité de l'OHADA. Certains pays membres ont adopté des lois pénales spéciales à cet effet (loi n° 2003/008 du 10 juillet 2003 relative à la répression des infractions contenues dans certains actes uniformes OHADA pour le Cameroun, loi n° 98-22 du 26 mars 1998 relative aux sanctions pénales applicables aux infractions contenues dans l'AUSC pour le Sénégal). Pour les États n'ayant pas encore adopté une loi spéciale, il faut rechercher dans la loi pénale nationale, les sanctions qui répriment les comportements incriminés. Cela est de nature à générer d'énormes difficultés notamment, la disparité des sanctions en fonction des pays et l'absence de sanction de certains pays.

[203] Il s'agit de la CMF pour la Douala Stock Exchange, la COSUMAF pour la bourse des valeurs mobilières de l'Afrique centrale, du CREPMF pour la bourse régionale des valeurs mobilières de l'UEMOA.

pécuniaires[204], des sanctions administratives (mise en garde, injonction, publication de la décision de sanction)[205], des sanctions disciplinaires (avertissement, blâme, suspension de dirigeant…)[206]. Elles ne prononcent pas des sanctions pénales qui sont de la compétence des tribunaux. Il faut préciser que les décisions des autorités de régulation peuvent faire l'objet de recours[207].

Conclusion

En définitive, bien que ne figurant pas parmi les droits attachés aux titres[208], l'information des associés est une exigence reconnue et protégée en droit OHADA à travers de nombreuses dispositions – impératives pour la plupart – de l'AUSC et d'autres textes spécifiques. Il s'agit d'une exigence

[204] V. Règlement général COSUMAF (notamment articles 383, 384, 390, 400, 405, 406), Règlement n° 06/03-CEMAC-UMAC du 12 novembre 2003 portant organisation, fonctionnement et surveillance du Marché Financier de l'Afrique Centrale (notamment articles 61 et 64), Annexe à la convention du 3 juillet 1996 portant composition, organisation, fonctionnement et attribution du CREPMF (notamment articles 30, 31, 32, 33).

[205] V. notamment article 384 Règlement COSUMAF, article 20 de la Décision n° 02/002 du 3 décembre 2002 portant Règlement général de la CMF, article 34 de l'Annexe à la Convention du 3 juillet 1996 précité.

[206] V. notamment article 35 de l'Annexe à la convention du 3 juillet précité, 168 du Règlement général du CREPMF, 115 de la Décision n° 02/002 du 03 décembre 2002 portant Règlement général de la CMF.

[207] Les recours contre les actes du CREPMF ayant un caractère réglementaire sont soumis à la Cour de justice de l'UEMOA alors que les recours contre les autres actes du CREPMF relèvent de la compétence des tribunaux judiciaires des États (article 49 de l'Annexe à la convention du 3 juillet 1996 précité). Cette distinction ne semble pas observée ailleurs : les décisions de la CMF sont susceptibles de recours devant la Chambre administrative de la Cour suprême du Cameroun (article 32 al. 4 de la loi de 1999 portant création d'un marché financier) ; les recours contre les décisions de la COSUMAF sont portés devant la Cour de justice communautaire de la CEMAC (article 65 du Règlement n° 06/03-CEMAC-UMAC du 12 novembre 2003 portant organisation, fonctionnement et surveillance du Marché Financier de l'Afrique Centrale, articles 15 et 419 du Règlement général de la COSUMAF).

[208] Les articles 53, 751 à 758 de l'AUSC qui énumèrent respectivement les droits attachés aux titres et les droits attachés aux actions n'évoquent pas le droit à l'information de l'associé.

qui présente un caractère irréductible dans toutes les sociétés commerciales, y compris dans la SAS marquée par la liberté contractuelle. Le législateur OHADA devrait peut-être, pour une vision générale, affirmer le droit à l'information des associés à travers une disposition générale de l'AUSC ou le faire figurer parmi les droits attachés aux titres. L'information des associés est requise à toutes les étapes de la vie sociale. S'agissant de sa fonction, l'information est cette lumière qui éclaire le jugement des associés afin de leur permettre d'exercer efficacement leur pouvoir décisionnel. Que serait en effet une société dans laquelle les associés ne pourraient exercer valablement leur pouvoir de décision en raison d'un défaut d'information ou d'une mauvaise information ? Fort de l'étendue de son domaine, de l'importance de sa fonction, de la protection à elle réservée et du renforcement qu'elle a connu à la faveur de la dernière révision de l'AUSC[209], ne peut-on pas

---

[209] Le renforcement du droit à l'information des associés par l'AUSC révisé concerne les procédés, le contenu et l'encadrement qualitatif de l'information. Premièrement, en ce qui concerne le renforcement des procédés d'information, on peut relever l'introduction des Technologies de l'Information et de la Communication. Désormais, il est possible pour un associé de se faire informer de la tenue d'une réunion par courrier électronique (art. 286, 303 al. 2 et 3, 338 al. 1, 518 al. 3 de l'AUSC). Pour les sociétés faisant appel public à l'épargne, il est admis de diffuser le document d'information du public en le mettant en ligne sur le site internet de l'émetteur, des intermédiaires financiers, de la bourse des valeurs ou de l'autorité compétente de l'État partie du siège de l'émetteur (art. 93, 3.), 4.) 5.) de l'AUSC). Il est également possible de participer à une assemblée à distance par visioconférence ou d'autres moyens de communication permettant l'identification du concerné (art. 133-2 de l'AUSC), cela permettant à un associé éloigné d'accéder en temps réel à certaines informations qui sont communiquées aux associés lors de leurs assemblées générales. Deuxièmement, en ce qui concerne le contenu de l'information, le législateur a procédé à son extension notamment dans les sociétés faisant appel public à l'épargne pour se conformer aux exigences de la *corporate governance*. Les actionnaires doivent être informés sur le code de gouvernement d'entreprise auquel se réfère leur société (art. 831-2 al. 2), sur le montant des rémunérations et avantages de toute nature versés aux mandataires sociaux (art. 831-3). Troisièmement, l'encadrement qualitatif de l'information est marqué, d'une part, par le renforcement de sanctions : l'AUSC révisé a édicté de nouveaux cas de nullité (art. 440 al. 7, 525 al. 4, 622 al. 3, 626-1-1-1, 630 de l'AUSC) et de nouvelles infractions (art. 890-1de l'AUSC). L'encadrement qualitatif est marqué, d'autre part, par la généralisation du commissariat aux comptes dans toutes les formes de société. Le commissaire aux comptes joue un rôle non négligeable en matière d'information des associés, à travers ses rapports et la mission qui lui revient de contrôler la fiabilité de l'information donnée aux associés. En outre, l'aménagement de la technique de

affirmer comme un auteur que l'information semble constituer « le nouveau droit fondamental de l'actionnaire[210] » ?

l'administration provisoire s'est accompagné des précisions sur l'information des associés pendant cette période. Il convient de préciser enfin que les procédures d'alerte et d'expertise de gestion ont été maintenues aux articles 150 à 160 de l'AUSC. L'AUSC révisé a cependant assoupli davantage les conditions de la demande d'une expertise de gestion dans la mesure où, désormais, pour solliciter cette mesure, il suffit seulement que le ou les associés demandeurs représentent au moins le dixième (soit 10%) du capital social, au lieu du cinquième (20% du capital social) comme par le passé.

[210] MONSALLIER-SAINT-MLEUX M. Ch., « Un actionnaire minoritaire mal informé, avant de voter une augmentation du capital, ne peut se voir opposer un abus de minorité », note sous Cass. Com. 20 mars 2007, *JCP (éd. E)* 2008, p. 1721.

LES SITUATIONS DE DÉPENDANCE ENTRE LES INFRACTIONS

Caroline ENYEGUE

Résumé

La commission du fait infractionnel peut se faire de plusieurs manières, soit il se réalise de façon isolée et linéaire, soit les actes délictueux sont enchevêtrés entre eux d'où une interdépendance entre les infractions. Le droit pénal n'a pas ignoré ces nombreuses interactions qui se créent entre les infractions et a édicté des règles en tenant compte des conséquences juridiques qui résultent des liens unissant les gestes délictueux. C'est ainsi que le rattachement entre les infractions peut être fait en tenant compte, soit de l'unité d'auteur, soit de la pluralité d'auteurs. Il en va ainsi du concours réel d'infractions, des qualifications incompatibles (vol et recel), de la complicité, du recel, de la connexité et de l'indivisibilité.

Introduction

1. « Chaque infraction est différente en ce qu'elle possède son contexte, sa réalité propre, ses conditions de commission... »[1]. On distingue donc des infractions qui se déroulent de manière isolée et totalement autonome. Dans ce cas, la responsabilité pénale est rigoureusement cloisonnée à l'unité de l'infraction. Cette conception unitaire de l'infraction est apparue insuffisante, car il est rare qu'une infraction se commette de façon totalement indépendante et par conséquent, elle ne permet pas de répondre avec justesse à certaines situations criminelles. En effet, le fait infractionnel n'est pas pris isolément et, par ricochet, peut résulter d'un enchevêtrement des actes délictueux fait d'interactions multiples entre les infractions et c'est cette situation qui retient notre attention dans le cadre de cette étude. En effet, il est donc vain de prétendre qu'une infraction ne subit pas l'influence des autres infractions, car l'environnement dans lequel l'acte répréhensible a

[1] Jacobet de Nombel C, *Théorie générale des circonstances aggravantes*, Nouvelle bibliothèque des thèses, Paris, Dalloz, 2006, p 15.

été exécuté est parfois si prégnant qu'il ne peut être écarté. Le droit pénal n'est pas resté insensible à l'émergence de ce concept d'ensemble. À ce propos, Larguier affirme : « le juge pénal a l'habitude de tenir compte d'un très grand nombre de facteurs, d'autant plus nombreux qu'il entend aujourd'hui se faire, le cas échéant, psychologue, psychiatre, sociologue, ce qui peut s'entendre au fait de songer aux conséquences sur d'autres affaires, et même sur la conduite des hommes, de la solution adoptée. La loi impose donc au juge de prendre en considération une pluralité de notions ou de situations »[2]. Nombreux sont des cas au sein desquels un acte criminel est relié à d'autres actes pénalement punissables d'où les situations de dépendance entre les infractions.

2. Parler des situations de dépendance entre les infractions revient de prime abord à les définir. Étymologiquement, le terme dépendance vient du mot latin *dependere* qui signifie être lié à. La dépendance évoque donc l'idée d'une pluralité des infractions qui sont unies par un lien[3]. Autrement dit, la dépendance entre les infractions est le rapport unissant plusieurs actes prohibés par le législateur. La dépendance suppose donc un rapport, un lien de droit qui unit les différents types d'infractions. On entend par lien de droit un accrochage juridique entre une entité et une autre[4]. En droit pénal, on distingue plusieurs liens de droit tels que le lien par intention[5], le lien de cause à effet, le lien de connexité[6], etc. Ainsi, la dépendance entre les infractions repose sur deux éléments à savoir la pluralité des infractions d'une part et le (un) lien de droit d'autre part. On entend par pluralité des infractions, une multitude de conduites qualifiées telles par la loi ayant une dimension matérielle, ne pouvant être sans un minimum de faits à même d'en relever l'existence et une dimension morale par laquelle se manifeste la

---

[2] J. Larguier, « Théorie des ensembles et qualification pénale », in Mélanges offerts à Albert Chavanne, *Droit pénal et propriété industrielle*, Paris, Litec, 1990, p. 95.

[3] Elie Daskalakis, *La notion d'unité et de pluralité d'infractions et son rôle dans le procès pénal*, Thèse, Paris, 1969.

[4] Jeuland E, « L'énigme du lien de droit » in *RTDCIV*, n° 7, 2003, p. 455.

[5] Le lien joignant les actes délictueux résulte de la volonté d'un délinquant d'aller vers un autre afin d'unir leurs comportements. Ce rapprochement provient d'une dynamique intrinsèque des criminels qui constitue la liaison de leurs actes. On peut citer à titre d'exemple la conspiration réprimée par l'article 95 du Code pénal.

[6] Art 6 du Code de procédure pénale.

psychologie de l'auteur[7]. Un fait ne correspondant pas aux conditions d'une incrimination pénale ne peut fonder une dépendance entre les infractions. Seule une pluralité d'infractions pénales, comme définies ci-dessus, est susceptible de permettre à la dépendance de s'installer. La pluralité d'infractions peut être le fait d'un seul protagoniste qui commet plusieurs gestes criminels non séparés par une condamnation, l'exemple le plus classique est le concours réel d'infractions[8]. Il y a donc unité d'auteur et le facteur de pluralité provient des diverses infractions incorporées dans un rapport de dépendance. La pluralité des infractions peut aussi être réalisée par des individus distincts, quoique surprenant que des individus libres de leurs actes puisent être liés à des infractions commises par des tiers. Mais il faut le souligner, l'acte délictueux d'un individu peut répondre à l'infraction d'un tiers et se trouve de la sorte lié à ce dernier. Le fait de détenir un bien provenant d'un vol est constitutif d'un recel en situation de dépendance avec le vol.

3. Il apparaît donc que l'infraction n'est pas envisagée isolément, mais en corrélation avec d'autres infractions. Il est donc indéniable que les interactions inéluctables se créent entre les infractions. Faire fi de celles-ci revient à biaiser le jugement du délinquant. Le droit pénal s'est donc approprié ces situations complexes faites d'une pluralité d'infractions d'où l'intérêt de cette étude. Il va s'en dire que c'est lorsque les infractions s'entrecroisent que le besoin d'approfondissement théorique est le plus important, car ces interactions entre les infractions se répercutent sur le traitement pénal qui sera réservé aux auteurs de celles-ci. Par conséquent, les situations de dépendance entre les infractions influencent considérablement la qualification et la responsabilité pénales et de ce chef, méritent de faire l'objet d'une réflexion détaillée ; quoiqu'en droit camerounais, aucune étude relative aux situations de dépendance entre les infractions n'ait été menée et notre travail constitue un premier essai.

4. La question qui se pose est de savoir quels sont les types de liens qui unissent les infractions et comment le droit positif règle les conséquences juridiques qui en découlent. La tâche se révèle d'une grande ampleur et pour

[7]Daskalakis E, thèse préc, p 244.

[8] Al-Bcheraoui Doreid Khalil, *Le concours réel d'infractions*, Thèse, Université de Strasbourg, 1991.

y parvenir, la méthode étant au cœur de toute œuvre scientifique, il est préférable que nous adoptions une démarche à la fois analytique et comparative qui nous permettra de saisir les particularités inhérentes à ces infractions entremêlées. L'étude des situations de dépendance entre les infractions nécessite que l'on s'appesantisse d'une part sur les liens qui unissent les infractions en cas d'unité d'auteur (I) et d'autre part, à mettre en exergue les liens unissant les infractions en cas de pluralité d'auteurs (II).

I- Les hypothèses de dépendance entre les infractions commises par une même personne

5. Lorsqu'un même agent commet plusieurs actes délictueux, ceux-ci perdent leurs individualités juridiques au profit d'une seule et unique qualification. Autrement dit, les infractions disparaissent pour ne former qu'une seule infraction[9]. De la pluralité des agissements délictueux, on aboutit à l'unité infractionnelle. Cette absorption de qualification induit une réduction à l'unité de ce qui relevait initialement d'une multiplicité. La fusion des qualifications est le reflet du lien très intense qui rattache les différents actes délictueux. Ce processus concerne trois hypothèses dans lesquelles les qualifications enserrées dans un rapport de dépendance étroit vont se fondre en une unique qualification[10]. Il en est ainsi lorsqu'un fait est constitutif d'une infraction autonome tout en étant la circonstance aggravante d'une autre d'où une dépendance par absorption (A) ; et lorsqu'une infraction est la suite logique d'une infraction précédente, dans laquelle elle est déjà comprise d'où la dépendance par suite logique ; et enfin lorsque la commission de plusieurs faits est imputée à un même auteur et ce dernier est puni d'une peine unique, celle de l'infraction la plus grave d'où la dépendance par la sanction (B).

A – La dépendance par absorption : l'infraction aggravée

6. Lorsque les faits portés à la connaissance des autorités judiciaires ne peuvent être rattachés qu'à une seule norme, cette norme sert à qualifier les faits et induit le régime procédural applicable à sa poursuite. En revanche, lorsque les faits poursuivis semblent pouvoir être rattachés à plusieurs

[9] Doucet J.-P, « Les familles d'infractions », *RDPC*, 1974, p. 774 et ss.

[10] Chavanne A., « Les circonstances aggravantes en droit français », *RIDP*, 1965, p. 527 et ss.

dispositions pénales, la situation peut devenir confuse. La prise en compte d'un même comportement en tant qu'infraction autonome d'une part et en tant que circonstance aggravante d'une autre infraction d'autre part, fait partie de ces hypothèses. Par ailleurs, le législateur peut mettre en relation un crime et un délit ou un crime avec un autre crime. En présence de telles situations, un conflit de qualifications se crée, de sorte qu'il revient au juge de rechercher la disposition pénale à même de s'appliquer au cas d'espèce, de saisir l'ensemble du comportement de l'agent. Le juge se doit-il de retenir toutes les qualifications en vertu du vieil adage « *tot delicta quod leges lesae* », parce que plusieurs dispositions pénales ont été transgressées ? Doit-il ne retenir qu'une seule qualification, si oui laquelle et en vertu de quels critères sera effectué ce choix ? En effet, le législateur a prévu la rencontre de deux qualifications pour incriminer un même fait, les a érigées en une incrimination globale et aggravée. Certains auteurs expliquent cette situation en s'appesantissant sur le cumul juridique. D'après Stefani, Levasseur et Bouloc[11], le législateur a prévu l'hypothèse d'une pluralité des actes qui normalement paraîtront former un concours réel d'infractions, mais au lieu de considérer séparément les deux infractions commises, le législateur fait de l'une la circonstance aggravante de l'autre ; dans ce cas de figure, la loi impose de ne retenir qu'une seule qualification. Cette qualification est mieux adaptée aux faits de la cause puisqu'il englobe toute l'antisocialité du fait[12]. Le législateur définit à l'avance les infractions qu'il entend sanctionner et c'est dans cette perspective qu'il prévoit certaines circonstances qui vont accroître la gravité de l'infraction et requérir des peines plus graves. Les circonstances aggravantes sont d'origine légale parce que seule la loi peut envisager des éléments « de nature à rendre pire la situation de l'inculpé »[13]. Le législateur ne s'est pas attaché à définir la notion de circonstance aggravante, il a préféré énumérer les cas dans lesquels il y a circonstance aggravante[14]. Néanmoins nous pouvons définir la

---

[11] Stefani G, Levasseur G, Bouloc B, *Droit pénal général*, 16e édition, Paris, Dalloz, coll. Précis droit privé, 2000.

[12] Serlooten P, « Les qualifications multiples », *RSC*, 1973, p. 45 et ss.

[13] Jacobet de Nombel C, *Théorie générale des circonstances aggravantes*, Paris, Nouvelle bibliothèque des thèses, Dalloz, 2006, p. 49.

[14] En effet, on dénombre une cinquantaine de circonstances aggravantes distinctes dans les seules dispositions du Code pénal. Parmi les circonstances aggravantes, on distingue celles

circonstance aggravante comme un élément d'incrimination complémentaire au regard de son agencement juridique[15], car il faut le souligner les circonstances aggravantes viennent se joindre à une infraction de base, s'ajouter à une chose pour que celle-ci soit complète. La circonstance aggravante renvoie donc à l'idée d'un plus et par conséquent affine le jugement de la loi porté sur une conduite déjà considérée comme infractionnelle. Les circonstances aggravantes sont suspendues à la préexistence de l'infraction de base. Par ailleurs, la circonstance aggravante constitue un élément constitutif de l'infraction aggravée, car en se joignant à l'infraction de base, les deux infractions[16] perdent leur singularité juridique pour former une entité juridique particulière qui possède une existence et une signification juridiques propres. En effet, ce nouvel ensemble criminel est doté d'une autonomie juridique qui s'explique par le fait que l'infraction aggravée dispose d'une qualification pénale qui lui est spécifique et est dotée d'une sanction particulière (1). En outre, cette autonomie de l'infraction aggravée est consolidée par le lien étroit qui unit les différents actes matériels commis par le délinquant (2).

---

qui sont générales, c'est-à-dire s'appliquent à toutes les infractions et la récidive est l'exemple le plus probant. C'est la récidive qui est commune à toutes les infractions et celles qui sont spéciales, c'est-à-dire qu'elles s'appliquent uniquement à une catégorie d'infractions. Ce sont des circonstances aggravantes qui ne produisent d'effets que si elles sont expressément prévues par la loi pour l'infraction poursuivie. Cependant, cette classification des circonstances aggravantes en fonction de l'étendue de la circonstance aggravante a très peu d'intérêt du fait qu'il n'existe qu'une seule circonstance aggravante générale à savoir la récidive. C'est pour cela que la doctrine a élaboré une seconde classification beaucoup plus convaincante, car elle a le mérite d'exploiter de nombreuses potentialités et notamment être au cœur de la problématique des circonstances aggravantes, car elle distingue en son sein les circonstances aggravantes réelles qui tiennent compte des conditions et des modalités concrètes dans lesquelles l'infraction a été commise, les circonstances aggravantes personnelles qui tiennent compte de la qualité personnelle de l'auteur et enfin les circonstances aggravantes mixtes qui tiennent à la fois aux modalités dans lesquelles l'infraction a été commise, mais aussi à la qualité personnelle de l'auteur de l'infraction.

[15] Enyegue Caroline, *Les circonstances aggravantes légales en droit criminel*, Thèse, Yaoundé II-Soa, 2014, p. 29.

[16] Il faut le relever, la circonstance aggravante qui est l'objet de notre étude doit être un fait intrinsèquement punissable, c'est-à-dire que le fait constitutif de circonstance aggravante doit préalablement constituer une infraction et non être un fait intrinsèquement neutre.

1- Le statut juridique propre de l'infraction aggravée

7. Le phénomène de fusion des infractions donne naissance à une infraction autonome indépendante qualifiée par le professeur Marc Puech « d'ensemble pénalement nommé »[17]. Or, ce nouvel ensemble criminel est doté d'une autonomie juridique. En effet, deux éléments témoignent que l'infraction aggravée est conçue par le législateur comme une entité juridique particulière : il l'incrimine distinctement (a) et il la dote d'une sanction spécifique (b).

a- L'adoption d'une incrimination spécifique

8. Tout fait considéré comme antisocial doit être prévu par le législateur d'où l'incrimination. L'incrimination est la description donnée par la loi de l'infraction, elle constitue donc pour le législateur le moyen de déterminer les comportements à proscrire au sein de la société[18]. L'infraction aggravée dispose d'un texte de loi d'où l'élément légal. Le texte d'incrimination permet de distinguer l'infraction aggravée des autres infractions à savoir l'infraction de base et l'infraction constitutive de la circonstance aggravante. La qualification de l'infraction aggravée est la seule à pouvoir saisir tous les aspects du comportement réalisé, de sorte qu'il doit être préféré aux autres. Le juge dénaturerait l'esprit de la loi s'il ne retenait que la qualification d'une des deux infractions commises. Seule la qualification de l'infraction aggravée couvre en même temps la répression de l'infraction de la circonstance aggravante et celle de l'infraction de base ; c'est pourquoi elle doit être préférée à toute qualification en vertu de la règle : « la loi spéciale déroge à la loi générale ». Pour preuve, l'article 275 du Code pénal punit le meurtre qui est le fait de causer la mort d'autrui tandis que l'article 276 du même code punit le meurtre aggravé. Certes, le meurtre est l'élément substantiel dans les deux articles, mais la différence se situe avec l'introduction d'un élément supplémentaire qui est soit la préméditation, soit l'empoisonnement ; d'où la spécificité du contenu de l'article 276 du Code pénal. De ce fait, l'assassinat forme une infraction à part entière, car son incrimination présente un contenu particulier.

---

[17] Puech M, *Droit pénal général*, Paris, Litec, 1988, p. 79.

[18] Pradel J, *Droit pénal général*, 12e éd., Paris, Cujas, 1999, p. 96.

9. Il en est par exemple d'un individu qui fracture la serrure d'un appartement et soustrait frauduleusement des effets qui s'y trouvent. Plusieurs textes permettent de donner une étiquette juridique à ces faits : violation de domicile (art 299[1] du Code pénal), vol (art 318(1) du Code pénal, destruction (art 316(1) du Code pénal, vol aggravé (art320 (c) du Code pénal. Il revient donc au juge de rechercher la disposition pénale à même de bien s'appliquer au cas d'espèce, de bien saisir le comportement de l'agent. En effet, le législateur a prévu la rencontre de deux qualifications pour incriminer un même fait, les a érigées en une incrimination globale et aggravée. Cette incrimination regroupante est une spécialisation des qualifications regroupées dont elle reprend tous les éléments. Elle seule doit être retenue. En définitive, lorsque deux infractions sont successivement commises et dont la première constitue en même temps une circonstance aggravante de l'autre, seule une qualification est applicable, celle de l'infraction aggravée[19].

b- Une pénalité propre à la nouvelle incrimination

10. L'autre caractéristique qui fait de l'infraction aggravée un acte délictueux à part entière est sa pénalité. La peine de l'infraction aggravée n'est pas l'addition de la sanction de l'infraction simple et celle de la circonstance aggravante. Elle est une peine spécifique, propre à l'infraction aggravée. Aussi le vol simple est-il puni d'un emprisonnement de 5 ans à 10 ans tandis que la circonstance aggravante de port d'arme illégal hors du domicile est réprimée d'un emprisonnement de 6 mois à 2 ans alors que l'infraction de vol aggravé est punie d'une peine de 10 ans à 20 ans. On se rend bien compte que le maximum de l'infraction de base et de la circonstance aggravante est égal à 12 ans, alors que le maximum du vol aggravé est de 20 ans, d'où la spécificité de la pénalité de l'infraction aggravée. La peine retenue pour l'infraction aggravée correspond à la

[19] Certains auteurs à l'instar de Bouloc, Stefani et Levasseur expliquent cette situation en s'appesantissant sur le cumul juridique. Le législateur a prévu l'hypothèse d'une pluralité d'actes qui normalement paraîtraient former un concours réel d'infractions, mais qui doivent recevoir une qualification unique, plus élevée que chacune de celles qui paraissent en concours réel. Ainsi, au lieu de considérer séparément les deux infractions commises, le législateur fait de l'une la circonstance aggravante de l'autre ; dans ce cas de figure, la loi impose de ne retenir qu'une seule qualification.

criminalité intrinsèque de cette infraction et non au cumul des criminalités inhérentes aux deux délits d'origine[20]. En somme, l'infraction aggravée justifie d'un caractère délictueux propre qui justifie une peine spécifique.

2- Existence d'un lien indéfectible entre les deux infractions

11. À une pluralité initiale des infractions, le législateur substitue une unité criminelle créant un lien indéfectible au point où les infractions en sont inséparables. Le rattachement du fait constitutif de circonstance aggravante et de l'infraction simple s'opère de deux manières. Il résulte tantôt du maintien du lien subjectif entre les deux actes délictueux (a), tantôt d'élément de preuve parce qu'on s'appuie sur l'infraction simple pour prouver l'existence de la circonstance aggravante et vice versa (b).

a- Le maintien du lien subjectif entre les deux actes délictueux : la participation à un même projet criminel

12. Il s'ensuit que l'intention de commettre l'infraction aggravée suppose que le délinquant ait souhaité produire la somme des résultats de l'infraction simple et l'infraction constitutive de circonstance aggravante. En effet, le délinquant, quoiqu'il réalise des actes autonomes distincts, peut concevoir la circonstance aggravante et l'infraction simple comme deux actes participant d'une opération d'ensemble. Il est donc nécessaire pour établir l'élément moral de l'infraction aggravée, que la circonstance aggravante et l'infraction simple relèvent dans l'esprit de l'agent d'un même projet délictueux. Le délinquant qui a tendu distinctement sa volonté vers le résultat de l'infraction simple et celui de la circonstance aggravante, a accepté le cumul de ces résultats comme conséquence de ses actes et partant, a voulu parvenir à l'élément moral de l'infraction aggravée[21]. C'est ainsi que lorsque le législateur incrimine le meurtre comme circonstance aggravante ayant facilité, préparé ou exécuté un crime ou un délit, ou pour assurer la fuite ou l'impunité des auteurs ou complices[22], il introduit un lien intellectuel entre la circonstance aggravante et l'infraction simple. La loi sanctionne des actions matérielles distinctes, mais il est nécessaire que celles-ci soient

---

[20] Evelyne Garcon, Virginie Peltier, *Droit de la peine*, Paris, lexis Nexis, 2014, p. 634.

[21] De Jacobet de Nombel Camille, *Théorie générale des circonstances aggravantes*, Paris, Nouvelle Bibliothèque des thèses, Dalloz, 2006, p. 236.

[22] Art 276 du Code pénal.

rattachées dans l'esprit de l'agent à une même opération délictueuse. Le délinquant a réalisé deux infractions autonomes disposant chacune d'une matérialité et d'une intentionnalité propres, mais il les a effectuées sous le couvert d'une volonté unique, celle dirigée vers l'infraction aggravée. Autrement les deux infractions sont sous-tendues par une seule intention de l'agent, celle de commettre l'infraction aggravée[23].

13. Par conséquent, une dépendance intentionnelle ou subjective unit les deux comportements criminels. C'est bien parce que ceux-ci se rattachent dans l'esprit de l'agent à une même entreprise criminelle que s'opère par fusion, la réduction à l'unité de qualification. L'intention de l'agent est orientée vers la seule infraction aggravée. Il en est ainsi de l'article 299 du Code pénal qui réprime la violation de domicile et double la peine si l'infraction est commise à l'aide des violences, des menaces, ou voies de fait. La loi sanctionne au moyen d'une infraction unique, des actes distincts, mais qui se rattachent dans l'esprit de l'agent. En effet, le délinquant use de violence, de voies de fait pour atteindre un but précis, celui de s'introduire ou de se maintenir dans le domicile d'autrui contre son gré. Tous ces subterfuges participent à une même opération délictueuse. En définitive, c'est l'intention unique orientée vers la commission de l'infraction-fin, et donc vers une seule valeur sociale qui explique l'indépendance de l'infraction aggravée.

b- L'existence de l'une des infractions comme élément de preuve de l'autre

14. L'infraction simple et l'infraction constitutive de la circonstance aggravante peuvent se servir réciproquement comme éléments de preuve. En effet, certaines circonstances aggravantes, et notamment la récidive, s'appuient sur l'infraction simple pour démontrer leur existence. Il y a récidive lorsque le délinquant commet une première infraction et a subi une condamnation ayant acquis autorité de chose jugée et, malgré cet avertissement, commet une nouvelle infraction[24]. On dénote donc deux infractions : la première constitue l'infraction simple et la seconde est celle

---

[23]Daskalakis, *La notion d'unité et de pluralité d'infractions et son rôle dans le procès pénal*, Thèse, Paris, 1969, p. 79.

[24] Céline Jacques, *Le droit de la récidive*, mémoire de DEA, Lille, 2006, p. 10.

qui supportera l'aggravation de la peine. La récidive est constituée si et seulement si une première infraction est commise et jugée, infraction qui sert de point d'appui à la seconde infraction. Sans la première, la seconde ne peut être considérée comme circonstance aggravante. En langage juridique, la doctrine parle du premier terme de la récidive coïncidant à la première infraction et du second terme de la récidive correspondant à la seconde infraction. Il s'ensuit que l'infraction simple est nécessaire à la constatation de la récidive.

15. En outre, en droit pénal général, il y a des situations qui sont susceptibles d'illustrer le fait que la circonstance aggravante sert de preuve à l'infraction simple. Il s'agit de l'hypothèse où la tentative de l'infraction aggravée est matériellement constatée à l'aide du fait constitutif de circonstance aggravante. L'infraction n'est pas toujours la conséquence d'une impulsion subite. Son auteur la prépare avec minutie et n'atteint le résultat escompté qu'après un cheminement complexe. Cependant, il peut arriver que l'agent n'arrive pas à ses fins, soit par maladresse ou par étourderie ou qu'il soit interrompu au cours de son action par des forces extérieures d'où le problème de la tentative punissable. Le problème qui se pose en matière de tentative punissable est celui de savoir à partir de quel stade, la répression peut intervenir. Résoudre ce problème permet de fixer la frontière entre les actes préparatoires et le commencement d'exécution[25]. Généralement, le juge se base sur des faits constitutifs de circonstances aggravantes pour les ériger en commencement d'exécution de l'infraction aggravée. Ont été qualifiés et jugés comme étant des tentatives de vol aggravé, les cas d'individus arrêtés de nuit munis d'un arsenal de cambrioleurs, porteurs de pistolets et de cagoules, postés devant un magasin qu'ils projetaient de cambrioler[26], le fait d'escalader une clôture pour s'introduire dans une demeure[27], le fait de dégrader un objet servant de clôture ou de fermeture[28]. On constate que le fait matérialisant la

---

[25] Soyer J-c, *Droit pénal général et procédure pénale*, 19e éd., LGDJ, 2006, p. 125.

[26] TGI Mfoundi, jugement n° 198/CRIM du 25 avril 2008, affaire ministère public et Njaha Flaubert c/ Ossamba Aloys Jean Pierre, Atangana Benjamin, inédit.

[27] TGI Mfoundi, jugement n° 393/CRIM du 9 septembre 2003, affaire ministère public et Mbog Likouké c/ Basseka Marc, Dimaré Epassi, inédit.

[28] TGI Mfoundi, jugement n° 427/ CRIM du 26 avril 2005, affaire ministère public et Essaka Youssi Thomas c/Ndanga Jean Claude, inédit.

circonstance aggravante peut servir à caractériser, soit la tentative de l'infraction simple soit celle de l'infraction aggravée. Ainsi, l'effraction, l'escalade, le bris de serrure, de porte ou de fenêtre peuvent être retenus, soit comme tentative de violation de domicile, soit comme tentative de vol aggravé.

B- Les autres cas de dépendance

16. Un même agent peut commettre plusieurs infractions, deux situations peuvent se présenter : soit l'une des infractions est la suite logique de la première infraction, dans ce cas on parle de qualifications incompatibles dont la résultante est une dépendance par suite logique (1), soit les différentes infractions commises sont autonomes et n'ont pas encore fait l'objet d'un jugement, dans ce cas on parle du concours réel d'infractions dont la dépendance entre les infractions se situe au niveau de la peine d'où la dépendance par la peine (2).

1- La dépendance par suite logique

Lorsqu'un même individu commet deux infractions à savoir le vol et le recel, on pourrait traiter ce cas de figure comme étant un concours réel d'infractions, mais le droit considère être en présence de qualifications dites incompatibles. On entend par qualifications incompatibles le fait où une infraction objectivement imputable à un délinquant est la conséquence logique et en quelque sorte naturelle d'une première infraction avec laquelle elle se confond intimement, au point où l'on hésite à la retenir dans les poursuites[29]. Ainsi, dans l'exemple précédemment cité du vol suivi de recel, la jurisprudence procède à leur fusion afin de faire disparaître le second délit au sein du premier. Cette fusion traduit une relation beaucoup plus forte entre les comportements délictueux, car elle est le prolongement inévitable d'un acte. D'ailleurs, le fait pour un voleur de conserver le bien dérobé n'est-il pas la suite logique qui soit à son acte de vol ? Le juge écarte la seconde infraction pourtant pleinement constituée tant dans ses éléments matériels qu'intentionnels. Il nous semble que l'incompatibilité entre ces infractions résulte davantage du lien qui les unit tant sur le plan matériel (a) que sur le plan moral (b).

---

[29] Bonfils Ph, « Concours d'infraction », *Rép. Pen.* Dalloz, 2005, n° 10, p. 3.

a- Quant à l'unicité de l'élément matériel

17. Certaines infractions portent en elles-mêmes la matérialité d'une autre infraction, ce qui rend leur cumul impossible tant pour des raisons de logique que pour des raisons juridiques. En effet, il serait illogique de reprocher au voleur d'avoir conservé, utilisé le bien qu'il a volé, car c'est bien précisément pour se l'approprier qu'il a dû le dérober. C'est pourquoi la jurisprudence ne retient que la qualification de vol à l'encontre de celui qui vole et conserve ledit bien. La situation est la même pour les violences volontaires et l'omission de porter secours, car la logique empêche d'imposer à l'auteur de telles violences l'obligation de secourir la personne à laquelle il a intentionnellement causé un dommage. Il en est de même avec le recel de cadavres et le meurtre, car ces deux infractions sont enchevêtrées dans un rapport de conséquence puisque l'une est la suite indivisible de la précédente. Le recel de cadavres est le prolongement naturel du meurtre, il est compris « dans la sphère immédiate de l'acte homicide, pour en être une retombée logique »[30]. Le délinquant a commis deux infractions distinctes, mais le recel, l'omission de porter secours constituent des effets du volet des violences volontaires et ne peuvent pas être poursuivis à titre autonome.

18. Le fondement juridique qui tend à justifier la fusion des qualifications incompatibles s'appuie sur le fait que la matérialité de l'infraction absorbante contient en son sein l'infraction absorbée[31]. L'analyse de la matérialité des infractions incompatibles révèle que l'élément matériel de la première infraction intègre la seconde infraction. On ne peut pas punir la seconde infraction, car elle est déjà contenue dans la première d'où le principe « *non bis in idem* ». Retenir à la fois la qualification de vol et de recel à l'encontre du délinquant équivaut à le punir deux fois pour le même acte. Le fait de soustraire un bien implique une détention de ce dernier, par conséquent le recel est la conséquence ou la suite logique, voire naturelle du vol[32]. Le recel est donc déjà prévu de manière implicite dans l'incrimination du vol. Il est donc juridiquement cohérent que le juge fasse fi de l'infraction

---

[30]Larguier A-M, « Immunités et impunités découlant pour l'auteur d'une infraction antérieurement commise par celui-ci », *JCP*, 1961, I, 1601 bis, n° 17.

[31] Puech M, *Droit pénal général*, Paris, Litec, 1988, n° 935, p. 336.

[32] Girault Sarah, *Le choix d'une qualification pénale*, mémoire de DEA, Université de Paris II, 2000.

de recel, car elle figure déjà dans la matérialité de l'infraction de vol[33]. La fusion des qualifications n'est que le résultat d'une dépendance intense entre le vol et le recel qui entraîne l'absorption de l'un dans l'autre. Étant donc la conséquence prévisible d'actes infractionnels, ils sont intégrés au titre de la matérialité de ces derniers.

b- Quant à l'unicité de l'intention de l'auteur des infractions

19. La fusion de plusieurs infractions en une seule peut s'expliquer par la prise en compte de la psychologie de l'agent. Ainsi, en présence du vol et du recel, la jurisprudence estime que ces qualifications sont exclusives en raison de l'unicité de l'intention[34] de leur auteur. Ces infractions se rejoignent dans une intention commune, elles sont unies entre elles parce qu'elles exigent chez l'auteur un même état d'esprit. Il existe une continuité dans l'intention de l'auteur qui exécute ces différents gestes infractionnels. Ces infractions sont liées dans son esprit, il ne peut concevoir l'un des actes sans l'autre. L'intention du délinquant naît lors de la réalisation de la première infraction et se poursuit durant la seconde infraction. Certains auteurs[35] vont plus loin et affirment que le rapport de conséquence peut être inversé dans le temps, car lorsque le délinquant vole un bien c'est parce qu'il veut conserver ledit bien, et cela l'amène donc à dérober la chose d'autrui. Par conséquent, l'infraction absorbée donne vie à l'infraction absorbante, car celle-ci constitue le moyen de parvenir à l'infraction absorbée. L'infraction absorbée devient le préalable nécessaire de l'infraction absorbante.

20. L'intention qui anime l'agent crée donc un pont entre les différents actes criminels. La seconde infraction entre dans le cadre de celle que l'individu a déjà commise, sans rien ajouter qui puisse accentuer la nocuité

---

[33] Certains auteurs ne sont pas convaincus par ces arguments et pensent qu'il s'agit simplement d'un choix de politique pénale à l'instar de M. Puech qui critique les allégations des partisans de la théorie de l'incompatibilité. Selon cet auteur, l'argument selon lequel une deuxième poursuite pour omission de porter secours, à côté d'une première pour délit de blessures volontaires est contraire au bon sens, car pourquoi celui qui agit sur un coup de tête n'éprouverait-il pas aussitôt après un sentiment altruiste pour sa victime et en plus le repentir actif n'a de sens qu'appliqué à l'infraction qui l'a précédé pour éventuellement en effacer le caractère délictueux ou atténuer la peine encourue par l'agent. V. Puech M, *op.cit.*, n° 29, p. 336.

[34] Bonfils Ph, art. préc, n° 13, p. 6.

[35] Bulcke Elodie, *Les qualifications incompatibles*, mémoire de DEA, Paris, 2005, p. 157.

du coupable ni même sa culpabilité. On conçoit alors que la répression se limite à la première infraction dont l'individu s'est rendu coupable[36]. La seconde infraction ne caractérise pas une nouvelle manifestation d'hostilité aux valeurs sociales protégées, de la part du même délinquant. Elle ne reflète pas un nouvel état dynamique de l'agent, mais un état statique[37]. C'est ainsi que l'auteur des blessures involontaires peut se voir reprocher le délit d'omission de porter secours, car le défaut d'assistance à une victime n'est pas la suite logique des blessures involontaires[38]. Au contraire, son premier acte étant involontaire, il devrait selon toute cohérence, tenter de secourir sa victime. Les deux comportements ne relèvent pas d'une même logique et constituent des délits aux intentions distinctes.

2- La dépendance par la sanction

21. La sanction est définie comme une souffrance imposée par l'autorité à titre de peine de la violation de règles fondamentales de la vie en groupe[39]. La sanction est le centre névralgique de répercussion des situations de dépendance unissant divers actes délictueux. Elle traduit donc l'effectivité de la dépendance entre les infractions conservant ainsi leur autonomie. Lorsqu'un acte criminel s'insère dans une situation de dépendance avec d'autres infractions, le législateur intègre cette réalité afin de permettre au magistrat de moduler la peine au regard de cette circonstance. En effet, lorsque le délinquant accomplit une succession d'infractions, le législateur a tendance à édicter des normes de répression plus sévères, accrues pour lutter contre la dangerosité plus grande de l'agent. On cite généralement le cas de l'infraction aggravée. À l'inverse, l'examen de l'infraction d'un agent en lien avec une autre infraction peut se révéler à son avantage et permettre une répression plus douce d'où la situation du concours réel.

22. Il y a concours réel lorsqu'une infraction est commise par une personne avant que celle-ci ait été définitivement condamnée pour une autre infraction. Le concours réel d'infractions est l'existence de plusieurs infractions distinctes commises par le même auteur et non séparées par une

[36]Larguier A-M, art. préc, n° 3, p. 12.

[37]Daskalakis E, thèse préc, p. 244.

[38] Voir art 290(4) du Code pénal

[39] Merle R et Vitu A, *Traité de droit criminel, droit pénal général*, tome I, 7e éd, Paris, Cujas, 1997, n° 151, p. 224.

condamnation pénale définitive[40]. Il en résulte l'accomplissement d'une pluralité d'actes matériels indépendants dont le seul lien est d'être le fait d'un même auteur. Cette multitude d'infractions devrait logiquement faire l'objet de poursuites et de sanctions distinctes, et chacune étant réprimée par une peine autonome. Néanmoins, ces infractions étant l'œuvre d'un seul délinquant, il est délicat d'écarter cette particularité. Par ailleurs, le législateur tient compte du fait que l'agent réitère ses actes criminels sans avoir reçu dans l'intervalle de ses agissements pénaux, l'avertissement du juge. C'est pourquoi la loi place ce délinquant dans une catégorie spéciale et lui alloue un régime spécial, en refusant d'aggraver son sort. Pour parvenir à cette fin, la loi crée une dépendance entre les infractions en prenant pour lien d'attache la peine ou sanction qui va s'appliquer à l'encontre de toutes les infractions commises par cet agent[41]. Le législateur va unir les actes criminels pour aboutir à une sanction unique (a) tout en maintenant l'autonomie des infractions en présence (b).

a- L'unité de la sanction

23. Le concours réel repose sur un fondement celui d'octroyer au délinquant d'une pluralité d'infractions, une peine unique, celle de l'infraction la plus grave. Autrement, la peine la plus forte absorbe les peines moins fortes. Le législateur camerounais adopte donc le système de non-cumul des peines[42]. En cas d'unité des poursuites, l'agent est puni uniquement pour la peine de l'infraction la plus grave, et a carte blanche pour toutes les infractions moins graves. Autrement dit, le législateur ferme les yeux sur les actes criminels moins nuisibles commis par le délinquant. L'unification des peines dans une peine singulière consacre donc une dépendance entre les infractions. Le législateur impose donc aux magistrats d'appliquer une seule peine à des comportements infractionnels indépendants, qui seront reliés entre eux par cette sanction unique, plus

---

[40] Conte Ph, Maistre du Chambon, *Droit pénal général*, 7e éd., Paris, Armand Colin, 2004, n° 485, p. 283.

[41] Al-Bcheraoui Doreid Khalil, *Le concours réel d'infractions*, Thèse, Université de Strasbourg, 1991.

[42] Art 51 du Code pénal qui affirme qu'« Au cas où un individu fait l'objet d'une même poursuite pour plusieurs crimes ou délits ou contraventions connexes, la peine la plus rigoureuse est seule prononcée ».

douce que si les peines avaient été cumulées entre elles. Le concours réel suppose que la loi unisse plusieurs infractions par le cumul ou la confusion. En cas de cumul, l'ensemble des peines prononcées ne doit pas dépasser le maximum de la peine encourue pour l'infraction la plus grave. Lorsque l'agent fait l'objet de poursuites diverses pour crimes ou délits, le juge peut ordonner la confusion des peines qui est le fait de réunir plusieurs peines prononcées distinctement en une seule et de n'exécuter que la plus forte[43]. En définitive, le concours réel instaure un lien entre les infractions, lien qui se traduit par l'attribution d'une sanction unique applicable à tous les actes de l'agent, mais ces derniers conservent leur autonomie juridique et sont susceptibles d'entraîner des conséquences pénales dans le cas où la peine la plus forte bénéficierait d'une mesure d'extinction (b).

b- Le déploiement du maintien de la pluralité des infractions

24. Le régime de non-cumul des peines oblige le juge à faire une déclaration de culpabilité pour toutes les infractions en présence. Ce mécanisme permet à toutes les victimes d'être indemnisées. Malgré l'édiction d'une sanction unique, toutes les victimes de l'infraction se doivent d'être dédommagées pour le préjudice résultant des infractions. Par conséquent, les sanctions pécuniaires maintiennent la pluralité des infractions. En plus, les contraventions n'obéissent pas au principe de cumul des peines[44]. Les infractions, dont l'existence est préservée malgré l'union dans la peine, peuvent constituer le premier terme de la récidive ou figurer dans le casier judiciaire. L'autonomie des infractions les moins graves se manifeste dans le cas où la peine la plus forte bénéficie d'une mesure d'extinction comme l'amnistie, ou l'abrogation de la loi pénale, permettant aux sanctions moindres d'être exécutées. Ainsi, pour deux délits en concours faisant encourir respectivement trois ans et cinq ans d'emprisonnement, une peine de quatre peut être prononcée. Si le deuxième délit est par la suite abrogé par la loi, le condamné sera maintenu en détention jusqu'au terme des trois ans. En définitive, le concours réel crée un lien entre les infractions à travers le cumul des peines, sans toutefois porter atteinte à leur existence propre en leur permettant de produire des conséquences répressives en cas de nouvelles condamnations de l'agent.

---

[43] Art 51(2) du Code pénal.

[44] Art 51(5) du Code pénal.

II- Les hypothèses de dépendance entre les infractions commises par plusieurs personnes

25. Le rattachement entre les infractions en cas de pluralité des délinquants résulte de leur volonté commune de s'unir afin d'atteindre un objectif criminel. Trois cas de rapprochement entre les infractions sont envisageables. D'une part, le geste d'un individu peut être qualifié d'accessoire du geste de l'auteur principal. Sa participation à l'accomplissement du délit crée donc un lien entre son comportement et celui de l'auteur principal. C'est par ce rattachement à l'infraction principale que l'acte du complice normalement non délictuel va le devenir d'où une dépendance d'emprunt (A). En second lieu, le lien entre les infractions peut découler du fait que l'un des actes délictueux peut constituer une condition préalable nécessaire pour la punissabilité de l'autre acte délictueux. Un comportement délictueux peut être la suite d'un acte délictueux préalable et relève d'une situation de dépendance, car il requiert obligatoirement pour sa propre consommation, la réalisation d'un autre crime d'où la dépendance par conséquence, ou que les diverses infractions connaissent des interactions qui nécessitent leur regroupement au sein d'une même procédure d'où la dépendance par jonction de procédure. La dépendance par conséquence et la dépendance par jonction de procédure seront donc étudiées sous la rubrique des autres hypothèses de dépendance en cas de pluralité d'auteurs (B).

A- La dépendance par emprunt de criminalité

26. L'infraction peut être perpétrée par plusieurs protagonistes qui n'ont pas tous le même rôle. Il convient d'établir des distinctions parmi les participants au délit ; c'est à ce propos qu'Ortolan disait dans un langage emphasé qui le caractérise : « *l'infraction est un drame auquel concourent plusieurs acteurs. De même que dans les drames qui se jouent sur la scène théâtrale, chacun de ces acteurs a son rôle, mais tous les rôles ne sont pas de même importance : les uns sont principaux, d'autres sont accessoires…* »[45]. Le droit tient compte du degré de participation des protagonistes et leur applique un régime particulier. Notre étude se focalise sur la personne du complice qui est visée par les articles 97 et 98 du Code pénal. Le complice

[45] Ortolan, *Éléments de droit pénal*, 4e éd., 2 tomes, Paris, Plon, 1863, p. 102.

est défini comme l'individu qui, sans accomplir personnellement les éléments constitutifs de l'infraction imputable à l'auteur, a seulement facilité ou provoqué l'action principale par des agissements d'une importance matérielle secondaire : aide, assistance, fourniture de moyens, instigation[46]. Bien que le complice ne participe directement à l'acte délictueux, son rôle n'est pas négligeable dans le processus criminel. L'acte du complice, lorsqu'il est apprécié seul, ne semble pas criminel[47]. Ce qui va permettre la punissabilité du complice, c'est que son acte est l'accessoire de l'acte de l'auteur principal. Lorsqu'on apprécie les comportements délictueux au regard du lien qui les unit, on constate que certaines infractions tirent leur criminalité d'un fait principal punissable. Autrement dit, sans l'exigence de cette infraction, l'acte du tiers est dépourvu de criminalité propre, lorsqu'il est analysé isolément. Parler de dépendance par emprunt revient à mettre en évidence la complicité. Elle est subordonnée à la commission d'un fait principal punissable, c'est-à-dire sans le rattachement de l'acte du complice au fait principal punissable, son acte n'est pas intrinsèquement punissable. Son implication à la réalisation du délit crée un lien entre son comportement et celui de l'auteur principal. C'est ce rattachement à l'infraction principale qui imprime à l'acte du complice son caractère délictueux (1). Cependant, il y a lieu de noter que le complice peut être puni même si l'auteur principal ne l'est pas, d'où les limites à l'emprunt de criminalité (2).

1- La solution de principe : le rattachement de l'acte du complice au fait principal punissable

27. Le complice s'associe à la commission de l'infraction de l'auteur principal, sa criminalité est dépendante de celle de l'agent qui a réalisé le délit. C'est la présence d'une infraction principale punissable qui permet la répression du complice. Il en résulte que la complicité est une infraction dépendante, car elle est subordonnée à l'existence d'un fait principal punissable[48](a). En outre, le complice doit avoir agi en connaissance de

---

[46] Gulphe, « La distinction entre coauteurs et complices », *RSC*, 1948, p. 665.

[47] Robert J-H, « Imputation et complicité », *JCP*, 1975, I, 2720, spéc. n° 8.

[48] Carbonnier J, « Du sens de la répression applicable aux complices selon l'article 59 du Code pénal », *JCP*, 1952, I, 1034.

cause, c'est-à-dire qu'il prête son concours à la commission d'une infraction (b).

a- La subordination de l'acte du complice au fait principal punissable

28. Les actes du complice ne tirent leur criminalité que par référence aux actes accomplis par l'auteur principal. Le lien existant entre le complice et l'auteur de l'infraction est certain. Selon le doyen Carbonnier, « la notion de complicité entièrement détachée de l'action de l'auteur aurait quelque chose de contradictoire en soi. On n'est pas complice de façon absolue, on est complice de quelque chose ou de quelqu'un. Une complicité sans relation avec un acte principal est un non-sens »[49]. On est forcément complice d'une autre infraction : on est complice de vol, de meurtre, etc. Le complice n'est punissable que parce qu'il s'est lié à une infraction principale. Il doit avoir collaboré à un acte dont il connaissait la nature infractionnelle, donc la volonté du complice doit être évidemment requise. Le complice doit savoir qu'il coopère à un acte délictueux, ce qui dévoile son aptitude personnelle au crime, et comme le souligne un auteur, « *qui sait le mal et y contribue en apportant sa pierre à l'édifice, œuvre pour le mal* »[50].

29. Le comportement du complice ne prend un caractère pénal que par référence à l'infraction principale dont il emprunte la criminalité[51]. Les actes du complice ne prennent une coloration pénale que par « *contagion avec l'infraction commise par l'auteur (...) La criminalité de l'acte de complicité n'apparaît qu'en vertu du reflet projeté par les agissements criminels de l'auteur* »[52]. Le rattachement de l'acte du complice institue le principe de l'emprunt de criminalité qui veut que le complice réponde de la même

---

[49] *Ibid.*

[50]Vernelle G cité par Robert J-H, « Imputation et complicité » *JCP*, 1975, I, 2720.

[51] Affaire Lacour, le 25 octobre 1962, le docteur Lacour décide de faire assassiner Guillaume, le fils adoptif de son ami, madame Walter, par un hôtelier Rayon. Ce dernier est réticent et sait qu'il ne va pas le faire, cependant, feint d'accepter en vue d'entrer en possession de l'argent. La veille de l'assassinat prévu, Rayon confie tout à Guillaume et ils décident ensemble de poursuivre le docteur Lacour pour tentative d'assassinat. La Cour de cassation va rejeter le pourvoi, car elle estime qu'il n'a pas eu commencement d'exécution vu que les actes matériels entrepris par Lacour n'ont pas eu pour conséquence directe la consommation du crime et confirme la décision de la Cour d'appel de ne pas poursuivre Lacour pour complicité, car il n'y a pas d'acte principal punissable.

[52] Merle R et Vitu A, *op.cit.*, n° 537 p. 679.

qualification que l'auteur principal. Ainsi, le complice supporte toutes les circonstances aggravantes réelles afférentes au fait principal, car celles-ci touchent à la matérialité de l'acte. En effet, le complice en acceptant de participer à l'infraction, endosse l'acte, y compris toutes les circonstances aggravantes réelles qui l'accompagnent même celles qu'il n'a pas pu envisager. Il en est de même des circonstances aggravantes mixtes qui se transmettent automatiquement aux complices, car influent à la fois sur la matérialité de l'acte de l'auteur principal et sur sa personne[53]. Néanmoins, il en va autrement avec les circonstances aggravantes personnelles qui ne se communiquent pas au complice, car ce dernier emprunte l'acte de l'auteur principal et non les qualités personnelles de l'auteur principal. Il s'agit d'un emprunt de criminalité d'acte à acte, et non d'un emprunt de personne à personne. L'emprunt de criminalité entraîne un emprunt de pénalité, ceci ressort de l'article 98 du Code pénal qui affirme que « les coauteurs et les complices sont passibles de la même peine que l'auteur principal, sauf dans les cas où la loi en dispose autrement ». Il en résulte que la peine à infliger au complice est déterminée par la peine applicable à l'auteur principal ; le complice d'une infraction est exposé aux mêmes peines que celles encourues par l'auteur principal sauf dans certains cas exceptionnellement prévus par la loi[54].

b- L'exigence de l'intention criminelle chez le complice

30. Pour que le complice soit puni, il est certain qu'il doit avoir participé sciemment à l'infraction principale. Autrement dit, le complice doit en connaissance de cause savoir qu'il s'associe à un crime ou délit. On ne pourrait par exemple considérer comme complice d'un meurtre exécuté avec un fusil de chasse, celui qui aurait prêté le fusil au meurtrier pour lui permettre de chasser, il en est de même de celui qui prête sa voiture à un tiers sans savoir qu'il va l'utiliser pour commettre un vol. Il s'ensuit que l'élément moral de la complicité peut être défini comme la connaissance du caractère délictueux des actes de l'auteur et la volonté de participer à leur commission. La conscience chez le complice de participer à une infraction

---

[53] Pardo Fredéric, *Le groupe en droit pénal*, thèse, Nice, 2001, p. 69.

[54] Il peut arriver que le complice encoure une peine plus sévère que l'auteur principal en tenant compte de sa culpabilité propre et des circonstances qui lui sont personnelles.

doit être concomitante à la fourniture des instructions, des moyens ou de la prestation de l'aide ou de l'assistance.

2- Les solutions dérogatoires

31. L'acte du complice n'emprunte son caractère délictueux que par rapport à l'infraction principale. Toutefois, il y a des situations où le complice peut être puni en l'absence d'un rattachement entre son acte et le fait principal punissable[55]. C'est généralement le cas avec la tentative de complicité qui est considérée comme la complicité elle- même[56](a) et en cas de discordance entre l'infraction envisagée par le complice et l'infraction commise (b).

a- La tentative de complicité, une exception à l'emprunt de criminalité

32. Contrairement à la complicité de tentative qui se caractérise par la participation aux actes préparatoires suivie du commencement d'exécution[57], l'infraction principale a été tentée. Dans ce cas, l'auteur principal et même le complice seront punis, car la législation camerounaise punit la tentative au même titre que la réalisation complète de l'infraction. Par contre, la tentative de complicité est le fait où le complice d'une infraction demande à une autre personne d'exécuter le fait infractionnel. Or, ce dernier se désiste au dernier moment et n'accomplit pas l'infraction. Un exemple simple permet de comprendre cette notion : A donne l'ordre à B de tuer C, en lui donnant de l'argent pour le faire, mais l'auteur du crime (B) se désiste volontairement et refuse de tuer C, bref l'auteur principal s'est volontairement abstenu de commettre l'infraction commanditée. En principe, faute d'un fait punissable, la complicité échappe à la répression, mais le législateur camerounais à travers l'article 97 (2) décide de punir le complice même en l'absence du fait principal punissable, car un tel individu est potentiellement dangereux[58]. La tentative de complicité constitue donc

---

[55] Nous parlons des situations dans lesquelles le complice est puni sans toutefois que l'agent principal le soit pour une cause d'immunité, d'acquittement, de décès ou alors que l'auteur principal n'ait pas pu être identifié.

[56] Art 97(2) du Code pénal.

[57] Ambassa Léon Chantal, *Droit pénal général*, 1re éd., St Augustin, coll. Leconnu, 2014, p. 158.

[58] Affaires Lacour et Schieb-Benamar. En 1958, un certain Shieb avait demandé contre rémunération, à Bénamar, d'assassiner sa femme. Schieb lui avait remis des sommes

une limite au fait que la répression du complice est subordonnée au fait principal punissable. Le complice dans ce cas est puni en fonction de son intention criminelle. Cette position du législateur camerounais est à féliciter, car accorder l'impunité à un individu objectivement dangereux est très choquant et crée une insécurité au sein de la société.

b- La discordance entre l'infraction envisagée par le complice et l'infraction commise

33. L'autre limite à l'emprunt de criminalité découlerait de la prise en compte de l'intention du complice en cas de discordance entre la volonté du complice et la réalité criminelle. Il s'agit de l'hypothèse où l'agent principal a accompli une infraction autre que celle à laquelle le complice a donné son accord ou voulait prêter son concours. L'absence d'accord préalable sur le délit réalisé peut permettre d'exonérer de responsabilité le complice, puisqu'à défaut d'adhésion de sa part à l'infraction, plus aucun lien ne le rattache à l'infraction. Le célèbre arrêt Nicolaï, rendu par la Chambre criminelle, le 13 janvier 1955, illustre très précisément cette solution[59]. Nicolaï avait remis à Rubio deux pistolets pour qu'il aille contraindre son débiteur au remboursement d'un prêt. Au domicile du débiteur, Rubio eut une altercation avec le concierge et le tua avec les pistolets fournis par Nicolaï. Ce dernier fut poursuivi pour complicité de meurtre et renvoyé devant la Cour d'assises. La Cour de cassation censurait cet arrêt de renvoi au motif que Nicolaï n'avait entendu s'associer à un meurtre. Certes le comportement de Nicolaï était moralement condamnable, mais il n'avait pas adhéré au meurtre du concierge. À défaut de concordance entre la volonté du complice et l'action de l'auteur, le complice ne pouvait pas être poursuivi, car son comportement était complètement autonome de celui de Rubio. Aucune dépendance n'était établie entre son action et celle de Rubio. Cela démontre bien *a contrario* que s'il avait envisagé le meurtre lors de sa concertation avec Rubio, il aurait été lié à ce crime et condamné en tant que complice.

---

d'argent ainsi qu'un pistolet et lui avait décrit son épouse. Bénamar fut dénoncé aux forces de police par un tiers auquel il avait essayé de revendre l'arme, avant même d'avoir tenté d'assassiner la femme de Schieb.

[59]Cass. Crim. 13 janvier 1955, D. 1955, Jur. P. 291, note A. Chavanne.

34. En effet, il peut arriver que le complice ignore que le vol auquel il a prêté son concours s'accompagnerait de violences. Il ne pouvait évidemment pas en maîtriser la force, car n'étant pas lui-même l'auteur desdites violences. Lui faire subir l'aggravation de responsabilité tirée de ce que les violences ont eu lieu et entraîné tel préjudice, le place dans une situation plus défavorable que l'auteur de l'infraction. Dire que le complice, en coopérant à la réalisation de l'infraction, aurait dû connaître le but et la nature de l'acte auquel il va participer, par conséquent encourt la responsabilité de toutes les circonstances aggravantes est injuste. Affirmer que l'individu en s'associant à une activité illicite, ne saurait limiter le risque pénal auquel il s'expose et comme l'atteste le professeur Pradel « *l'idée de toute participation criminelle comporte un aléa, un risque que le complice ne pouvait exclure* »[60], et les professeurs Merle et Vitu d'enchérir qu'« *En prêtant son aide à l'auteur, le complice a mis sa signature au bas d'un blanc-seing qu'il doit endosser et par ricochet a consenti à toutes les suites du crime* »[61], est inacceptable. Une telle approche est excessive, car une telle transmission de responsabilité va à l'encontre des principes du droit pénal. Comme l'a fait remarquer monsieur Michel Franchimont, « l'emprunt de criminalité apparaît surtout comme une solution de facilité. S'il se fonde sur la théorie civiliste du risque et de la responsabilité sans faute, il est en droit pénal inacceptable »[62].

35. Les juges se doivent de qualifier la complicité en fonction de l'état d'esprit du complice à l'égard des circonstances aggravantes réelles, et non faire l'impasse sur la caractérisation de l'élément intentionnel. Il est arbitraire que le complice soit sanctionné bien que l'élément moral fasse défaut. C'est probablement dans ce sens qu'en 1957, l'association internationale de droit pénal tenant à Athènes son VIIe congrès sur le thème de « *l'orientation moderne des notions d'auteur de l'infraction et de participation à l'infraction* », avait proposé que le régime de participation à l'infraction tienne compte d'une part de l'acte de participation de chacun à

---

[60] Pradel J, *Droit pénal général*, 12e éd, Paris, Cujas, 1999, p. 96.

[61] Merle R et Vitu A, traité de droit criminel, t 1, *Problèmes généraux de la science criminelle*, 3e éd., Paris, Cujas, 1997.

[62] Cité par Basecqz Colette Nathalie, « Réflexions critiques sur les présomptions de responsabilité en droit pénal », *liber amicorum Jean-Luc Fagnart*, Anthémis Bruylant, 2008.

une action commune et d'autre part de sa culpabilité personnelle, critiquant ainsi l'automaticité de responsabilité pesant sur la personne du complice face aux circonstances aggravantes réelles. Dans le même ordre d'idées, la CEDH a eu à critiquer l'emprunt de criminalité à travers deux arrêts[63] ; elle juge cette théorie sujette à des conséquences néfastes à savoir, l'absence d'individualisation de la sanction, le non-respect du principe de la présomption d'innocence et du principe du contradictoire. La CEDH recommande aux juges des pays membres de tenir compte du degré d'implication de chaque participant dans les circonstances aggravantes ou de leur culpabilité personnelle, car d'après elle, l'imputation automatique des circonstances aggravantes réelles à tous les participants est contraire au droit à un procès équitable. Bien plus, un arrêt rendu par la Cour de cassation met fin à l'emprunt de criminalité, car ici il est question de savoir si on peut

[63] Cette solution apparaît à travers la lecture des arrêts de la Cour européenne des droits de l'Homme dans les affaires Goktepe c/ la Belgique et Delespesse c/ la Belgique. En effet, dans la première affaire, il s'agit de l'iniquité d'une procédure pénale dirigée contre le requérant, accusé avec deux autres personnes de vol avec violences ayant entraîné la mort de la victime. Aux termes de la procédure, tous les accusés ont été condamnés à 30 ans de réclusion criminelle par la Cour d'assises de Flandre orientale en date du 27 novembre 1998. Cependant, le CEDH a cassé ce jugement en considérant que le refus de la Cour d'assises de poser des questions individualisées au jury quant à l'existence des circonstances aggravantes, estimant que ces circonstances s'appliquaient indistinctement à tous ceux qui avaient participé au vol, portait atteinte au droit du requérant de se défendre d'une manière concrète et effective sur un point déterminant. Dans la seconde affaire, Delespesse est accusé d'être coupable d'avoir participé à la soustraction frauduleuse ayant entraîné mort d'homme. Cependant, il soutenait qu'il n'a pas de responsabilité directe dans le meurtre puisque son seul coaccusé avait fait usage de l'arme à feu qu'ils avaient emportée, le requérant indiqua qu'il n'avait jamais imaginé que ce dernier en ferait usage et demanda que cette circonstance aggravante ne lui soit appliquée. La Cour d'assises rejeta la demande et rappela d'abord que dans le cadre de l'article 475 du Code pénal, le vol est un fait principal et le meurtre, la circonstance objective. Cette circonstance aggravante s'applique à tous ceux qui ont coopéré à ce vol sans distinction. La CEDH a donc rejeté cette décision, car elle estime qu'en tenant le plaignant pour pénalement responsable du meurtre, du seul fait que ces circonstances ont accompagné la perpétration de l'infraction principale à laquelle il a concouru, la Cour n'a pas fait montre de l'élément moral de la circonstance aggravante. Par conséquent, il y a eu violation du droit à un procès équitable, en particulier des droits de la défense, du droit d'accès au tribunal et de la présomption d'innocence.

être complice d'un fait principal dont l'auteur est relaxé pour absence d'intention coupable[64].

B- Les autres cas de dépendance

On distingue plusieurs cas de dépendance entre les infractions issues d'une pluralité d'agents à savoir la dépendance par conséquence (1) et la dépendance par jonction de procédure (2).

1- La dépendance par conséquence

36. Le rapprochement entre les infractions peut être le fruit d'une sorte de continuité dans le phénomène criminel. En effet, certaines infractions peuvent constituer une prolongation de l'infraction antérieure. On parle dans ce cas de délits de conséquence qui supposent la commission d'une infraction préalable (a). Par ailleurs, la dépendance par conséquence se révèle aussi à travers le lien intentionnel qui unit les différents actes délictueux (b).

a- L'exigence d'une infraction préalable

37. Les infractions de conséquence sont des délits qui supposent la commission d'une infraction d'origine, c'est-à-dire d'une infraction antérieure. Autrement dit, on intègre dans les éléments constitutifs de l'infraction seconde, en tant qu'élément préalable les données provenant d'une infraction première. L'infraction de conséquence est donc une infraction dépendante. Notre droit positif distingue comme délits de conséquence le recel des choses et le blanchiment. Ces deux actes délictueux constituent la suite d'un délit précédent d'où leur nature de délits « post delictum » et nécessitent la constatation de l'infraction préalable.

38. Contrairement au recel susmentionné commis par l'auteur de l'infraction de vol[65], le recel qui fait l'objet de notre étude ici est un délit distinct, car commis par une personne autre que l'auteur de l'infraction de

---

[64] Cour de cassation, arrêt du 08 janvier 2003, en l'espèce Y… est poursuivi pour avoir exporté à destination de la Grande-Bretagne, de la cocaïne dissimilée dans la roue de secours de son véhicule et X… est poursuivi pour s'être rendu complice de ce délit en mettant Y … en rapport avec le fournisseur des stupéfiants et en donnant des instructions sur les modalités de la livraison, Y a été relâché pour défaut d'intention coupable, mais X a été retenu sous prétexte qu'il avait connaissance de la véritable nature des substances transportées.

[65] Voir qualifications incompatibles supra.

vol, mais qui tire sa punissabilité de l'infraction d'origine. On distingue deux types de recels, à savoir le recel des choses[66] et le recel d'individus[67]. On entend par recel des choses, le fait d'accepter ou de conserver par-devers soi des choses dont on connaît l'origine délictueuse, des choses que celui qui les a remises s'était procurées par une infraction, tandis que le recel d'individus est le fait de dissimuler, cacher un individu passible d'une peine criminelle ou délictuelle. Le recel qui nous intéresse est le recel des choses qui suppose bien évidemment qu'un acte criminel ait été préalablement perpétré. Quant au blanchiment, il s'agit du fait d'apporter son concours à la conservation ou au transfert des fonds ou des biens provenant d'un crime ou d'un délit dans le but, soit de dissimuler, soit de déguiser l'origine illicite desdits biens ou ressources[68]. Ces deux infractions ne peuvent se commettre que si d'autres crimes ou délits ont été préalablement réalisés ; ils sont donc une sorte de continuité de l'infraction antérieure[69]. Ces agissements visent à sanctionner l'aide apportée à des délinquants après qu'ils ont perpétré leur crime ou délit. En effet, le voleur cherchera auprès du receleur un moyen d'écouler sa marchandise. Le receleur et le blanchisseur interviennent comme une suite possible de l'infraction principale. Le lien entre les deux actes trouve son origine dans l'acte criminel de base (le vol) et s'étend jusqu'à la réalisation postérieure du recel ou du blanchiment. Le recel et le blanchiment interviennent ultérieurement à un acte criminel auquel ils sont liés par le biais de la chose ou du produit qui était initialement l'objet sur lequel portaient les infractions préalables et qui a été transmis par la suite au receleur ou au blanchisseur. Le receleur détient une chose, issue d'une infraction antérieure à savoir le vol. Le vol et le recel sont donc liés par le biais de la chose qui était initialement le corps du délit et qui a été par la suite transmise au receleur. Le dénominateur commun entre le voleur et le receleur est bel et bien la chose ou le produit d'un crime ou d'un délit. Le

[66] Art 324 du Code pénal.

[67] Art194 du Code pénal.

[68] Le blanchiment est absent dans notre Code pénal, mais il a été introduit dans notre arsenal répressif par la loi n° 97-19 du 7 octobre 1997 relative au contrôle des stupéfiants et par la réglementation CEMAC n° 01/03 portant prévention et répression de blanchiment des capitaux de financement des terroristes en Afrique centrale.

[69] Bouloc B, « Remarques sur l'élément matériel du recel », in Mélanges en l'honneur du professeur Reynaud Ottenhof, *Le champ pénal*, Dalloz, 2006, p. 353.

recel est inconcevable en l'absence d'une infraction accomplie antérieurement, car l'acte de recel n'est pas intrinsèquement punissable[70].

39. Le recel et le blanchiment supposent un crime ou un délit antérieur. En effet, pour que le recel soit réalisé, il faut l'existence d'une condition préalable qui est la commission d'une infraction précédemment exécutée. La dépendance entre le recel et l'infraction préalable est forte, car les juges sont contraints de démontrer l'existence de l'infraction antérieure[71]. La transmission d'un bien d'origine frauduleuse est la source de la liaison du receleur à l'égard de celui qui a réalisé précédemment une infraction. La démonstration de l'acte originaire est requise afin de dévoiler l'origine délictueuse du bien qui est le trait d'union entre celle-ci et le recel. Lorsque la preuve de l'existence d'une infraction préalable n'est pas rapportée, le recel n'est pas constitué. Si le bien provient d'une source licite, ou si les autorités judiciaires n'arrivent pas à établir de manière précise l'existence de l'infraction antérieure, le fait de dissimuler ou de détenir un tel bien n'est pas un fait répréhensible et le recel et le blanchiment ne sont pas alors punissables. Les juges sont donc obligés d'établir que l'infraction antérieure est réalisée dans tous ses éléments constitutifs. Les magistrats sont tenus de caractériser cette infraction et ne peuvent se contenter de faire référence à l'origine frauduleuse des biens, ou d'affirmer une provenance suspecte du bien, sous peine que leurs décisions soient remises en cause par les juridictions supérieures. En cas de doute sérieux sur l'origine réelle du bien, le recel et le blanchiment ne sont pas punissables, car le doute profite à l'accusé.

b- L'exigence d'un lien intentionnel unissant les deux infractions

40. La situation de dépendance entre le recel, le blanchiment et le délit préalable s'analyse sous plusieurs formes. La matérialité de ces infractions constitue une marque évidente de cette dépendance, car l'acte matériel du recel n'est possible que si une infraction préalable a permis d'obtenir le bien d'où le qualificatif de délit de conséquence[72]. La dépendance entre les deux

---

[70] Le fait par exemple d'utiliser un fer à repasser chez soi ne constitue pas une infraction, mais il le devient lorsque le fer à repasser a été obtenu à la suite d'un vol.

[71] L'existence d'un crime ou d'un délit doit être constatée dans la décision de condamnation pour recel. CSCO. Arrêt n° 57 du 12 décembre 1967 Bull n° 17 p. 1881.

[72] Voir supra.

actes délictueux s'exprime aussi au niveau du lien moral ou intentionnel qui se tisse entre le receleur ou le blanchisseur et l'auteur de l'acte délictueux préalable. En effet, la volonté du receleur se double de sa connaissance de l'origine délictueuse du bien, connaissance qui influence considérablement la sanction de ce dernier.

41. Le recel et le blanchiment exigent un élément intentionnel doublement caractérisé à savoir la connaissance de l'origine délictueuse des choses recélées et la volonté de profiter de l'infraction préalablement commise[73]. La connaissance du délit antérieur rattache inexorablement le recel, le blanchiment à l'infraction préalable. Celui qui accepte un bien sachant être le produit d'une infraction joint son geste à celui du délinquant antérieur. Il s'unit volontairement au crime d'un autre d'où le trait d'union entre les deux infractions[74]. La connaissance de l'origine frauduleuse du bien fait montre de la mauvaise foi du receleur ou du blanchisseur, car ils ont la pleine conscience de détenir ou de blanchir un bien ou des fonds provenant d'une infraction antérieure. En accueillant en toute connaissance un bien illicite entre ses mains, le receleur ou le blanchisseur transforment un comportement anodin en un délit. En revanche, celui qui reçoit le bien sans toutefois connaître qu'il découle d'un délit, ne peut pas être punissable, car la détention du bien est appréciée indépendamment de toute activité criminelle. L'étude de la connaissance de l'origine frauduleuse du bien nécessite une analyse approfondie de l'objet de la connaissance et celle de sa preuve.

42. En effet, il n'est pas nécessaire que le receleur ait une connaissance précise de la nature de l'infraction commise, des circonstances ayant entouré sa réalisation ou même l'identité des victimes ou des auteurs, il suffit qu'il ait su que le bien provient d'un crime ou d'un délit ou qu'il ait des raisons d'en soupçonner l'origine délictuelle. Généralement, le ministère public s'en remet aux preuves indirectes et considère par comparaison l'attitude du bon père de famille. Les magistrats vont déduire la connaissance de l'infraction préalable par un faisceau d'indices à savoir le comportement du prévenu avant et après l'acte, les circonstances de réalisation du recel et du

---

[73] Nchimi Mebu Jeanne Claire, « La recherche de l'intention dans le recel des choses », *Rev. Jur. Africaine*, n°1,1990 p. 62-88.

[74] C.S. Arrêt n° 97/P du 18 avril 1974. Bull n° 30, p. 4217.

blanchiment, sur les conditions insolites de l'opération[75], la qualité professionnelle du prévenu. Par conséquent, il revient à l'agent de chercher à connaître l'origine du bien, car le manque de diligence de sa part peut lui être préjudiciable[76]. Néanmoins, il faut le souligner cette pratique jurisprudentielle[77] est très sévère, car d'abord ce sera au prévenu d'apporter la preuve de sa bonne foi, c'est-à-dire son ignorance de l'origine de la chose, ensuite la jurisprudence arrive à assimiler simple imprudence de la part de l'agent en intention. On reproche au prévenu une absence de précautions lors de l'achat du bien, ce qui est certes une grave imprudence, est considérée comme une preuve de sa mauvaise foi et la jurisprudence glisse vers l'admission d'un recel ou d'un blanchiment par imprudence.

43. La connaissance de l'infraction préalable a des répercussions sur la répression du receleur ou du blanchisseur. En effet, le recel et le blanchiment sont aggravés par ricochet de l'infraction principale. D'après l'article 324(2) du Code pénal, le receleur encourt une peine privative de liberté aggravée en cas de crime, autrement dit si le receleur connaissait les circonstances aggravantes qui ont entouré la commission de l'infraction préalable, il encourt la même peine que l'auteur de l'infraction préalable. La peine qui menace le receleur a un certain rapport avec la peine encourue par l'auteur de l'infraction initiale. Plus la peine menaçant l'auteur de l'infraction initiale est élevée, plus la peine du receleur est forte. Les peines du recel sont aggravées par rapport à l'infraction préalable si celle-ci constitue un crime par l'adjonction d'une ou plusieurs circonstances aggravantes[78]. Cette exigence particulière de la connaissance des circonstances aggravantes est fondamentale, car si l'agent les ignorait, il ne peut subir la peine aggravée. Les conséquences de la dépendance en termes de répression sont considérables, car elles aboutissent à une unification entre

---

[75] La vente a lieu de manière clandestine, ou sans remise de facture, ou encore sur le montant anormal du prix.

[76] Pradel Jean, Danti-Juan Michel, *Droit pénal spécial*, Paris, 6e éd., Cujas, 2014.

[77] Elle consiste pour la jurisprudence à utiliser des présomptions pour déceler la connaissance effective par le délinquant de la provenance litigieuse des biens et qui par ricochet allège la tâche du ministère public.

[78] Si l'infraction originaire constitue un crime par l'adjonction d'une ou plusieurs circonstances aggravantes à un délit, le receleur n'encourt que les peines découlant des seuls éléments dont il a connaissance. CSCO. Arrêt n° 71 du 17 nov. 1967.

la peine encourue par le receleur ou le blanchisseur et la peine de l'auteur principal. Ce rapprochement des sanctions marque une certaine gradation dans le lien unissant cette pluralité d'actes délictueux.

2- La dépendance par jonction de procédure

44. Le législateur opère le regroupement des infractions liées entre elles, afin notamment d'assurer une meilleure organisation de la justice. Les infractions liées entre elles sont donc intégrées au sein d'une même procédure unifiée par le mécanisme de l'indivisibilité et de la connexité. Parler de la connexité et de l'indivisibilité revient à apporter une définition à ces deux concepts (a) puis exposer leurs effets principaux (b).

a- Une esquisse de définition de la connexité et de l'indivisibilité

45. Prévue à l'article 6 du Code de procédure pénale, la connexité répond à la définition de ce qui a des rapports étroits avec une autre chose, tandis que l'indivisibilité qui y est aussi prévue représente la qualité de ce qui ne peut pas être divisé. Néanmoins, il y a lieu de le souligner que la connexité et l'indivisibilité présentent le paradoxe d'être des notions particulièrement difficiles à appréhender, mais nous nous efforcerons d'élaborer une tentative de définition[79]. En effet, la connexité peut être définie comme un lien étroit existant entre deux ou plusieurs infractions et le législateur à travers l'article 6 alinéa 3a-b-c-d-e énumère les différentes hypothèses de connexité. On distingue la connexité par unité de temps et pluralité d'auteurs[80], la connexité par conspiration ou unité de dessein, la connexité par corrélation ou par relation de cause à effet[81], et par recel[82]. Par unité de temps et pluralité d'agents, il faut entendre ici que les infractions sont connexes lorsqu'elles sont commises au même moment par plusieurs agents. Ce cas de connexité ne requiert pas une concertation préalable entre eux. La connexité par conspiration exige que les agents soient liés par une unité de dessein même en différents temps et en divers lieux, il suffit que

[79] Gouy Delphine, *Indivisibilité et connexité en droit pénal*, Thèse, Université de Panthéon-Assas, 2004, p. 25.

[80] Les infractions sont connexes lorsqu'elles ont été commises en même temps et par plusieurs personnes réunies. Ce cas de connexité se caractérise par une unité de temps et par une pluralité d'auteurs.

[81] Voir supra sur l'infraction aggravée.

[82] Voir la dépendance par conséquence.

ceux-ci planifient leur forfait, soient animés d'une intention commune d'unir leurs efforts dans la réalisation d'actes criminels. L'exemple classique est la conspiration qui est connexe avec les crimes et délits commis par ces délinquants en exécution de l'entente établie entre eux. La connexité par corrélation ou par relation de cause à effet repose sur un rapport d'asservissement de certaines infractions au profit des autres. Elle suppose que la pluralité des délits commis par les agents soit tendue vers la réalisation d'un but préalablement défini par la loi à savoir par exemple assurer l'impunité de l'auteur. Il ressort donc que le législateur qualifie d'infractions connexes, des actes délictueux, soit résultant de la volonté des délinquants, soit issus d'une relation de cause à effet ou d'un rapport de conséquence.

46. L'indivisibilité quant à elle se différencie de la connexité parce qu'elle constitue un échelon supérieur au regard de l'intensité du lien. L'indivisibilité est basée sur un lien renforcé entre les comportements infractionnels. L'indivisibilité est présentée comme une forme renforcée de dépendance entre les infractions tandis que la connexité n'est qu'une forme simple de dépendance. Pour qu'il y ait indivisibilité, plusieurs critères ont été élaborés par le législateur à savoir la pluralité d'auteurs ou de complices, l'existence d'une relation si étroite entre les infractions commises par une même personne que l'une ne peut être jugée sans l'autre[83] et enfin l'unité de temps et de but dans la commission des infractions. Concernant la première hypothèse d'indivisibilité, celle-ci requiert une pluralité d'agents, soit à titre de coauteur, soit à titre de complice, tous sont impliqués dans la commission de l'infraction à des degrés différents. Il serait donc judicieux de les juger tous devant une même juridiction afin de jauger le degré de participation de chacun dans la commission du fait infractionnel. Quant au critère relatif à l'unité de temps et de but, l'indivisibilité ne peut jouer que si les divers actes délictueux correspondent les uns et les autres à l'exécution d'un même dessein.

---

[83] Ce cas a déjà été étudié dans la première partie dans le cadre du concours réel d'infractions, mais il faut souligner ici que les différentes infractions commises par l'agent sont dans un rapport mutuel de dépendance et rattachées entre elles par un lien tellement intime que l'existence des unes ne se comprendrait pas sans l'existence des autres alors que dans le cas du concours réel d'infractions, les infractions sont autonomes et n'ont pas de lien entre elles sauf qu'elles sont issues d'un même agent.

47. En guise de conclusion, la connexité et l'indivisibilité traduisent des situations de dépendance entre des infractions qui se manifestent par un lien plus ou moins fort. Les infractions liées entre elles ne sont plus appréhendées de façon isolée, car elles sont réunies et forment un groupement d'accusations qui entraîne des effets de droit.

b- Les effets de la connexité et de l'indivisibilité

48. L'indivisibilité et la connexité instaurent des règles procédurales dérogatoires au droit commun. Le droit s'appuie sur le fait que les actes infractionnels doivent être appréhendés de façon globale d'où la fusion de procédure. L'effet essentiel engendré par l'indivisibilité et la connexité est d'entraîner une prorogation de compétence afin de permettre une meilleure administration de la justice. L'indivisibilité et la connexité rendent toutes deux possible la jonction de procédure. Celle-ci est obligatoire en cas d'indivisibilité et facultative en cas de connexité. La jonction de procédure permet la fusion des poursuites exercées à l'encontre d'une pluralité d'infractions en une seule et unique procédure. En outre, l'indivisibilité et la connexité entraînent une solidarité dans le paiement des amendes, des restitutions, des frais et des dommages et intérêts.

CONCLUSION

49. Parler des situations de dépendance entre les infractions revient à analyser le lien qui unit les différents actes délictueux. On dénombre plusieurs situations dans lesquelles les infractions sont liées, mais nous nous limiterons à celles qui entraînent des conséquences juridiques. Ainsi le rattachement entre les infractions peut être fait en tenant compte, soit de l'unité d'auteur, soit de la pluralité des agents. Dans le premier cas, il peut arriver qu'un même auteur commette plusieurs infractions diverses, il reviendrait qu'il soit puni en fonction de tous ces agissements délictueux, mais le droit positif rejette cette manière de juger et établit plusieurs principes à savoir le non-cumul des peines, le cumul juridique et les qualifications incompatibles. Concernant le non-cumul des peines, qui interdit de cumuler les sanctions, l'infracteur ne sera puni que de la peine de l'infraction la plus grave d'où une dépendance par la peine. Quant au cumul juridique, le législateur a prévu la rencontre de deux qualifications pour incriminer un même fait et les a érigés en une incrimination globale et aggravée d'où une dépendance par absorption. À propos des qualifications incompatibles, l'agent ne sera puni que de la peine de la première infraction, car la seconde infraction constitue la suite naturelle et logique de la première infraction d'où la dépendance par suite logique. Dans le second cas, il y va de la volonté commune des délinquants de s'unir, de s'entraider afin d'atteindre un objectif criminel. Cette participation criminelle peut se manifester en une entente accessoire, antérieure ou concomitante à la commission de l'infraction principale d'où la complicité qui est constitutive d'une dépendance par emprunt, car l'acte du complice emprunte la criminalité de l'acte de l'auteur principal, en l'absence de celui-ci, l'acte du complice ne peut pas être punissable. En outre, cette entente peut être postérieure à la commission de l'infraction, par conséquent le recel des choses, le blanchissement illustrent parfaitement cette situation de dépendance de conséquence dans laquelle le receleur détient et profite d'une chose issue d'une infraction originaire. Le recel et le blanchiment interviennent donc postérieurement à un acte criminel auquel ils sont liés par le biais de la chose qui était initialement l'objet sur lequel portait l'infraction préalable.

II.

DROIT PUBLIC

LA RÉFORME DU CONTENTIEUX ADMINISTRATIF DU 29 DÉCEMBRE 2006 AU CAMEROUN : REGARD RÉTROSPECTIF D'UN AUDITEUR DE JUSTICE ADMINISTRATIVE

Samuel Eric KOUA*

Si l'on en croit le Professeur Célestin KEUTCHA TCHAPNGA, il y avait urgence à réformer le contentieux administratif camerounais en 2006, vu les nombreux maux dont il était atteint[1]. Juridiquement parlant, le contentieux administratif est l'ensemble des litiges nés de l'activité administrative[2] et réglés par le juge administratif en application du droit administratif, ou par des voies alternatives. Ainsi, les litiges impliquant l'administration, réglés par le juge judiciaire en application du droit privé, ne relèvent pas du contentieux administratif, mais du contentieux judiciaire de l'administration.

S'il est vrai que la réforme du 29 décembre 2006 a eu un écho retentissant, elle n'est cependant pas la seule qu'a connue le contentieux administratif au Cameroun. L'histoire de la justice administrative camerounaise est jalonnée de plusieurs réformes d'importances variables. En effet, au Cameroun, la première juridiction administrative dénommée le Conseil du Contentieux administratif fut instituée par le décret du 14 avril 1920. Cette juridiction était compétente, à l'exception du recours pour excès de pouvoir qui relevait du Conseil d'État français, pour connaître du contentieux des services publics locaux, relatif à la répression des contraventions de voirie et au domaine public, du contentieux électoral et de l'application du statut des fonctionnaires locaux. Le Conseil du

---

[1] KEUTCHA TCHPNGA (C.), « La réforme attendue du contentieux administratif au Cameroun », *Juridis périodique,* avril,-mai-juin 2007, p. 24.

[2] Il s'agit de l'activité administrative de l'administration et de celle des personnes privées investies des prérogatives de puissance publique par le législateur (CFJ, arrêt du 27 juillet 1968, *Bernard Autoroche*), et associées à l'exécution des missions de service public. Le litige administratif, en principe oppose un particulier à l'État. Mais, il peut aussi arriver qu'il oppose une collectivité territoriale décentralisée à l'État (voir ordonnance n° 34/OSE/CA/CS/2013 (Affaire *Commune d'arrondissement de Douala 2e* c/ État du Cameroun (MINDCAF)).

Contentieux administratif fut remplacé en juin 1959 par le Tribunal d'État[3].

Après l'accession du Cameroun à l'indépendance en 1960, la loi du 20 juin 1961 crée la Cour Suprême compétente pour connaître, en matière administrative des recours dirigés contre les décisions rendues par le Tribunal d'État. Avec l'avènement de l'État fédéral, la Cour Fédérale de Justice[4] est instituée par la Constitution du 1er septembre 1961. Elle comprenait deux formations statuant en matière administrative : L'Assemblée plénière, juge d'appel, siégeant à Yaoundé ; et deux Chambres administratives, l'une à Yaoundé et l'autre à Buea, siégeant en premier ressort. Suite à l'avènement de l'État fédéral, la Constitution du 2 juin 1972 institue une Cour Suprême, chargée selon son article 32 al.3, « *de statuer souverainement sur les recours en indemnité ou en excès de pouvoir dirigés contre les actes administratifs* ». Cette Cour Suprême, en matière administrative, comprenait la Chambre administrative (juridiction administrative d'instance) et l'Assemblée plénière (juridiction administrative d'appel). Cette configuration de la justice administrative fut modifiée par la Constitution du 18 janvier 1996, qui institua des juridictions inférieures en matière de contentieux administratif[5].

Il est à noter que la réforme de la justice administrative camerounaise du 29 décembre 2006 tient à plusieurs facteurs dont les plus notables sont : la promotion de l'État de droit, la décentralisation et les mutations survenues dans le contentieux administratif au Cameroun.

Sur le premier point, il faut souligner que dans l'optique de renforcer la protection des droits fondamentaux au Cameroun, il était impératif de réformer la justice administrative camerounaise, afin que celle-ci soit en

---

[3] Voir Décret n° 59-83 du 4 juin 1959 portant réforme du contentieux administratif et organisation du Tribunal d'État.

[4] Il y a lieu de rappeler qu'à partir de 1965, la Cour Fédérale de Justice va connaître de l'ensemble du contentieux administratif, concernant l'État fédéral, les États fédérés et les collectivités publiques infra-étatiques. En effet, selon l'article 14 de la loi n° 65-LF du 19 novembre 1965 portant réforme du contentieux administratif : « *La cour fédérale de justice connaît de l'ensemble du contentieux administratif à l'encontre de la République fédérale, des États fédérés, des collectivités publiques et des établissements publics* ».

[5] Voir art.40, Constitution du 18 janvier 1996.

phase autant que faire se peut avec les standards internationaux relatifs à la protection des droits de l'Homme.

Sur le second point, il y a lieu d'indiquer que la réforme objet de notre étude est quelque part consécutive au processus de décentralisation enclenché par la révision constitutionnelle du 18 janvier 1996. Le transfert de compétence du pouvoir central aux autorités locales subséquent à la décentralisation va entraîner un accroissement du contentieux administratif au niveau périphérique[6]. Pour prévenir ledit accroissement, il n'y avait pas meilleure solution que la déconcentration de la justice administrative.

Sur le 3e point, la doctrine fait remarquer que « *le bilan dressé au début des années 1980 nous permet de relever que la jurisprudence administrative a été largement dominée par les litiges de la fonction publique et que géographiquement, elle s'est cantonnée à deux grandes zones urbaines et à deux provinces (régions) à savoir Douala et Yaoundé, soit un contentieux administratif bi-urbain et « bi-provincial* »[7]. Or, depuis le milieu des années 80, le gros du contentieux administratif est d'ordre foncier et domanial. En outre, avec l'avènement de la démocratie pluraliste au début des années 90, l'esprit processuel s'est développé chez bon nombre de citoyens camerounais ; en sorte qu'attaquer l'État en justice n'est plus un luxe aujourd'hui. De plus en plus, la crainte d'attaquer l'État en justice s'estompe dans l'esprit des administrés ; et il s'ensuit naturellement une augmentation des recours dirigés contre la puissance publique.

Cela dit, la réforme susvisée a-t-elle rendu le juge administratif camerounais apte à mieux protéger les droits des administrés face à l'action administrative ? Quelle est la portée de cette réforme ?

L'intérêt de pencher sur la réforme du contentieux administratif camerounais du 29 décembre 2006 est lié à son actualité, compte tenu de

---

[6] Il s'agit du contentieux administratif ordinaire et du contentieux administratif de la décentralisation. Ce dernier est, soit vertical (entre l'État et les collectivités territoriales décentralisées), soit horizontal (entre une collectivité territoriale décentralisée et une autre). Le contentieux entre l'État et la région ou entre cette dernière et une autre relève de la compétence du juge constitutionnel. Il s'agit donc d'un contentieux politique.

[7] BINYOUM (F.), « Bilan de vingt (20) ans de jurisprudence administrative au Cameroun »,1re partie, *R.C.D*, 1978, p. 23.

l'entrée en fonction effective des tribunaux administratifs depuis le mois de décembre 2013[8]. De même, cette étude participe de la vulgarisation de certaines règles régissant la procédure administrative contentieuse depuis le 29 décembre 2006, et de la connaissance des tribunaux administratifs dont plusieurs citoyens ignorent encore l'existence et l'objet. C'est dire que notre réflexion est d'un intérêt didactique incontestable.

Cela dit, il importe de se pencher sur les innovations (I) et les points perfectibles de la réforme du 29 décembre 2006 (II).

I. LES INNOVATIONS INDUITES PAR LA RÉFORME

Certaines sont d'ordre organique et d'autres processuels.

A) Les innovations d'ordre organique

La réforme du 29 décembre 2006 a procédé à la déconcentration du juge administratif d'instance et à la reconfiguration de la Chambre administrative de la Cour Suprême.

1- La déconcentration du juge administratif d'instance avec la création des tribunaux administratifs

Aux termes de l'article 5 de la loi n° 2006/022 du 29 décembre 2006 portant organisation et fonctionnement des tribunaux administratifs : « *il est créé un tribunal administratif par région* ». En réalité, le législateur du 29 décembre 2006 n'a fait que parachever le processus de création des tribunaux administratifs enclenché par la Constitution du 18 janvier 1996 en son article 40[9]. Pour preuve irréfragable, ledit législateur affirme que « *les tribunaux administratifs sont des juridictions inférieures en matière de contentieux administratif au sens de l'article 40 de la Constitution* ». Ils constituent les juridictions d'instance en matière de contentieux

[8] Le Tribunal Administratif du Centre par exemple a enregistré sa première requête le 08 janvier 2014. À cette date, il avait déjà reçu de la Chambre administrative pas moins de 600 dossiers. L'Auguste Chambre doit lui transférer environ 2000 dossiers. À la date du 18 mars 2014, elle avait déjà rendu deux décisions en matière d'urgence.

[9] L'article 40 de la Constitution prévoit que « *La Chambre administrative (...) connaît en appel du contentieux des élections régionales et municipales. Elle statue souverainement sur les solutions rendues en dernier ressort par les juridictions inférieures en matière de contentieux administratif...* ».

administratif et sont, de ce fait, subordonnés à la Chambre Administrative[10]. Ceci étant, il importe de décliner l'organisation interne et la compétence desdits tribunaux.

a) L'organisation interne des tribunaux administratifs

Dans son organisation interne, le tribunal administratif comprend le siège, le greffe et le parquet. Au siège, il est constitué d'un président et des juges. À ceux-ci, il faut ajouter les Chargés d'études assistants[11], qui ne sont pas visés par la loi sur les tribunaux administratifs. La composition de la formation de jugement étant régie en Contentieux administratif par le principe de la collégialité (sauf en matière d'urgence)[12], l'article 13 de la loi organique sur les tribunaux administratifs dispose : « *Le tribunal administratif siège en formation collégiale de trois membres* ». Ses décisions sont donc rendues à la majorité des voix des membres de la collégialité. Le Tribunal administratif (TA) étant au même niveau que la Cour d'appel dans l'organisation juridictionnelle nationale, ses juges doivent être des Magistrats au moins de troisième grade[13]. Quant au greffe, porte d'entrée et de sortie dudit tribunal, il est constitué de cinq sections[14] et comprend un greffier en chef et de greffiers. Relativement au parquet, la loi n° 2006/022 prévoit que « *Le parquet près le tribunal administratif est le parquet général de la Cour d'Appel du ressort du tribunal administratif* ». De la lecture combinée des lois

---

[10] ABA'A OYONO. (J.C.,) « La nouvelle révision du droit de la justice administrative », in *Revue Africaine des Sciences Juridiques* (*RASJ*), V.8, 2011, p. 225-265 (spéc., p. 243).

[11] Voir le décret n° 2012/189 du 18 avril 2012 modifiant et complétant certaines dispositions du décret n° 2000/310 du 03 novembre 2000 modifiant le tableau A annexe au décret n° 95/048 du 08 mars 1995 portant Statut de la Magistrature (disponible à *Cameroun tribune* n° 10079/6280 du 20 avril 2012, p. 5).

[12] En matière d'urgence, notamment accessoire (sursis à exécution et référé administratif), c'est le Président de la juridiction administrative ou le Magistrat qu'il a délégué qui statue. On applique en l'espèce le principe du juge unique. Toutefois, le sursis à exécution relevant de la juridiction gracieuse du président de la juridiction administrative, il existe ici une collégialité de fait entre ce dernier et le Magistrat qu'il a délégué, en ce que le projet d'ordonnance rédigé par ce dernier est soumis à l'appréciation du Président avant de devenir définitif.

[13] Voir décret précité (*Cameroon tribune* n° 10079/6280 du 20 avril 2012, p. 5).

[14] Il s'agit des sections : du contentieux de la Fonction publique, du contentieux foncier et domanial, du contentieux fiscal et financier, du contentieux des contrats administratifs et du contentieux de l'annulation et des questions diverses.

n° 2006/016, n° 2006/022 du 29 décembre 2006 et le Statut de la Magistrature, il ressort que ledit parquet est composé du Procureur général près de la Cour d'appel du ressort du Tribunal administratif, des Avocats généraux, d'un ou de plusieurs substituts du procureur général et des Attachés chargés du contentieux administratif. Le parquet au TA a deux fonctions, à savoir : présenter des conclusions et veiller à la bonne application de la loi par le juge administratif.

Les Magistrats officiant au TA relèvent du Statut de la Magistrature. Toutefois, pour des besoins de service, des fonctionnaires de catégorie A et des cadres contractuels d'administration, titulaires d'une Maîtrise en droit et jouissant d'une expérience professionnelle de 15 ans ; ainsi que les Chargés de Cours en droit et les Professeurs d'Université de droit, ayant exercé comme enseignants, respectivement pendant au moins 15 et 10 années consécutives, peuvent être nommés juges ou substituts en services extraordinaires au TA pour une durée de cinq (5) ans. L'option pour un recrutement des magistrats administratifs parmi les fonctionnaires de catégorie A et des contractuels sus-évoqués, se justifie par la volonté d'avoir des magistrats administratifs (d'un statut mi-administratif mi-juridictionnel) imprégnés des rouages administratifs[15]. Leur profonde connaissance des subtilités de l'activité administrative devrait permettre au tribunal administratif de statuer sur des matières relevant de sa compétence avec aisance.

b) La détermination des compétences des tribunaux administratifs

Aux termes des dispositions pertinentes de l'article 2 al.2 de la loi n° 2006/022 : « *Les tribunaux administratifs connaissent en premier et* (...) *en dernier ressort, de l'ensemble du contentieux administratif concernant l'État, les collectivités publiques territoriales décentralisées et les établissements publics administratifs, sous réserve des dispositions de l'article 14 (2)* ». Cette

[15] Il faut rappeler qu'en France, les magistrats de l'ordre administratif se recrutent principalement par la voie de l'École Nationale d'Administration (ENA). Ainsi, ils subissent à la base une formation d'Administrateur. Les magistrats de l'ordre judiciaire quant à eux sont formés à l'École Nationale de Magistrature (ENM) de Bordeaux. Il s'agit là d'une forme d'application dès l'amont du principe de la séparation des autorités administratives et judiciaires. Au Cameroun, la formation des Magistrats administratifs à l'amont est effective à l'ENAM depuis la rentrée académique 2012/2013.

disposition inconstitutionnelle contraste avec l'article 40 de la Constitution qui accorde à la Chambre administrative une compétence générale absolue *erga totiae*[16]. En effet, aux termes de l'article 40 susvisé : « *La Chambre administrative connaît de l'ensemble du contentieux administratif de l'État, et des autres collectivités publiques* ». Il faut préciser qu'après avoir énoncé une clause de compétence générale en faveur du Tribunal administratif en son alinéa 1, l'article 2 de la loi n° 2006/022, en son l'alinéa 3, procède à une énumération des compétences de ce celui-ci. Aux termes de ce dernier alinéa, le contentieux administratif comprend :

- les recours en annulation pour excès de pouvoir, et en matière non répressive, les recours incidents en appréciation de légalité ;

- les actions en indemnisation du préjudice causé par un acte administratif ;

- les litiges concernant les contrats (à l'exception de ceux implicitement conclus sous l'empire du droit privé) ou les concessions des services publics ;

- les litiges intéressant le domaine public ;

- les litiges intéressant les opérations de maintien de l'ordre[17] ;

- les litiges qui lui sont expressément attribués par la loi.

Évidemment, le juge administratif dispose de la faculté d'étendre sa compétence à des matières qui ne lui ont pas été expressément attribuées par la loi. Ce fut le cas en matière de responsabilité des fonctionnaires pour préjudice causé à l'État[18] par ceux-ci, de la responsabilité pour fonctionnement anormal du service public[19], de la responsabilité sans faute[20] et de la responsabilité pour faute anonyme[21].

---

[16]OWONA (J.), *Contentieux administratif de la République du Cameroun*, L'Harmattan, 2011, p. 38.

[17] La consécration législative de la compétence du juge administratif en matière des opérations de maintien de l'ordre doit être saluée et considérée comme une avancée notable de l'État de droit au Cameroun.

[18]Voir CFJ/CAY, Jugement n° 187/ du 29 mars 1972, *Mbedey Norbert* c/ État du Cameroun.

[19] CFJ/AP, Arrêt n°15/ du 16 mars 1967, *Dame Ferriere* c / État du Cameroun.

[20] En droit administratif camerounais, la responsabilité sans faute est liée, soit à la rupture de l'égalité devant les charges publiques (CCA, Arrêt n° 28 du 11 août 1950, *Nlem Mbonzo*

S'il est vrai que la réforme objet de cette étude a institué les tribunaux administratifs au niveau des régions, elle a aussi reconfiguré la Chambre administrative de la Cour Suprême.

2) La reconfiguration de la Chambre administrative

La Chambre administrative réformée ne saurait être considérée comme la survivance historique de ses devancières. La réforme a procédé à l'extension de sa composition et y a institué des sections.

a) L'extension de la composition de la Chambre administrative dans sa formation contentieuse

Aux termes de l'article 12 de la loi n° 2006/016 du 29 décembre 2006 fixant l'organisation et le fonctionnement de la Cour Suprême, chacune des trois chambres que comprend cette dernière est composée d'un Président, de conseillers[22], d'un ou plusieurs Avocats généraux[23], d'un Greffier en chef[24] et des greffiers. Avec la réforme, la composition de la Chambre administrative notamment au siège a été enrichie. Elle y comprend depuis lors, un Président et des conseillers (au nombre de 12 actuellement). Sous l'empire de l'Ordonnance n° 72/06, elle comprenait au siège un Conseiller titulaire ou suppléant, président, assisté de deux magistrats (assesseurs) ayant voix délibérative, issus du siège des cours ou tribunaux. Une telle composition n'était pas de nature à assurer l'examen approfondi des affaires et la célérité dans la procédure. Les Magistrats de la Haute Chambre animent au quotidien les différentes sections de celle-ci.

---

c / Administration du territoire, soit au risque. Il y a responsabilité pour risque lorsque l'action de l'administration comporte des dangers susceptibles de menacer ou de porter atteinte aux droits ou aux intérêts des particuliers (CFJ/AP du 19 novembre 1965, *Dame Kieffer Marguerite*).

[21] Voir CFJ/AP, Arrêt n° 22 du 16 mars 1967, *ATangana Adalbert.*

[22] Les conseillers sont répartis dans les chambres par ordonnance du Premier Président de la Cour Suprême (art. 266, loi n°2006/016).

[23] Le Procureur Général près la Cour Suprême affecte les Avocats généraux dans les chambres (art. 29.al.2, loi n° 2006/016).

[24] Le Greffier en Chef de chaque chambre est nommé par décret présidentiel (art.24.al.1, loi n°2006/016).

b) L'instauration des sections à la Chambre administrative

La Chambre administrative depuis le 29 décembre 2006 comprend les sections spécialisées et la Formation des sections réunies.

Concernant les sections spécialisées, elles sont au nombre de 5 à savoir :

- la section du contentieux de la fonction publique ;

- la section du contentieux foncier et domanial qui aura fort à faire, compte tenu de la prédominance aujourd'hui, des litiges à coloration foncière dans le contentieux administratif ;

- la section du contentieux fiscal et financier, qui va connaître du contentieux de l'imposition des impôts directs, de la TVA et de la discipline budgétaire et financière ;

- la section du contentieux des contrats administratifs ;

- et la section du contentieux de l'annulation et des questions diverses (voir art. 9 al. 1, 2006/016). Le remodelage de la Chambre administrative en sections spécialisées est sans aucun doute l'une des réponses que le législateur a voulu donner à la diversification et à l'amplification du contentieux administratif camerounais[25]. Il permettra la spécialisation des Magistrats de la Haute Juridiction par rapport à tel type de litige[26].

S'agissant de la Formation des sections réunies, elle est composée de 5 membres qui sont les présidents des sections spécialisées précitées. Elle connaît des affaires renvoyées devant elle par Ordonnance du Premier Président de la Cour Suprême ou de l'arrêt de l'une des sections spécialisées et des recours en révisions contre des décisions contradictoires rendues par ces dernières[27]. Sur le premier point, il faut préciser que, « *affaires renvoyées* »

---

[25] NDJOCKE (H.C.), « *Juridiction administrative : une réforme inachevée* », *Juridis périodique*, n° 74, avril, mai, juin 2008, pp. 49-63 (spéc.,p. 51).

[26] *Ibid.*,p. 51.

[27] Il faut noter qu'à titre transitoire (avant que les TA ne commencent à fonctionner), les sections spécialisées de la Haute Chambre statuaient par jugement en premier ressort, et la formation des sections réunies en appel. En matière de sursis à exécution, ladite formation statuait sur les pourvois contre les ordonnances de sursis à exécution. Voir notamment l'article 119, loi n° 2006/022.

ici, renvoient probablement aux éventuels conflits de compétence entre sections spécialisées de l'Auguste Chambre, et aux affaires pendantes devant la défunte Assemblée plénière à la date du 29 décembre 2006. Sur le second, la loi n° 2006/016 prévoit que la Formation des sections réunies connaît des recours en révision des décisions contradictoires des différentes sections spécialisées dans les quatre cas suivants :

- lorsqu'il y a eu dol personnel ;

- lorsqu'il a été statué sur des pièces reconnues ou déclarées fausses pour rendre la décision ;

- lorsqu'une partie a succombé, faute de présenter une pièce décisive retenue par son adversaire ;

- lorsque la décision de déchéance est intervenue sans que le demandeur au pourvoi ait été mis en demeure, de se constituer un avocat, ou d'introduire une demande d'assistance judiciaire.

Il faut noter que le régime du recours en révision contre les décisions d'une section spécialisée de la Chambre administrative est différent de celui applicable traditionnellement en la matière. Classiquement, ledit recours est adressé au juge ou du moins à l'instance contentieuse qui a rendu la décision mise en cause. Or, les recours en révision contre les décisions des sections spécialisées de la Chambre administrative sont adressés à la Formation des sections réunies.

La Formation des chambres réunies de la Cour Suprême étant compétente pour connaître des procédures portant sur des questions de principe s'il y a risque de solutions divergentes entre les juges de fond, ou entre les chambres[28], il est à penser, nonobstant le silence de la loi sur la question que c'est la Formation des sections réunies de la Chambre administrative qui est compétente pour connaître de telles procédures lorsqu'il y aurait risque de solutions divergentes entre les sections spécialisées de cette dernière. À cet égard, la Formation des sections réunies a vocation à jouer un rôle central dans l'harmonisation de la jurisprudence administrative au Cameroun.

---

[28] Voir art. 41 al. 1, loi n° 2006/016.

Si le législateur du 29 décembre 2006 a modifié l'organisation de la justice administrative, il n'a pas délaissé la dimension processuelle de cette dernière.

B) Les innovations d'ordre processuel

Elles tiennent à la précision de l'autorité à adresser le recours gracieux préalable, à la résurgence du recours en cassation et à divers mécanismes nouveaux concernant les questions préjudicielles.

1) La précision de l'identité de l'autorité adressataire du recours gracieux préalable

Le recours gracieux préalable (RGP) est celui par lequel l'administré avant toute saisine du juge administratif, sollicite de l'autorité administrative compétente, soit l'annulation d'une décision faisant grief, soit la réparation du préjudice subi du fait de l'activité administrative. Cette procédure est d'ordre public et de ce fait en principe obligatoire avant toute saisine du juge administratif, sous peine de rejet[29].

S'il est vrai que la loi n° 2006/022 s'inscrit dans la même logique que l'ordonnance n° 72/06 en maintenant le recours gracieux préalable, elle y innove cependant, en précisant l'identité de l'autorité compétente pour recevoir ledit recours. Ainsi que le prévoit l'article 17 de la loi n° 2006/022 : « *le recours devant le tribunal administratif* n'est *recevable qu'après rejet d'un recours gracieux adressé à l'autorité auteur de l'acte attaqué ou à celle statutairement habilitée à représenter la collectivité publique ou l'établissement public en cause* ». Acte ici, ne doit pas être pris uniquement au sens juridique. Car au-delà du classicisme de l'écrit, l'acte administratif (unilatéral) peut être : verbal,[30] gestuel[31], mécanique[32] ou résulté du simple

---

[29] CS/CA, Jugement n° 12/ du 27 avril 1978, *Item Dieudonné.*

[30] CS/CA, Jugement n° 08 du 19 décembre 1975, *Tonkam Pierre* c/ État du Cameroun. Le juge administratif dans cette affaire affirme « *qu'il est de la jurisprudence constante qu'il peut exister des décisions exécutives en forme verbale* ». Dans le même ordre d'idées, voir CS/AP, arrêt n° 26/A du 27 juin 1996, *Onana Adolphe* c/ Communauté urbaine de Yaoundé. Le juge en l'espèce déclare : « *attendu qu'il est vrai que l'acte administratif n'est en principe soumis à aucun formalisme ; Que bien qu'il soit le plus souvent un écrit, il peut être oral ou résulté de simple geste* ».

[31] Cas de l'acte de régulation de la circulation en route par le policier.

[32] Cas des feux de signalisation routiers.

silence[33] affiché par l'Administration à l'expiration d'un certain délai à lui imparti par la loi pour répondre au recours de l'administré.

A priori, tout laisse croire que, dorénavant, les administrés n'éprouveront plus de difficulté à identifier l'autorité à adresser leur RGP, comme c'était le cas avant la réforme. Un auteur écrit à l'époque que : « *le recours gracieux préalable est demeuré un véritable casse-tête pour les particuliers, tant pour ce qui est de la détermination des délais, de la forme que de l'autorité destinataire* »[34], surtout lorsque l'administration mise en cause était rattachée à la Présidence de la République.

Cela dit, en prescrivant que le RGP soit adressé à l'autorité auteure de l'acte querellé, le législateur a pris en compte les cris humanistes et de détresse de la doctrine, qui se demandait notamment si « *la meilleure solution n'aurait-elle pas été d'adresser le recours gracieux à l'autorité qui a pris la décision contestée ou causé le dommage* ? »[35]. Le RGP est d'ordre public. De ce fait, son absence peut être soulevée d'office par le juge, ceci même en cassation.

2) La résurgence du recours en cassation, assortie de la reconnaissance à la Haute Chambre d'un pouvoir d'évocation[36]

En règle générale, ce dernier est un recours dirigé contre une décision juridictionnelle rendue en dernier ressort pour non-conformité au droit[37] et porté devant la juridiction suprême (d'un ordre juridictionnel donné).

---

[33] Voir jugement n° 83/CS/CA du 30 juin 1983, *Sikam Adolphe* c/ État du Cameroun. Dans cette affaire, le juge administratif déclare :« *Attendu (...) que l'acte administratif n'est pas seulement écrit, il peut même être implicite, que c'est ainsi que le silence gardé par l'administration pendant un certain délai à dater de la réception d'une demande ou d'une réclamation est considéré comme une décision de rejet, susceptible de faire l'objet d'un recours annulation* ».

[34]LIBOUYEMY (C.), « Le problème de la détermination de l'autorité habilitée à recevoir le recours gracieux préalable lorsque les collectivités et les établissements publics sont en cause », *Lex Lata*, n°14, mai 1995, p. 3.

[35] OWONA (J.), *Droit administratif spécial de la République du Cameroun,* Edicef, Série de Manuel et Travaux de l'Université de Yaoundé, 1985,p. 208.

[36] Pour des détails sur le régime de l'évocation au Cameroun, voir ESSOMBA ONAMBELE (R.S), *L'évocation en droit administratif processuel camerounais,* Les Ed. Le Kilimandjaro (EDLK), 2013, 217 p (spéc., p. 101-132).

Ainsi que le rappelle l'article 116 de la loi n° 2006/022 : « *la décision rendue en premier et dernier ressort par les tribunaux administratifs est susceptible de pourvoi (en cassation)* ». Cette disposition consacre le retour du recours en cassation supprimé par l'ordonnance n° 72/06. Seulement, le schéma procédural traditionnel instance-appel-cassation, n'est pas opérationnel en contentieux administratif camerounais. Pour le gros de ce contentieux, après le niveau d'instance, le recours en réformation ouvert c'est la cassation. L'appel demeure la voie d'achèvement de la procédure contentieuse administrative en matière de référé et du contentieux électoral.

Le droit administratif processuel camerounais consacre le recours en cassation, tantôt de façon explicite, tantôt de façon implicite. La consécration explicite découle de l'article 2 de la loi n° 2006/022 qui prévoit que les tribunaux administratifs connaissent en premier et dernier ressort de l'ensemble du contentieux administratif. L'appel ne pouvant être interjeté que contre les décisions rendues en premier ressort, la formule « *statuer en premier et dernier ressort* » exclut, en ce qui concerne les recours en réformation, toute possibilité d'appel, pour n'admettre que le recours en cassation. Quant à la consécration explicite, elle procède, outre l'article 116 de la loi n° 2006/022 susmentionnée, de l'article 104 (3) de loi n° 2006/016, qui dispose que : « *en cas de pourvoi en cassation* (à la Chambre administrative), *les règles applicables à l'audience et lors du prononcé de l'arrêt sont celles applicables devant la Chambre judiciaire* ».

---

[37]Aux termes de l'article 35 al. 1 de la loi n° 2006/016 du 29 décembre 2006 fixant l'organisation et le fonctionnement de la Cour Suprême : « *les cas d'ouverture du pourvoi sont :*

a) L'incompétence ;

b) La dénaturation des faits de la cause ou des pièces de la procédure ou l'insuffisance des motifs ;

c) Le défaut de contradiction ou l'insuffisance des motifs ;

d) Le vice de forme (…)

e) La violation de la loi ;

f) La non-réponse aux conclusions des parties ou aux réquisitions du ministère public ;

g) Le détournement de pouvoir ;

h) La violation d'un principe général de droit ;

i) *Le non-respect de la jurisprudence de la Cour suprême ayant statué en sections réunies d'une chambre ou en chambres réunies* ».

Dans l'architecture juridictionnelle administrative instituée le 29 décembre 2006, la Chambre administrative est juge de cassation. À cet égard, elle devient le régulateur du contentieux administratif, et *ipso facto* le garant de l'interprétation unificatrice du droit applicable en la matière au Cameroun.

Classiquement, l'instance contentieuse de cassation est uniquement juge de la légalité des décisions rendues par le juge du fond. Ainsi, saisie d'un recours en cassation, la Chambre susvisée ne devrait en principe s'activer qu'à vérifier la conformité au droit de la décision attaquée ; elle ne peut revenir sur l'ensemble des éléments de fait et de droit de l'affaire. Et comme l'a si bien rappelé Édouard LAFERRIÈRE, « *le juge de cassation n'est pas appelé à juger les procès, mais seulement à se prononcer sur la légalité des décisions qui les jugent* »[38]. Sous ce rapport, dans l'idéal des choses, la décision soumise à la Haute Chambre sera, soit annulée et renvoyée au tribunal administratif qui l'a rendue, s'il s'avère que la loi n'a pas été bien appliquée, soit confirmée si le juge administratif de fond a dûment appliqué le droit.

Toutefois, et c'est là l'une des innovations saisissantes de la réforme de 2006, « *en cas de cassation, la Chambre administrative dispose d'un pouvoir d'évocation lorsque l'affaire est en état d'être jugée au fond* »[39]. Savoir si une affaire est « *en état d'être jugé au fond* » relève du pouvoir d'appréciation souverain du juge de cassation. Le législateur n'a pas fixé les critères d'une telle affaire. Néanmoins, il est à penser qu'une affaire est en cet état lorsque par exemple le juge du fond a statué *infra petita* ou du moins en toute circonstance où le juge de cassation estime de la bonne justice de donner une solution définitive à l'affaire. Il est important de noter que seules les décisions rendues dans le contentieux principal et le contentieux accessoire (le sursis à exécution et le référé) peuvent donner lieu à évocation[40].

3) Les innovations concernant le sursis à exécution et le référé

Elles tiennent à l'assouplissement des conditions de leur introduction, à la procédure de reddition des ordonnances de sursis à exécution et de référé, et à l'institution des voies de réformation en la matière.

---

[38] LAFERRIÈRE (E.), *Traité de la juridiction administrative*, 2e éd., tome 2, p. 589.

[39] Art. 104 al. 4, loi n° 2006/016 du 29 décembre 2006 fixant l'organisation et le fonctionnement de la Cour Suprême.

[40] Voir ESSOMBA ONAMBELE (R.S), *op.cit.*, (*supra*, note n° 36), p. 45-47.

Sur le premier point, la loi n°2006/022 en son article 27 prévoit que : « *Dans les conditions d'urgence, le président du tribunal (administratif) où le juge qu'il délègue peut sur requête et si le demandeur justifie d'un recours gracieux, les parties convoquées et après les conclusions du ministère public, ordonner, en référé, toutes les mesures utiles sans préjudice au principal...* »[41]. Depuis le 29 décembre 2006, les demandes de sursis à exécution et de référé peuvent être introduites indépendamment du recours au fond, dès lors que le requérant justifie de l'introduction d'un recours gracieux. Il n'est plus exigé que lesdites demandes soient jointes aux demandes principales, comme c'était le cas avant 2006[42]. La possibilité d'introduire une demande de sursis à exécution dès lors que le requérant justifie de l'introduction du RGP, n'est pas expressément prévue par la loi. Elle se déduit de l'interprétation combinée des articles 18 al.1 et 30 al.4 de la loi sur les tribunaux administratifs. Sur le second point, il y a lieu d'indiquer que les ordonnances de référé et de sursis à exécution ne sont plus rendues après avis conforme du ministère public, mais après conclusions de ce dernier. Cette innovation justifiée par l'indépendance du siège à l'égard du parquet, est consécutive au passage de l'autorité au pouvoir judiciaire dans la Constitution du 18 janvier 1996 en son article 37. Sur le troisième point, il faut juste souligner que depuis 2006, les voies de réformation sont expressément prévues contre les ordonnances rendues en matière de sursis à exécution et de référé. Quid des innovations relatives aux procédures incidentes de légalité ?

4) **Des innovations remarquables en matière de questions préjudicielles**

Depuis le 29 décembre 2006, c'est la Chambre administrative qui est compétente pour constater de l'emprise et de la voie de fait. En outre, la loi n° 2006/022 a notablement innové en instituant une procédure de renvoi

[41] Le juge administratif statuant sur des actions en référé a des pouvoirs limités. Il se borne à prendre des mesures conservatoires dites utiles dans les conditions prévues par la loi en attendant l'aboutissement de l'instance au fond. Il ne peut donc trancher au fond.

[42] Toutefois, si soixante (60) jours après l'ordonnance accordant le sursis à exécution, le requérant n'a pas encore introduit le recours au fond, l'ordonnance susvisée devient caduque. L'administration doit alors demander au juge administratif de prendre une ordonnance constatant la caducité en question. Le législateur a prévu cette caducité pour éviter que des décisions provisoires ne deviennent des décisions définitives de fait.

préjudiciel entre la juridiction administrative d'instance (le Tribunal administratif) et la juridiction administrative supérieure (la Chambre administrative), en matière de questions incidentes d'appréciation ou d'interprétation de la légalité devant le TA.

Sur la constatation de l'emprise, l'article 38 de la loi n° 2006/016 dispose : « *La Chambre administrative est compétente pour connaître (...) des exceptions préjudicielles soulevées en matière de voie de fait et d'emprise devant les juridictions inférieures en matière de contentieux administratif* »[43]. Avant 2006, cette constatation relevait de la compétence de l'Assemblée plénière de la Haute Cour. Une fois l'emprise ou la voie de fait constatée par la Chambre administrative, le juge judiciaire intervient pour prononcer la réparation.

Relativement à la procédure de renvoi préjudiciel instituée dans les rapports entre le Tribunal administratif et la Chambre administrative, l'article 14 (2) de la loi n° 2006/022 dispose que, « *lorsque le tribunal administratif est confronté à une difficulté d'appréciation ou d'interprétation d'un acte réglementaire ou d'un acte législatif, il doit surseoir à statuer et déferrer la question à la Chambre administrative* ». L'avis que donne l'auguste Chambre à la suite de ladite question s'impose à l'ensemble des tribunaux administratifs. Il est donc clair que l'existence d'un tel mécanisme se justifie par le souci d'harmonisation de la jurisprudence administrative. La compétence de chaque Tribunal administratif pour statuer sur de telles questions aurait abouti à des solutions parfois divergentes, et sans doute préjudiciables à l'évolution du droit administratif national.

La constatation de l'emprise et de la voie de fait, l'interprétation et l'appréciation de la légalité des actes réglementaires et des actes législatifs constituent des questions préjudicielles devant le Tribunal administratif.

---

[43] L'emprise est la dépossession irrégulière d'un administré de son bien immeuble par l'administration. Le juge administratif établit l'existence de l'emprise si trois conditions sont réunies, à savoir : une mesure administrative grossièrement illégale, l'atteinte à la propriété immobilière et l'occupation effective (momentanée ou définitive) de l'immeuble dépossédé. Quant à la voie de fait, c'est le fait pour l'administration de porter atteinte à une liberté fondamentale où à la propriété mobilière par une mesure grossièrement illégale, et insusceptible d'être rattachée à l'exercice d'un pouvoir administratif. Qu'il s'agisse de l'emprise ou de la voie de fait, la mesure querellée doit avoir été prise en dehors de toute circonstance exceptionnelle.

Définissant la question préjudicielle, Raymond ODENT écrit qu'« *une question est dite préjudicielle lorsque sa solution doit précéder l'examen au fond, et lorsqu'elle doit être tranchée par une juridiction autre que celle compétente sur l'action principale* »[44]. Ainsi, elle oblige ce dernier à surseoir à statuer et à effectuer un renvoi préjudiciel au juge compétent. La décision prise par ce dernier influence la décision au fond que va rendre plus tard le juge de l'action principale. Cela dit, de l'interprétation combinée des articles 2 et 14 de la loi n° 2006/022, il ressort que la Chambre administrative est compétente pour connaître des recours en appréciation et en interprétation de la légalité lorsque c'est un acte réglementaire ou un acte législatif qui est mis en cause[45]. Quant aux tribunaux administratifs, ils sont aptes à connaître de tels recours si c'est un acte non réglementaire qui est concerné[46].

Si tant est vrai que l'apport de la réforme du 29 décembre 2006 est louable. Il n'en demeure pas moins que ladite réforme est perfectible sur certains points.

II- LES POINTS PERFECTIBLES DE LA RÉFORME

Aucune œuvre humaine n'est parfaite. Ainsi, si la réforme du 29 décembre 2006 fut sous-tendue par l'idée d'améliorer l'efficacité de la justice administrative camerounaise, force est de constater que son résultat est perfectible sur certains points d'ordre organique et extraorganique.

---

[44] ODENT (R.), *Cours de droit administratif*, 1961-1962, p. 498.

[45] Il convient de souligner que les lois de 2006 sur la justice administrative ne disent pas quelle est l'instance appelée à statuer au niveau de la Chambre administrative dans cette hypothèse. Il en est de même en ce qui concerne la constatation de l'emprise et de la voie de fait. Compte tenu du souci d'harmonisation de la jurisprudence, il est souhaitable que ces questions relèvent au niveau de la Chambre administrative de la compétence de la Formation des sections réunies. À défaut, les intégrer dans la juridiction présidentielle au niveau de la Haute Chambre.

[46] L'acte réglementaire est une décision de l'autorité administrative édictant une règle juridique à caractère général et impersonnel. Il ne vise pas un individu donné, mais plutôt une catégorie d'individus ou du moins une situation générale pouvant intéresser une catégorie d'individus. L'acte individuel vise une personne précise. Il peut aussi viser plusieurs personnes, mais non liées entre elles.

A- **Les points perfectibles sur le plan organique**

Les points perfectibles sur le plan organique sont : l'inféodation du parquet du Tribunal administratif à celui de la Cour d'appel et la persistance de l'éloignement du juge administratif d'appel.

1) **L'inféodation du parquet du Tribunal administratif à celui de la Cour d'Appel.**

L'existence du ministère public[47] auprès de la juridiction administrative est l'une des spécificités majeures de la procédure administrative contentieuse au Cameroun, comparée à celle en vigueur en France. À l'hexagone, les fonctions dévolues au ministère public en droit processuel administratif camerounais sont exercées par le Rapporteur public.

Ainsi que le prévoit la loi n° 2006/022 en son article 7 : « *le parquet près le tribunal administratif est le parquet général près la Cour d'appel du ressort du tribunal* ». Ainsi, le Procureur général devra superviser au niveau du parquet général près la Cour d'Appel, le traitement des dossiers relatifs au droit commun, au contentieux administratif et au contentieux des comptes. Car conformément à la loi n° 2006/017 en son article 10 al.1 : « *Le ministère public près le Tribunal régional des Comptes est exercé par le Procureur général* près la *Cour d`Appel* ». Quoi qu'on en dise, le Procureur général devra faire montre d'une polyvalence remarquable.

Cette existence de trois parquets en un seul se justifie certainement par des raisons d'économie des ressources et probablement par le principe de l'indivisibilité du parquet. Il faut toutefois souligner que si le parquet du tribunal administratif et celui de la Cour d'Appel sont organiquement unifiés, ils sont fonctionnellement séparés, compte tenu de l'existence depuis avril 2012, au niveau du Parquet général de chaque Cour d'appel des Attachés chargés du contentieux administratif. Ces derniers sont, sous l'autorité du Procureur général près la Cour d'appel, chargés de scruter les dossiers de fond du contentieux administratif, de sursis à exécution et de référé envoyés au parquet général, pour des conclusions.

---

[47] Avec les arrêts *Kresse et Martinie*, la Cour européenne des droits de l'Homme a sonné le glas du Commissaire du gouvernement qui est devenu le Rapporteur public. Ce dernier n'est pas représentant de la loi et de ce fait, il ne peut faire appel ni intenter un pourvoi au nom de la loi.

La persistance de l'éloignement du juge administratif (en appel) est l'autre point perfectible de la réforme du 29 décembre 2006.

2) **La persistance de l'éloignement du juge administratif d'appel.**

Si le 29 décembre 2006, la justice administrative en instance a été rapprochée des administrés, elle demeure éloignée de ceux-ci en appel. À en croire Henri Claude NDJOCKE, cet éloignement est d'abord géographique avant d'être psychologique[48]. En effet, aux termes de l'article 9 al. 2 de la loi n° 2006/016 : « *chaque section* (de la Chambre administrative*) connaît des appels et des pourvois en cassation relatifs aux matières qui relèvent de sa compétence* ». L'éloignement géographique de la juridiction administrative d'appel est lié à la centralisation de ce dernier ou du moins à l'incorporation organique de la Chambre administrative (juridiction administrative d'appel et de cassation) à la Cour Suprême. Cette incorporation organique qui constitue ce qu'on pourrait appeler le trois en un, illustre à suffisance la prégnance du monisme dans le système juridictionnel camerounais.

L'éloignement du juge administratif d'appel pourrait avoir comme conséquences néfastes dans l'avenir : le coût élevé de la procédure administrative contentieuse et la sous-exploitation de l'appel. Il est important de rappeler que l'appel est fait par déclaration au greffe du tribunal administratif qui a rendu la décision attaquée. Mais dans les quinze jours de la déclaration d'appel, le demandeur est tenu de déposer contre récépissé son mémoire au Greffe de la Chambre administrative. En raison des aléas du service postal, l'appelant résidant hors de la région du Centre devra effectuer des déplacements parfois coûteux à Yaoundé. Le coût élevé des procédures, induit par cet éloignement géographique est de nature à décourager bon nombre de justiciables financièrement limités, mais désirant interjeter appel contre les décisions des tribunaux administratifs. Le risque à long terme est d'avoir une justice administrative (d'appel) sans justiciables, et partant, une sous-exploitation de l'appel. Ce dernier risque d'apparaître comme étant réservé à deux villes à savoir Douala et Yaoundé[49].

Ceci étant, pour remédier à l'éloignement géographique du juge administratif d'appel, quatre (4) options s'offrent au législateur :

---

[48] NDJOCKE (H.C.), *op.cit.*, (*supra*, note n° 27), p. 58.

[49] *Ibid.*, p. 58.

- *primo*, instaurer des audiences foraines en appel, en matière de contentieux administratif ;

- *secundo*, créer des sections d'appel en matière de contentieux administratif au niveau de chaque Cour d'appel ordinaire ;

- *tercio*, créer dix (10) Cours administratives d'Appel, soit une Cour par région ;

- *quatro*, créer trois cours administratives d'appel. Ainsi, l'on subdivisera le territoire national en trois ressorts de cours administratives d'appel, en sorte qu'on aura : la Cour Administrative d'Appel du Grand Nord qui va territorialement couvrir les régions de l'Extrême-Nord, du Nord et de l'Adamaoua. La Cour Administrative d'Appel du Grand Sud dont le ressort territorial de compétence sera les régions du Centre, de l'Est et du Sud. Et, la Cour Administrative d'Appel du Littoral et du grand Ouest, à laquelle seront rattachées les régions du Littoral, du Sud-ouest, du Nord-ouest et de l'Ouest. Quid des points perfectibles d'ordre extraorganique ?

B) Les points perfectibles sur le plan extraorganique

Aux termes de l'article 3 de la loi n° 2006/022 « *Aucune juridiction ne peut connaître des actes de gouvernement* ». Le laconisme avec lequel le législateur du 29 décembre 2006 aborde l'acte de gouvernement est assez saisissant. L'on s'y penchera non sans analyser au préalable certains aspects procéduraux de la réforme, qui sont à parfaire.

1) Les aspects procéduraux perfectibles

Si l'on en croit G.J. FOUDA[50] : « *les premiers commentaires faits de la réforme de la justice administrative camerounaise soulignent en général le manque d'innovation en matière procédurale pour souligner le caractère inachevé de la réforme ou pour retenir le fait d'une stratégie de réforme* ». Sous ce rapport, la réforme est à réformer sur un certain nombre de ses aspects procéduraux tels : l'absence de reconnaissance au juge administratif du pouvoir de contraindre l'Administration en cas d'inexécution des décisions de justice administrative, et diverses omissions liées au recours gracieux.

---

[50] FOUDA (G.J.), « Principes, Institution et Procédure dans la réforme du contentieux administratif : La nouvelle législation sur l'organisation et le fonctionnement des juridictions administratives annonce-t-elle le printemps du contentieux administratif au Cameroun ? », *RASJ*, V.8, n° 2, 2011, p. 285.

a) **La persistance de l'impossibilité pour le juge administratif de contraindre l'administration**

Le législateur du 29 décembre 2006 n'a pas conféré au juge administratif le pouvoir de contraindre l'administration. Il est probable que le législateur susvisé se soit fondé sur le principe de la séparation des autorités administratives et judiciaires pour ne pas reconnaître au juge administratif un tel pouvoir à l'égard de l'administration. Or, en France, État où les « Sages »[51] ont reconnu à ce principe une valeur constitutionnelle[52], le juge administratif depuis 1995, a le pouvoir de prononcer des injonctions à l'égard de l'administration. Bien plus, la loi n° 80/589 du 16 juillet 1980 relative aux astreintes en matière administrative et à l'exécution des jugements en matière administrative par les personnes morales de droit public, offre la possibilité d'une astreinte de l'administration. L'article 121 du Code pénal [53] et la crainte d'un éventuel gouvernement des juges pourraient aussi expliquer le refus ou du moins l'hésitation du législateur à reconnaître au juge administratif, le pouvoir de contraindre l'administration.

L'inexécution des décisions de justice administrative par l'administration est de nature à remettre en cause l'État de droit et à effriter la légitimité fonctionnelle du juge administratif. Qui plus est, cette inexécution dépouille à la lutte juridictionnelle cette vertu d'apaiser les plaideurs que lui avait reconnue en son temps, le Doyen Maurice HAURIOU[54]. Elle affaiblit la portée du droit fondamental reconnu a tout citoyen de se faire rendre justice. La justice (administrative) serait inachevée si ses décisions ne sont pas exécutées. Elle pourrait aussi susciter chez l'administré le sentiment de l'inutilité de la justice administrative, pourtant si essentielle dans un État de droit.

---

[51] Appellation des membres du Conseil Constitutionnel en France.

[52] V. Conseil Constitutionnel, 23 janvier 1987, *Conseil de la concurrence.*

[53] Cet article dispose que : « *Est puni de la détention de 6 mois à 5 ans, le magistrat qui intime des ordres ou des défenses à des autorités exécutive ou administrative* ». Dans ce sens, voir CS/CA Jugement n° 92 du 30 juin 1983, *Onambele Joseph* c/ État du Cameroun.

[54] HAURIOU (M.), note sous C.E, 1er juillet 1910, *Employé et association du personnel de la marine*, Sirey, 1911, p. 98.

C'est pourquoi, aujourd'hui, il est souhaitable de conférer au juge administratif camerounais le pouvoir de prononcer des injonctions et des astreintes à l'égard de l'Administration. L'injonction est la condamnation de l'administration à une obligation de faire assortie de sanctions. Quant à l'astreinte, c'est la condamnation à payer une certaine somme d'argent par jour de retard dans l'exécution d'une décision de justice. Le pouvoir d'injonction du juge administratif à l'égard de l'administration ne doit pas être considéré comme une atteinte au principe de la séparation de la justice administrative de l'administration active. Car en prononçant des injonctions ou la condamnation des astreintes à l'égard de l'administration, le juge administratif ne fait pas œuvre d'administrateur ; il crée juste une obligation à la charge de l'administration. Que dire maintenant des omissions concernant le recours gracieux.

b) Les omissions concernant le recours gracieux préalable

La première omission concerne le silence du législateur sur l'identité de l'autorité à adresser le recours gracieux lorsque l'acte mis en cause émane d'un agent public n'ayant pas la qualité d'autorité administrative. En effet, aux termes de l'article 17 de la loi sur les tribunaux administratifs : « *Le recours devant le tribunal administratif n'est recevable qu'après rejet d'un recours gracieux adressé à l'autorité auteur de l'acte attaqué ou à celle statutairement habilitée à représenter la collectivité publique ou l'établissement public en cause* ».

Le législateur ne décline pas l'identité de la personne habilitée à recevoir le recours gracieux si l'acte mis en cause émane d'un agent public n'ayant pas la qualité d'autorité (un inspecteur de police en régulation de la circulation ou un simple collaborateur d'une autorité administrative, etc.). Il est possible qu'à l'avenir, la jurisprudence retienne sur la question la compétence de l'autorité administrative de rattachement directe.

La deuxième omission a trait au maintien du caractère obligatoire du recours gracieux préalable. L'exigence du recours préalable avant toute saisine du juge administratif est « *une constance dans la brève histoire de la procédure administrative contentieuse au Cameroun* »[55]. Dans l'affaire *Essiane*

---

[55] GUIMDO (B.R.), « Le droit d'accès à la justice administrative au Cameroun, contribution à l'étude d'un droit fondamental », *RASJ, 2007,* p. 186.

Aka'a Jules c/État du Cameroun, le juge administratif faisait opportunément observer « *qu'il résulte de l'article 12 de l'ordonnance du 26 août 1972 que le recours gracieux organisé et prévu par une disposition législative spéciale revêt un caractère obligatoire* »[56]. Dans un registre identique, l'article 17 de la loi n° 2006/022 dispose que : « *Le recours devant le tribunal administratif n'est recevable qu'après rejet d'un recours gracieux adressé à l'autorité auteur de l'acte attaqué ou à celle statutairement habilitée à représenter la collectivité ou l'établissement public en cause* ».

Le recours gracieux, sauf dans les matières bien déterminées[57], apparaît comme un prérequis obligatoire à l'accès au juge administratif[58]. Le caractère obligatoire du recours gracieux préalable constitue une atténuation de l'expression du droit au juge. Pour faciliter l'accès au juge administratif camerounais, il serait intéressant que le législateur national permette à l'administré de le saisir avant la réponse de l'Administration au recours gracieux. À cet effet, il pourrait s'inspirer de la jurisprudence administrative française qui a considérablement assoupli l'exigence du recours gracieux avant la saisine du juge administratif. En effet, il ressort d'une jurisprudence du Conseil d'État que « *quoi qu'une décision préalable ne soit pas jointe au recours contentieux* (...) *dès son introduction, celui-ci ne sera pour autant rejeté comme irrecevable dès lors qu'au cours de l'instance et donc avant que le juge ne se prononce, la décision nécessaire sera intervenue* »[59]. En pratique, cela permet au requérant de saisir le juge sans attendre la réponse de l'administration à son recours gracieux. De sorte que si l'autorité concernée émet une décision de rejet explicite, il lui suffira de la transmettre au juge administratif. Déjà même, si l'administration ne répond pas dans un délai de 4 mois, l'instance aboutira au même résultat (CE, 27 déc. 1911, *Pamart*). La jurisprudence administrative française admet même la possibilité de saisir le juge administratif alors que le recours gracieux n'est pas encore adressé à l'administration. Car le fait que le recours juridictionnel ait été formé avant que la demande correspondante ait été formulée auprès de l'administration n'empêche pas davantage ce type de régularisation *(CE,* 8 juillet 1970, *Sieur*

---

[56] CS/CA, Jugement n° 30 du 13 juillet 1978, *Essiane Aka'a Jules* c/ État du Cameroun.

[57] Comme le contentieux de la discipline budgétaire, de presse et électoral

[58] GUIMDO (B.R.), *op.cit.*, (*supra*, note n°56), p. 186.

[59] CE, 22 mai 1938, *Lambert.*

Andry). En outre, il résulte d'une jurisprudence avantageuse pour le requérant que lorsque l'administration défend au fond devant le juge administratif, elle purge par là même le vice résultant de l'absence de recours gracieux préalable dont l'évocation devient sans effet[60].

À défaut d'une réaction prompte du législateur, le juge administratif pourra donner le ton. En effet, à partir d'une interprétation combinée et constructive de la loi n° 2006/022, de la constitution et des conventions internationales relatives au droit d'accès au juge, il pourra élaborer une jurisprudence droit de "l'hommiste" déclarant recevables des recours contentieux avant l'expiration du délai imparti à l'administration pour répondre au recours gracieux. Ainsi, si la réponse de l'administration est défavorable, le requérant n'aura qu'à la transmettre au juge administratif. En revanche, si la réponse est favorable, il la transmet toujours au juge administratif qui va mettre fin à l'instance par une ordonnance constatant que le recours contentieux est devenu sans objet.

Il faut préciser que les différentes suggestions sus-énoncées s'inscrivent en droite ligne de la jurisprudence de la Cour européenne des droits de l'Homme (CEDH). D'après celle-ci, les obstacles de fait et de droit ne doivent pas entraver de manière excessive l'accès au juge[61]. Ce d'autant plus que l'accès au juge est un droit fondamental consacré par le préambule de la Constitution du 18 janvier 1996 qui affirme que « *la loi assure à tous les hommes le droit de se faire rendre justice* ». Sous ce rapport, devrait-on considérer le caractère obligatoire du RGP comme étant inconstitutionnel ? Et qu'en est-il de la notion d'acte de gouvernement ?

2) **La nécessité de détermination notionnelle : le cas de l'acte de gouvernement**

Ainsi que le rappelle l'article 3 de la loi n° 2006/022 : « *Aucune juridiction ne peut connaître des actes de gouvernement* ». Le laconisme avec lequel le législateur du 29 décembre 2006 a abordé la notion d'acte de gouvernement est de nature à favoriser une conception extensive de celle-ci, sur le terrain de la jurisprudence. Ce qui peut constituer une menace aux droits de l'Homme. Il aura été intéressant en 2006 que le législateur la

---

[60] CE, 22 Janvier. 1986, *Dormoy*, Dalloz, 1986, Sommaire, p. 464. Obs. Franck Moderne.

[61] CEDH, 9 oct. 1979, *Aireyc*/ Irlande, req. n° 6289/96.

définisse et en précise les contours. Cela aurait certainement renforcé l'État de droit et la sécurité juridique au Cameroun.

Cela dit, à défaut d'une précision législative du contenu de la notion d'acte de gouvernement, il incombera naturellement au juge administratif en pleine renaissance de le faire. Il devra, pour ce faire, consacrer une conception restrictive de la notion d'acte de gouvernement. Ceci, soit en la circonscrivant uniquement aux actes pris par l'exécutif dans ses rapports avec le Parlement et l'étranger, soit en fixant strictement le contenu de la notion de mobile politique au cas où il ne l'abandonne pas.

En outre, il serait souhaitable que le juge national (quel que soit l'ordre juridictionnel auquel il appartient), consacre la « *théorie de la détachabilité* ». À cet effet, il pourrait allègrement s'inspirer de son homologue français qui, sur la base de cette théorie, s'est reconnu compétent pour contrôler les dispositions d'un traité posant des questions de droit purement interne (*CE, 10 janvier 1988, ministre chargé du Plan et de l'Aménagement du Territoire c/Communauté urbaine de* Strasbourg). Dans le même sens, et en application de la « *théorie des actes préparatoires préalables* », le juge constitutionnel français se reconnaît compétent pour examiner la légalité des décrets convoquant les électeurs ou organisant les referenda nationaux. La consécration de ces deux théories par le juge administratif camerounais est susceptible de donner à ce dernier la possibilité de contrôler de façon minimum les actes de gouvernement. Ce qui va sans doute faire reculer des relais d'actes discrétionnaires et partant affermir l'État de droit.

En définitive, la loi se veut par essence dynamique. Les lois du 29 décembre 2006 sur la justice administrative peuvent être améliorées pour s'adapter de façon optimale aux exigences de l'État de droit. En améliorant à *l'avenir* lesdites lois, le législateur devra les mettre en cohérence avec certains textes : ceux relatifs au contentieux CNPS[62], les lois de 1990 sur les ordres

[62] L'article 20 de l'ordonnance n° 73-17 du 22 mai 1973 portant organisation de la prévoyance sociale modifiée par la loi n° 84-006 du 04 juillet 1984 en ses articles 15 et 16 : « *À l'exception des cas de mise en demeure adressés par l'Administration fiscale suite au défaut de déclaration, l'employeur peut, dans un délai de trente (30) jours, saisir le Comité de Recours Gracieux (...) pour examiner toute contestation concernant l'assujettissement, l'assiette, la liquidation et le recouvrement des cotisations sociales (...). Le Comité de Recours Gracieux dispose d'un délai de trente (30) jours pour rendre sa décision (...). Le silence gardé par le*

professionnels, etc. Chemin faisant, l'on devrait se garder à l'esprit que le législateur ne peut tout prévoir, sous peine de stériliser la fonction jurisprudentielle du juge administratif. Celui-ci, par sa fonction jurisprudentielle, pourra combler ses lacunes.

Comité du Recours Gracieux à l'expiration d'un délai de trente (30) jours (...) vaut rejet implicite de la requête de l'employeur... ». On le voit bien, les dispositions qui précèdent sont dans une situation de caducité par rapport à l'article 17 de la loi n° 2006/022, qui prévoit que le recours gracieux est adressé à l'auteur de l'acte querellé et, et que ce dernier a trois (3) mois pour y répondre.

LE RÉGIME PRÉVENTIF DES LIBERTÉS DE RÉUNION ET DE MANIFESTATION PUBLIQUES DU CAMEROUN À L'ÉPREUVE DES AUTRES

Agnès MAKOUGOUM[1]

Résumé : Les libertés de réunion et de manifestation publiques sont des droits essentiels dans les États modernes. Ces derniers les organisent de diverses manières. Au Cameroun, elles font l'objet d'un encadrement aussi bien préventif que répressif. Le régime préventif de ces libertés présente des spécificités qui rendent intéressante une comparaison avec ceux d'autres États. Par rapport à ces derniers, le régime préventif de ces libertés a une position variable. Tandis qu'au niveau de leurs conditions d'exercice, ce régime se rapproche davantage des régimes des États de droit, au niveau du contrôle de leur exercice, il se rapproche davantage des régimes des États de police.

Mots clés : Liberté de réunion, liberté de manifestation publique, déclaration préalable, autorisation préalable.

Abstract : The freedoms of assembly and public protest are essential rights in modern states. They organize them in various ways. In Cameroon, they are subject to supervision both preventive and repressive. The preventive regime of these freedoms has specificities that make interesting comparisons with others states. Compared to these, the preventive regime of these freedoms has a variable position. Whereas at theirs conditions of this scheme are closer regimes of law states, in the control of their exercise, it is similar regimes of police states.

Key words : Liberty of public meeting, liberty of public manifestation, preliminary act, preliminary dispensation.

---

[1] Docteur Ph.D en droit public, monitrice, chargée des travaux dirigés à l'Université de Yaoundé II-Soa, adresse e-mail : agneselsy2000@yahoo.fr.

INTRODUCTION

« *La liberté de réunion fait peur* »[2]. On ne peut en dire moins de la liberté de manifestation publique. Les libertés de réunion et de manifestation publiques sont, à l'instar d'autres libertés publiques[3], des libertés-résistance « *au service de l'individu contre l'État* »[4]. Ce sont encore et surtout, des libertés politiques par excellence. C'est principalement à elles que recourt le peuple pour rappeler à l'ordre ses représentants et « *agiter le spectre de la démocratie directe* »[5]. C'est ce qui fait dire à Marcel-René Tercinet que « *la manifestation est l'un des moyens privilégiés par les citoyens pour affirmer leurs croyances, pour défendre leurs intérêts, voire pour renverser un régime politique* »[6]. Ainsi, « *son développement en matière politique ou sociale traduirait le besoin ressenti par les citoyens de revenir à la démocratie directe* »[7]. Cette dangerosité va bien au-delà de la simple théorie. L'empirisme contribue à conforter cette idée. Les gouvernants ont par expérience toujours eu peur des libertés de réunion et de manifestation publiques. Il est aisé de comprendre pourquoi. Ces libertés ont été utilisées comme les instruments de la Révolution française de 1789. En effet, ces libertés ne sont guère consacrées sous ce qu'on a appelé en France, « *l'ancien régime* ». Théoriquement, il fallait une autorisation du Roi pour qu'elles s'exercent. Leur reconnaissance législative n'est nulle part consacrée. C'est par le système de « *club* »[8] qui en fait cachait de véritables réunions publiques que naissent les pensées de lumières, les pensées révolutionnaires qui vont avoir raison de la monarchie de la IIe République. Bien que la liberté de réunion publique soit en France consacrée par un décret du 14 décembre 1789 et par la Constitution de 1791, il faudra attendre les lois du 30 juin 1881 et du 28 mars 1907 pour que la « *monarchie de juillet* »[9] aménage enfin cette

---

[2] Lebretton G., « Liberté de réunion et de manifestation», *in* Chagnollaud D. et G. Drago (dir.) *Dictionnaire des droits fondamentaux*, Ed. Dalloz, Paris, 2006, p.656.

[3] Notamment, la liberté d'expression, la liberté d'association.

[4] Lebretton G., *op.cit.*, p. 656.

[5] *Ibid.*

[6] Tercinet R-M., « La liberté de manifestation en France », in *RDP*, Paris, 1979, p. 1009.

[7] *Ibid.*

[8] Les « Clubs » sont des banquets républicains où se rencontrent des esprits « éclairés » pour discuter des questions diverses. Mais en fait, il s'agissait des réunions publiques camouflées.

[9] Nom donné au Pouvoir de ce que les théoriciens appelleront plus tard la IIe République.

liberté. Les vainqueurs attendaient sans doute de consolider leur pouvoir avant de mettre à la disposition des citoyens les armes qu'ils avaient eux-mêmes utilisées.

En Afrique, les exemples abondent. Quelques-uns peuvent être convoqués. Les manifestations publiques ont largement contribué à attirer l'attention sur le régime de racisme anti-noir en Afrique du Sud[10] et à accélérer le processus de transformation de la société. Les manifestations publiques ont été l'instrument de ce que l'on a nommé « *le printemps arabe* »[11]. L'exercice de cette liberté a précipité la chute, notamment de Blaise Compaoré au Burkina Faso[12]. De manière traditionnelle, on associe la liberté de réunion et la liberté de manifestation publiques[13]. Si elles présentent de fortes ressemblances, notamment au regard de leurs fins et de leur régime juridique, il n'est pas possible de les assimiler.

Le législateur camerounais ne donne pas une définition de la réunion publique. Il se contente de relever qu'« *a un caractère public, toute réunion qui se tient dans un lieu public ouvert au public* ». Une réunion est un

---

[10] C'est ce qu'on a appelé « *les émeutes de Soweto* ». Il s'agissait en réalité d'une série de manifestations déclenchée le 16 juin 1976. Au départ, elles sont menées par des élèves noirs qui protestent contre l'introduction de l'« *Afrikaans* » comme langue d'enseignement dans les écoles noires alors que l'anglais était enseigné dans les autres écoles fréquentées par les Blancs de couleur.

[11] Cette révolution a débuté le 17 décembre 2010 et a conduit à la chute de Zine el-Abidine Ben Ali alors Président de la Tunisie et à celle de Hosni Moubarak en Égypte. Mais elle a malheureusement facilité l'instrumentalisation de certains Libyens présentés comme « *le peuple libyen* » pour justifier le renversement, puis l'assassinat de Mouammar Kadhafi. Dans ce dernier pays, les choses ont complètement tourné à la guerre civile, ce qui a obligé les représentations diplomatiques des pays occidentaux et d'ailleurs à abandonner leurs missions diplomatiques.

[12] Après plusieurs mois de négociations infructueuses entre, d'une part les partis d'opposition et la société civile et d'autre part les représentants du gouvernement à propos de la révision de la Constitution qui devait permettre à Blaise Compaoré de briguer un nouveau mandat après 27 ans au pouvoir, les parlementaires s'étaient réunis le 30 octobre en session ordinaire pour voter cette modification. Les populations vont organiser des manifestations au cours desquelles elles vont mettre à feu l'Assemblée nationale. Ces manifestations pousseront à terme le Président à prendre la fuite.

[13] Le législateur camerounais aménage ces deux libertés dans le même texte, la loi n° 90/055 du 19 décembre 1990 portant régime des réunions et de manifestations publiques et ne met pas une très grande singularité dans leurs régimes juridiques.

groupement momentané de personnes qui est organisé en vue d'entendre l'exposé d'idées ou d'opinions, ou de se concerter pour la défense d'intérêts communs. Par là, elle se distingue de trois notions qui lui sont voisines. Premièrement, elle se distingue par sa durée de l'association qui n'est pas momentanée, mais plus durable. Deuxièmement, elle se distingue par son organisation, des attroupements spontanés qui ne sont pas organisés. Troisièmement, elle se distingue par son objet des spectacles qui recherche plutôt la distraction du public. La liberté de réunion est donc le droit qui est reconnu à chaque individu de s'assembler avec autrui[14] de manière circonstancielle et non permanente, dont l'objet est la réception, la transmission ou le partage des idées ou des opinions. Si au Cameroun, le législateur spécifie la réunion publique qui serait distincte d'une autre qui serait privée[15], il n'indique pas les éléments de la distinction. En se référant par exemple à la France, on constate que le critère de distinction est la forme de l'invitation. On y considère depuis l'affaire Larcy[16] que, si l'invitation est générale et donc anonyme, il s'agit d'une réunion publique. Si par contre l'invitation est personnelle et nominative, il s'agit d'une réunion privée.

La spécificité de la manifestation publique par rapport à une autre, qui serait privée, est également à faire. Comme pour la réunion publique, le législateur camerounais ne définit pas les manifestations publiques. Il fait préalablement une énumération des manifestations qu'il complète avec une clause générale. L'article 6 de la loi n° 90/055 du 19 décembre 1990 portant régime des réunions et des manifestations publiques dispose que : « *Sont soumis à l'obligation de déclaration préalable tous les cortèges, défilés, marches et rassemblements de personnes et, d'une manière générale, toutes les manifestations sur la voie publique* ». On peut constater que la loi camerounaise de 1990 n'établit pas une distinction claire, premièrement entre les manifestations et les attroupements ; et secondement, entre ce qui est « *réunion publique* » de ce qui est « *manifestation publique* ».

---

[14] Lebretton G., « Liberté de réunion et de manifestation », *op.cit.*, p. 656.

[15] La loi n° 90/055 du 19 décembre 1990 dispose à ce propos qu'« a un caractère public, toute réunion qui se tient dans un lieu public ou ouvert au public ».

[16] Cass. Crim. 9 janvier 1863. Dans cette affaire, le juge conclut qu'une réunion publique peut se tenir dans un domicile privé. Dans une autre affaire intervenue récemment, le juge conclut à l'inverse qu'une réunion privée peut avoir lieu dans une salle communale (CE, ord. De référé, 19 août 2002, Front National).

Pour le premier point, il est établi que la manifestation publique diffère de l'attroupement qui constitue un rassemblement improvisé des personnes sans but commun et qui présente des risques de trouble à l'ordre public. Dans ce sens, il se caractérise par son improvisation et sa désorganisation. Pour le second point, le décret-loi du 29 janvier 1999 portant réglementation des manifestations et des réunions publiques au Congo indique dans son article 2 alinéa 2 que les réunions publiques sont « *des rassemblements sédentaires d'au moins 2 personnes ne comportant aucun mouvement continu de déplacement d'un lieu à l'autre* ». Si le même décret ne définit pas explicitement les manifestations publiques, il permet de conclure *a contrario* des réunions publiques, qu'elles sont des rassemblements en déplacement continu, comme les marches, les défilés, les cortèges, les cérémonies d'accueil, les processions politiques, culturelles ou religieuses. Les manifestations publiques peuvent donc être définies comme des « *rassemblements de personnes qui utilisent la voie publique pour exprimer une volonté collective* »[17]. Dans ce sens, elles peuvent être constitutives de grèves. Mais la grève n'est ni une réunion publique ni une manifestation publique. Ces dernières ne sont que des *moyens* que peuvent utiliser les grévistes pour se concerter ou exprimer une volonté collective[18]. Le droit de grève, tout comme les libertés de réunion et de manifestation publiques sont des droits que les États dits « *libéraux* » consacrent généralement dans leur Constitution. C'est le cas du Cameroun[19], de la France[20], de l'Italie[21], du

---

[17]Lebretton G., « Liberté de réunion et de manifestation », op. cit., p.656.

[18] C'est donc dire que si le droit de grève rencontre les libertés de réunion et de manifestations publiques, il ne s'y épuise pas et vice versa. La grève est la cessation de travail décidée en vue d'appuyer des revendications professionnelles. C'est un droit reconnu aux travailleurs dans les différents États, qu'il s'agisse de travailleurs du secteur privé ou de fonctionnaires.

[19] Le préambule de la loi constitutionnelle du 18 janvier 1996 souligne que : « la liberté de communication, la liberté d'expression, la liberté de presse, la liberté de réunion, la liberté d'association, la liberté syndicale et le droit de grève sont garantis dans les conditions fixées par la loi ».

[20] Le préambule de la Constitution française du 27 octobre 1946 consacre le droit de grève. Mais elle n'a pas consacré la liberté de réunion et de manifestation publiques. Seulement, le Conseil constitutionnel français a reconnu la valeur constitutionnelle de ces libertés. Dans l'affaire vidéosurveillance (CC, n° 94/352/DC, du 18 janv. 1995). Il consacre le droit « d'expression collective des idées et des opinions ».

Bénin[22], du Portugal[23]. En se situant dans l'approche du Doyen Favoreu, on peut alors conclure qu'il s'agit des droits fondamentaux. Ce qui signifie qu'il s'agit des droits qui font l'objet d'une protection renforcée, parce que traversant tout l'ordre juridique[24].

La consécration des libertés publiques ne suffit pas à rendre compte de leur protection. Keba Mbaye pense que pour connaître le niveau de protection d'un droit, on ne saurait se situer seulement au niveau de sa reconnaissance constitutionnelle ou internationale. Il est pour cela important de visiter son aménagement législatif[25]. Le régime des libertés publiques relève généralement dans les systèmes juridiques de la compétence du pouvoir législatif[26]. Pour le cas des libertés de réunion et de manifestation

---

[21] L'article 17 de la Constitution italienne du 1er janvier 1948 dispose que : « *Les citoyens ont le droit de se réunir pacifiquement et sans armes. Pour les réunions, même dans un lieu ouvert au public, il n'est pas exigé de préavis* ». L'article 21 dispose pour sa part que : « *Tout individu a le droit de manifester librement sa pensée par la parole, par l'écrit et par tout autre moyen de diffusion. La presse ne peut être soumise à autorisation ou censure* ».

[22] L'article 31 de la loi n° 90-32 du 11, décembre 1990 portant Constitution de la République du Bénin dispose que« *L'État reconnaît et garantit le droit de grève. Tout travailleur peut défendre, dans les conditions prévues par la loi, ses droits et ses intérêts, soit individuellement, soit collectivement ou par l'action syndicale. Le droit de grève s'exerce dans les conditions définies par la loi* ». L'article 23 dispose que « *Toute personne a droit à la liberté de pensée, de conscience, de religion, de culte, d'opinion et d'expression dans le respect de l'ordre public établi par la loi et les règlements. L'exercice du culte et l'expression des croyances s'effectuent dans le respect de la laïcité de l'État* ».

[23] L'article 45 de la Constitution portugaise du 02 avril 1976 dispose que : « 1- *Tous les citoyens ont le droit de se réunir, pacifiquement et sans armes, même dans les lieux ouverts au public, sans qu'aucune autorisation ne soit nécessaire. 2. Le droit de manifester est reconnu à tous les citoyens* ».

[24] La question des droits fondamentaux est une question fortement discutée en doctrine. Elle met principalement en opposition les doctrines jusnaturalistes et les doctrines positivistes. Dans les doctrines positivistes, ce n'est pas toujours que les auteurs s'accordent sur la consistance de cette catégorie. Le Doyen Favoreu résume les droits fondamentaux aux droits qui sont consacrés dans la Constitution tandis que Bruno Genevois et Robert Badinter estiment que la fondamentalité ne saurait s'épuiser dans un texte (Badinter R., Genevois B., « Normes de valeur constitutionnelle et degré de protection des droits fondamentaux », *RUDH*, 1990, Vol 2, n° 6-8, p. 258-268).

[25] Keba Mbaye, *Les droits de l'homme en Afrique*, 2e éd., Paris, Pedone, Paris, 2002, 386 p.

[26] Au Cameroun par exemple, l'article 26 de la Constitution confie le régime des libertés au pouvoir législatif.

publiques, une fois qu'elles sont consacrées, le législateur doit décider des dispositions relatives à leur exercice. Il doit faire des choix. Il peut choisir de soumettre ces libertés, soit au régime répressif, soit au régime préventif. Ce sont les deux formes d'aménagement de l'exercice des libertés publiques. Le régime répressif est plus libéral, contrairement à la première impression. Il est davantage prisé par les États libéraux parce qu'il laisse la liberté s'exprimer librement, « *quitte à sanctionner, après coup, les abus qu'elle pourrait commettre en s'exerçant* »[27]. C'est le cas par exemple en France pour la liberté de réunion publique dont l'exercice n'est soumis à aucune autre condition que l'information. C'est encore et surtout le cas des États-Unis d'Amérique où les libertés s'expriment sans condition préalable, quitte à ceux qui les exercent de répondre des conséquences qui pourraient en suivre.

C'est tout le contraire du régime préventif. Ce dernier fixe les règles préalables à l'exercice des libertés et permet ainsi d'anticiper sur la survenance d'une éventuelle atteinte à la paix. Il se présente donc, en comparaison avec le régime répressif, comme celui qui est le moins favorable aux libertés publiques[28]. Pour Pierre Paul Tchindji, lorsque le législateur veut restreindre la jouissance de la liberté du citoyen, il adopte le régime préventif[29]. Cette conclusion est lapidaire pour au moins deux raisons. Premièrement, la prévention ne signifie pas la négation. Opter pour un régime et non pas pour un autre dépend de la spécificité de chaque État. Le choix peut être guidé par des considérations d'ordre culturel, économique, sociopolitique... Secondement, le régime préventif permet d'anticiper sur la survenance des troubles à la paix sociale. Les contenir en amont permet d'éviter des réparations parfois imparfaites. En effet, certains droits peuvent être irrémédiablement violés. Le retour à la situation *ante* est parfois impossible.

---

[27] Tchindji P.P., « Le sort de la liberté dans la législation camerounaise sur la liberté de communication sociale », *Annales de la Faculté des Sciences Juridiques et Politiques de l'Université de Dschang*. Tome II, Presses Universitaires d'Afrique, 1998, p.80.

[28] C'est l'option du Cameroun relativement à la liberté de communication audiovisuelle.

[29] Tchindji P.P., *op.cit.*, p.80.

Il peut arriver que le législateur opte pour les deux régimes[30]. Mais en ce qu'il emporte d'importantes conséquences pour l'exercice des libertés de réunion et de manifestation publiques, le régime préventif offre un intérêt plus prononcé au Cameroun. Ainsi, comment se positionne le régime préventif des libertés de réunion et de manifestation publiques au Cameroun par rapport à celui de certains États ? L'étude du régime préventif des libertés de réunion et de manifestation publiques dans un ordre juridique ne permet pas de l'évaluer objectivement. L'étudier en comparaison avec d'autres permet d'y déceler les faiblesses, préalable à toutes entreprises de perfectionnement. Il est présomptueux de convoquer les régimes préventifs de tous les États du monde. Dans une perspective plus modeste, mais non moins globale – au regard de leur repérage géographique et de leur rattachement théorique – seront étudiés ceux d'un nombre déterminé d'États de l'Afrique subsaharienne, du Maghreb et de l'Europe. Une telle étude offre également l'avantage de classer le Cameroun dans l'une ou l'autre catégorie d'État protecteur ou non des libertés. Avoir recours à la méthode historique n'aurait pas été dénuée de pertinence. Elle aurait débouché sur la conclusion qu'avant 1990, année où va être revu le régime des principales libertés publiques, le Cameroun se rapprochait davantage des régimes autoritaires, mais qu'après 1990, cet État s'est plus rapproché des régimes d'États de droit[31]. Une telle approche, pour pertinente qu'elle soit, ferait abstraction d'un certain nombre de limites qui demeure dans le dispositif normatif et institutionnel camerounais relatif aux libertés de réunion et de manifestation publiques. Une appréhension du droit en vigueur paraît dans ce sens plus intéressante. Par rapport aux autres États, la position du Cameroun pour ce qui concerne le régime préventif des libertés de réunion et de manifestation publiques est changeante, variable. C'est-à-

[30] Un cadre de prévention des troubles à l'ordre public est aménagé de même qu'un cadre de répression des troubles éventuels qui pourraient survenir de l'exercice des libertés publiques.

[31] Voir Atangana Amougou J-L., *L'État et les libertés publiques au Cameroun : essai sur l'évolution des libertés publiques en droit camerounais*, Thèse de Doctorat en droit, Université Jean Moulin Lyon 3, Droit public, Vol. I, 1999, 342 p. ; Nguele Abada M., *État de droit et démocratisation : contribution à l'étude de l'évolution politique et constitutionnelle au Cameroun*, Thèse de Doctorat en Droit public Université de Paris I Panthéon – Sorbonne, 1994, Tome II, p. 352.

dire qu'elle oscille entre les États de droit et les États de police. Le Cameroun a une position changeante par rapport à certains États aussi bien pour ce qui concerne les conditions d'exercice (I) que pour ce qui est du contrôle de l'exercice des libertés de réunion et de manifestation publiques (II).

I- LA VARIATION DE LA POSITION DU CAMEROUN QUANT AUX CONDITIONS D'EXERCICE

Autoritaires avant 1990, les procédés pour l'obtention d'un droit à l'organisation d'une réunion ou d'une manifestation publique vont être plus souples après cette année. Lors de la célèbre « *cession des libertés* »[32], le législateur camerounais opère une mutation qui était d'ailleurs attendue[33]. Par ses choix, il rapproche le régime préventif camerounais des libertés de réunion et de manifestation publiques de celui des régimes des États de droit (A) et l'éloigne de celui des régimes des États de police (B).

[32] Il s'agit de la session parlementaire de décembre 1990 au cours de laquelle plusieurs lois relatives aux libertés publiques vont être revues pour en permettre une meilleure garantie. Il s'agit notamment de la loi n° 90/052 du 19 décembre 1990 relative à la liberté de communication sociale, de la loi n° 90/053 de la même date relative à la liberté d'association, la loi n° 90/46 abrogeant l'ordonnance n° 62/OF/18 du 12 mars 1962 portant répression de la subversion ; la loi n° 90/054 du 19 décembre 1990 relative au maintien de l'ordre. Voir pour détails Atangana Amougou J-L., *op.cit.* ; Donfack Sokeng L., « L'État de droit en Afrique », *Revue du CERDIF,* Vol. I, n° 2, juillet-décembre 2002, p. 87-125. ; Olinga A. D., « Vers une garantie constitutionnelle crédible des droits fondamentaux », Fondation Friedrich Ebert, *Association Africaine des Sciences Politiques*, 1996, p. 346.

[33] On assiste au plan international à la disparition du paradigme de l'autorité et à l'institution du paradigme libéral. La survie des régimes ne va plus être possible hors de ce « *nouvel ordre mondial* ». On assiste sur le plan factuel notamment à l'érosion du communisme. Après ces épisodes, les États d'Afrique qui trouvaient un soutien idéologique et parfois même, matériel dans ce communisme n'ont plus de front de repli. Ils sont économiquement faibles et politiquement instables. Ils ont besoin d'aide et de légitimité. Le FMI et la Banque Mondiale, pilotés par les forces porteuses de la nouvelle idéologie libérale sont disposés à voler à leur secours. L'aide est assortie de conditionnalités : il faut adhérer à l'idéologie libérale, construire la démocratie et l'État de droit, il faut se « développer par la démocratie ». Cette mutation va ainsi conforter les revendications nationales en faveur du pluralisme et une reconnaissance plus grande des libertés.

A- L'asymétrie avec les régimes des États de police

Les régimes de police se distinguent des États de droit. Il ne s'agit guère des États de non-droit, mais plutôt des États où le droit est instrumentalisé pour servir le pouvoir[34]. Les droits et les libertés n'y tiennent donc qu'une place congrue. S'ils sont consacrés, leur exercice reste utopique[35]. Pour s'assurer du contrôle des principales libertés-résistance telles que les libertés de réunion et de manifestation publiques, ces États les soumettent à la condition de l'autorisation administrative et ignorent les conditions plus libérales. Le Cameroun révoque les procédés autoritaires tels que l'autorisation préalable (1) et la déclaration-autorité (2).

1- La révocation d'un procédé autoritaire : L'autorisation

L'autorisation administrative est un acte de police administrative qui autorise une activité en fixant les conditions de leur exercice ou de réalisation tout en permettant à l'administration une surveillance. L'autorisation exige donc une action. C'est le procédé d'habilitation des libertés le plus autoritaire. Soumettre l'exercice des libertés publiques sous le régime de l'autorisation n'a absolument rien d'anormal, étant entendu que les libertés doivent toujours être conciliées avec les nécessités de l'ordre public. C'est pour cette raison que dans presque tous les systèmes juridiques, il est admis qu'en période de crise, les libertés publiques soient soumises à cette condition.

Dans certains cas, les libertés publiques peuvent purement et simplement être suspendues lorsque la paix publique est menacée. Mais elle devient pernicieuse lorsqu'elle est utilisée comme prétexte pour permettre au pouvoir de contrôler toutes les activités des citoyens. C'est l'option du Cameroun et même de plusieurs pays d'Afrique francophone après leurs indépendances. La consolidation de l'idéologie de la construction nationale imposait un contrôle sur toutes les activités libérales afin d'éviter la formation des groupes sécessionnistes. L'autorisation était alors le procédé de principe pour l'exercice des libertés publiques. Elle se classe dans la catégorie des moyens qu'utilisent les pouvoirs publics dans l'opérationnalisation de l'idéologie de la construction nationale pour sa

---

[34] Chevallier J. *L'État de droit*, 4e Ed. Paris, Montchrestien, 2003, p. 44.

[35] *Ibid.*

promotion[36]. Il s'agit généralement d'une procédure longue et dissuasive qui démotive ceux qui veulent s'y aventurer. Après les années 90, la plupart des États africains l'ont abandonné, pour ce qui concerne les libertés de réunion et de manifestation publiques. Le Cameroun en fait partie. Mais il reste pratiqué dans certains États qui ont gardé une ligne de gouvernance autoritaire.

Quelques exemples peuvent être pris en Afrique du Nord. En Algérie, la loi n° 89/28 du 31 décembre 1989 relative aux réunions et manifestations publiques, modifiée par la loi n° 91/19 du 2 décembre 1991, prévoit comme condition d'exercice de la liberté de réunion, la déclaration préalable[37]. Mais pour les manifestations publiques, cette loi pose la condition de l'autorisation administrative[38]. Une loi adoptée le 24 novembre en Égypte soumet toute manifestation publique à l'obligation d'obtenir une autorisation du ministère de l'Intérieur.

En Afrique noire, notamment au Congo-Kinshasa, la condition d'exercice de la liberté de manifestation sur la voie publique est l'autorisation préalable des autorités administratives[39]. Le législateur soumet les manifestations qui s'exercent sur le domaine public au régime de la déclaration préalable et celles qui s'exercent sur la voie publique à la condition de l'autorisation. Ce principe a une exception. Le décret-loi n° 196 du 29 janvier 1999 portant réglementation des manifestations et des réunions publiques prévoit que même pour les manifestations qui s'exercent sur le domaine public, l'autorité administrative peut demander qu'elle soit soumise à une autorisation. Dans ce cas, il ne revient pas aux organisateurs de celles-ci de la demander *motu proprio*, comme dans le cas de la déclaration. Il faut que l'autorité compétente soumette la manifestation en question à une autorisation préalable, soit à l'occasion de la déclaration

---

[36]Braud (P.), *La notion de libertés publiques en France*, *op.cit.*, p. 106.

[37] Article 5.

[38] Article 15 à 19. Par ailleurs, la Fédération internationale des droits de l'Homme note dans un rapport qu'il existe comme une interdiction tacite de manifester en Algérie après la forte répression des manifestants à la Kabylie en 2001.

[39] Décret-loi n° 196 du 29 janvier 1999 portant réglementation des manifestations et des réunions publiques en RDC.

préalable, soit dans un acte d'application du décret-loi connu du public[40]. Le décret-loi ne fixe pas les conditions qui doivent être réalisées pour exiger une autorisation préalable. Il ne définit pas non plus la forme de la déclaration préalable ou de l'autorisation préalable. C'est dans ce sens que certains ont pu conclure qu'on pourrait y trouver « *une délégation implicite à l'autorité d'application* »[41].

Contrairement donc à ces États, le Cameroun exclut le procédé de l'autorisation comme condition d'exercice des libertés de réunion et de manifestation publiques. Il exclut par ailleurs un autre procédé pernicieux qui se présente comme une déclaration préalable, mais qui en réalité est une autorisation voilée.

2- La révocation d'un procédé semi-autoritaire : la déclaration-autorisation

Si le concept n'est pas établi, il ne renvoie pas moins à une situation juridique bien réelle. La déclaration préalable est le procédé qui consiste pour les personnes désireuses d'exercer une liberté publique à informer l'administration de ce qu'elles feront. Elle s'analyse « *en une information des autorités publiques* »[42]. Mais la diversité de ses applications complique parfois sa catégorisation. La déclaration préalable offre tantôt le visage de l'autorité, tantôt le visage de la liberté totale. Dans ce sens, « *la déclaration préalable se situe quelque part entre le régime de la liberté totale – qui peut s'exercer sans que nul ne doive en être préalablement informé – et celui de l'autorisation pure et simple* »[43]. La déclaration cesse d'être une simple information de l'administration pour devenir plus autoritaire lorsque la loi ne pose pas la délivrance du récépissé comme obligation de l'administration et n'indique pas le délai au terme duquel le déclarant peut mener son activité libérale en cas de silence de l'administration. Dans cette hypothèse, l'administration

[40] Article 4 al. 2 et 5 al. 2 du Décret-loi n° 196 du 29 janvier 1999 portant réglementation des manifestations et des réunions publiques en RDC.

[41] Yatala Nsomwe Ntambwe C., « La liberté de manifestation et le régime d'information dans la Constitution congolaise, juin 2012, disponible sur le site www.droitcongolais.info, p. 2et 3.

[42] Nguele Abada M. *op.cit.*, p. 352.

[43] Martin P-M, « La déclaration préalable dans le régime des libertés publiques », *AJDA*, octobre 1975. p. 436.

garde un pouvoir d'acquiescement, donc d'autorisation. L'exercice de la liberté en cause est suspendu à la réponse de l'administration, positive ou négative. Cet acquiescement est perçu par une partie de la doctrine comme une sorte d'autorisation préalable de la part de l'administration. C'est dans ce sens que Dominique Breillat souligne que : « *si l'exercice du droit en cause est suspendu jusqu'à la réponse de l'autorité compétente, le régime se rapproche de l'autorisation préalable et la réponse peut être une interdiction* »[44]. Si après 1990, la liberté de la presse a été soumise à cette condition de déclaration-autorisation avant qu'elle ne soit révoquée quelques années après, en matière de réunion et de manifestation, sa révocation est restée constante depuis 1990. Ce procédé est généralement utilisé pour éviter de reconnaître une très grande liberté de réunion et de manifestation publiques. Il permet en effet à l'administration de garder un certain pouvoir de validation de l'exercice de ces libertés.

Au Maroc par exemple, la loi du 23 juillet 2002 modifiant et complétant le Dahir (décret-royal) du 15 novembre régissant le droit des rassemblements publics ne fait pas obligation de délivrer le récépissé ou l'accusé de réception. Le droit de réunion est alors conditionné par la présentation de l'une ou l'autre de ces pièces. Dans ce contexte, si les autorités ne souhaitent pas qu'une réunion ait lieu, elles peuvent simplement refuser soit la réception de la déclaration, soit la remise du récépissé soit encore refuser de signer l'accusé de réception qui constitue la seule pièce justificative de la légalité de la réunion.

Au Cameroun, en posant l'obligation de délivrer le récépissé, la loi n° 90/055 portant régime des réunions et des manifestations publiques révoque donc ce procédé semi-autoritaire qu'est la « *déclaration-autorisation* ». Ainsi, elle permet d'aligner définitivement le Cameroun dans la catégorie des États qui ont opté pour un allègement des conditions d'exercice de ces deux libertés fondamentales.

Si le Cameroun se démarque au niveau des conditions d'exercice des libertés de réunion et de manifestation publiques des États de police, par contre, il se rapproche des États de droit.

---

[44] Breillat D., *Libertés publiques et Droits de la personne humaine*, Paris, Gualino, 2004, p. 49.

B- La symétrie avec les régimes des États de droit

« *L'État de droit n'est pas l'État de n'importe quel droit* »[45]. La régénération des régimes totalitaires a conduit au « *dépassement d'une conception purement formelle de l'État de droit au profit d'une conception matérielle, substantielle qui privilégie la protection des droits fondamentaux par rapport aux risques d'arbitraire du pouvoir* »[46]. Il exige de la part des États, un régime plus respectueux des droits et des libertés publiques. Dans ce sens, les pays qui s'en revendiquent optent pour le régime de la déclaration ou de l'information pour les libertés de réunion et de manifestation publiques. Le Cameroun se rapproche de ces États. Il a non seulement opté pour le procédé de la déclaration préalable comme condition de l'exercice de ces libertés (1), mais aussi, il a institué une technique permissive de leur exercice qu'est le silence-acceptation (2).

1- L'adoption d'un procédé libéral : la déclaration préalable

Par l'option de la déclaration préalable dans son volet libéral présenté précédemment, le Cameroun se rapproche des États libéraux. Il est vrai que certains États vont plus loin en levant tous les obstacles préalables, quelles que soient leurs formes, à l'exercice de ces libertés. C'est le cas notamment de la France. La loi du 30 juin 1881 soumettait les réunions publiques à l'obligation de déclaration préalable. Seulement, la loi du 28 mars 1907 va abroger cette exigence. L'exercice de la liberté de réunion publique n'est donc, depuis cette date, soumise à aucune condition préalable[47].

Mais les États qui consacrent un régime de liberté totale assortissent leur arsenal normatif d'un régime répressif très accentué[48]. La déclaration

---

[45] Chevallier J., *L'État de droit*, *op.cit.*, p. 91.

[46] Boumakani B., « Démocratie, droits de l'Homme et État de droit », *AFSJP*, Dschang, Vol. 2, PUA, 1997, p. 6. ; voir également Nguele Abada M., *op.cit.*, p. 7. Corten O., « Rapport général, l'État de droit en droit international : quelle valeur juridique ajoutée ? », Ed. A. Pedone, 2008, p. 11.

[47] Trois obligations sont juste faites à leur propos. Premièrement, qu'elles n'aillent pas au-delà de 23 heures. Deuxièmement, chaque réunion doit avoir un bureau composé d'au moins trois personnes qui ont la charge de maintenir l'ordre. Troisièmement, ces réunions doivent accepter la présence « *éventuelle* » d'un fonctionnaire de l'ordre administratif ou judiciaire.

[48] C'est le cas des USA où la reconnaissance d'une marge importante de liberté est contrebalancée par des sanctions pénales très importantes qui vont jusqu'à la peine de mort.

préalable est le procédé qui consiste pour les personnes désireuses d'exercer une liberté publique à informer l'administration de ce qu'elles feront. Elle s'analyse « *en une information des autorités publiques* »[49]. La loi n° 90/055 du 19 décembre 1990 portant régime des réunions et des manifestations publiques pose la déclaration préalable comme condition de principe pour l'exercice de ces libertés. L'article 3 dispose que : « *les réunions publiques, quel qu'en soit l'objet, sont libres, toutefois, elles doivent faire l'objet d'une déclaration préalable* ». L'article 6 dispose pour sa part que : « *sont soumis à l'obligation de déclaration préalable tous les cortèges, défilés, marches et rassemblements de personnes et, d'une manière générale, toutes les manifestations sur la voie publique* ».

En matière de réunion publique, le législateur pose une exception en ce qui concerne les réunions sur la voie publique. Elles ne sont soumises à la condition de l'autorisation administrative que de manière spéciale. En principe, les réunions sur la voie publique sont toutes interdites. Pour les manifestations publiques sur la voie publique conformes aux traditions et usages locaux ou religieux, la loi de 1990 les rend complètement libres. Au Burkina Faso, pour l'exercice de ces deux libertés, les organisateurs n'ont besoin de faire qu'une simple déclaration préalable auprès des autorités administratives compétentes[50]. Il en est de même au Sénégal[51], en Pologne[52], en Finlande[53], en Lituanie[54], en Allemagne, en Estonie… L'exercice de la liberté de réunion, de même que celle des manifestations publiques, est soumis à la simple condition de la déclaration. La déclaration préalable simplifie donc l'exercice des libertés de réunion et de manifestation publiques au Cameroun surtout par l'introduction dans sa procédure d'une technique permissive qu'est le silence-acceptation.

---

[49] Nguele Abada M., *État de droit et démocratisation…op.cit.*, p. 352.

[50] Loi du 22/97/AN du 15 décembre 1997 portant liberté de réunion et de manifestation publiques.

[51] Lois n° 78/02 du 29 janvier 1978 et n° 74/13 du 24 juin 1974, respectivement relatives à la liberté de réunion et de manifestation. Tout Sénégalais qui désire organiser une manifestation publique est tenu d'en informer, soixante-douze heures à l'avance, l'autorité publique (le Préfet de la circonscription où doit se tenir la manifestation).

[52] Loi de 1990 sur les rassemblements.

[53] Loi de 1999 sur les rassemblements.

[54] Loi de 1997 sur les réunions, les processions et les piquets.

2- L'institution d'une technique permissive : le silence-acceptation

Le silence-acceptation est un concept doctrinal qui rend compte du caractère normatif du silence de l'administration. Il s'oppose dans ce sens au silence-refus[55] et traduit la validation d'un acte par l'administration dans le cas où elle n'a pas, dans des délais déterminés par le législateur, pris et publier un acte express. Le silence de l'administration, comme le soulignent les Professeurs Maurice Kamto et Bernard-Raymond Guimdo, peut être un « *silence normateur* »[56]. Il peut s'agir, soit du silence-acceptation, soit du silence-refus[57]. Pour ces auteurs, dans le régime de la déclaration, ce silence ne peut être considéré comme acceptation que dans la mesure où une demande écrite d'un usager a été adressée à l'administration, qu'il existe un délai précis où celui-ci doit donner une réponse[58]. Dans ce cas, « *le silence de l'administration vaudrait décision implicite d'autorisation sans que besoin soit de prendre un acte formel* »[59]. C'est pour cette raison qu'il est important que le régime de la déclaration soit assorti de délais déterminés. Au cas contraire, il s'agira d'un « *retour déguisé au régime de l'autorité* »[60].

En matière de réunion et de manifestation publiques au Cameroun, la loi prévoit qu'après le dépôt de l'acte de déclaration chez l'autorité administrative, un récépissé de dépôt est remis au déclarant. Pour ce qui est de la réunion publique, la déclaration est faite auprès du chef de district[61] ou du sous-préfet sur le territoire duquel la réunion est prévue, trois jours francs au moins avant sa tenue[62]. Passé ce délai, le déclarant considère le silence de l'autorité administrative comme un acquiescement. Pour ce qui est de la manifestation publique, la procédure est la même à l'exception des délais. Dans ce dernier cas, la déclaration est faite sept (7) jours avant la

---

[55] Guimdo B-R. et Kamto M., « Le silence de l'administration en droit administratif camerounais », *Lex lata,* n° 005 du 15 décembre 1994, p.12.

[56] *Ibid.*

[57] *Ibid.*

[58] *Ibid.*, p.13.

[59] *Ibid.*

[60] *Ibid.*

[61] Même si l'institution de Chef de district n'existe plus, la loi de 1990 le précise. Il revient globalement au sous-préfet d'assurer les missions qui lui sont attribuées par la loi.

[62] Article 4 alinéa 1 de la loi n° 90/055 du 19 décembre 1990 portant régime des réunions et des manifestations publiques.

manifestation[63]. L'autorité administrative peut la délocaliser ou l'interdire s'il existe des risques de trouble à l'ordre public. Si cet acte d'interdiction n'est pas notifié avant les sept jours, le silence de l'administration vaut acceptation. À l'issue des délais, l'administration ne peut plus prendre d'acte d'interdiction. Par cette option en matière de réunion et de manifestation publiques, le Cameroun se rapproche notamment du Sénégal[64].

Par ailleurs, la France offre un modèle assez intéressant dans le sens de la valeur du silence dans la protection des libertés. La loi du 12 novembre 2013 habilitant le Gouvernement à simplifier les relations entre l'administration et les citoyens pose le principe selon lequel le silence gardé par l'administration sur une demande vaut accord. La loi prévoyait que ce principe entrait en vigueur à partir du 12 novembre 2014[65].

C'est donc le principe du silence-acceptation de l'administration lorsqu'après des délais, elle n'a pas expressément exprimé son refus. En effet, on considère par principe que dans le cas où la loi n'a pas expressément donné un sens positif au silence de l'administration, le silence gardé signifie le refus. Le silence-acceptation est donc l'exception et le silence-refus le principe. Cette règle a donc été changée en France et l'inverse a été consacré. Par la reconnaissance du silence-acceptation dans certains domaines et donc notamment celui des libertés de réunion et de manifestation publiques.

Le Cameroun a donc mis en place, pour l'exercice des libertés de réunion et de manifestation publiques, des conditions qui se rapprochent davantage de celles des États de droit que de celles des États autoritaires. Il a donc une position ambivalente à l'égard de certains États. On peut en dire autant du contrôle de l'exercice de ces libertés. Seulement, la position est ambivalente dans le sens inverse.

---

[63] Article 7 alinéa 1 de la loi de 1990.

[64] Loi de 1978 sur la liberté de réunion et celle de 1974 sur la liberté de manifestation.

[65] Désormais, si un citoyen n'obtient pas de réponse de la part de l'administration dans un délai de deux mois, il peut considérer que cela vaut acceptation. Néanmoins, dans certains cas, le silence de l'administration continuera de valoir décision de rejet. On compte quelque 700 exceptions qui doivent être limitativement énumérées.

II- LA VARIATION DE LA POSITION DU CAMEROUN QUANT AU CONTRÔLE DE L'EXERCICE

L'exercice des libertés de réunion et de manifestation publiques est soumis à un contrôle administratif. Que cet exercice ne soit placé sous aucune condition, qu'il soit placé sous la simple condition de la déclaration, ou de celle, plus complexe de l'autorisation, l'administration conserve un pouvoir de contrôle. Ce pouvoir de contrôle irréductible trouve sa légitimité dans l'impérativité de la préservation de l'ordre public. L'ordre public recouvre trois choses. Il s'agit premièrement d'un état : c'est l'état de paix. Il s'agit deuxièmement d'une norme : celle qui octroie de larges pouvoirs à l'administration. Il s'agit enfin d'une valeur : celle de la permanence et même de la survie de l'État. L'ordre public est donc un impératif catégorique dans toute société des hommes. C'est pour cette raison que les autorités administratives de police gardent toujours un pouvoir d'intervention dans l'exercice des libertés publiques, et surtout celles de réunion et de manifestation publiques qui sont plus susceptibles d'enfreindre l'ordre. Elles peuvent, à ce propos, prendre des actes d'interdiction. Mais l'ordre public est surtout et avant tout un concept flou qui peut donner lieu à des interprétations et appréhensions les plus hétéroclites. Il revient donc au juge de contrôler ces mesures administratives limitatives des libertés. On constate donc que le contrôle qui est exercé au Cameroun sur les libertés de réunion et de manifestation publiques se rapproche des régimes autoritaires (A) que des régimes libéraux (B).

A- La symétrie avec les régimes autoritaires

L'analyse du contrôle de l'exercice de la liberté de réunion et de manifestation publiques au Cameroun permet de constater qu'il y a une certaine instabilité du motif des actes (1) qui les restreignent et une fébrilité dans leur contrôle juridictionnel (2).

1- L'instabilité du motif des actes de restriction de l'exercice

Sous d'émouvantes consécrations des libertés de réunion et de manifestation publiques se cachent en réalité dans plusieurs États de véritables régimes d'autorité. Cette autorité se manifeste principiellement dans l'indéterminabilité du motif que la loi indique comme légitimant la restriction de ces libertés : l'ordre public. On parle de notion changeante, redoutable entre les mains de l'administration[66]. Un auteur s'interroge : « *cette notion est-elle suffisamment interprétée pour recevoir une application indiscutable ?* »[67]

En France, comme au Cameroun, autant que dans bon nombre d'États, le législateur évite de définir cette notion. Devant cette réserve, on s'attendrait à ce que le juge, la bouche de la loi, qui est appelé à trancher des cas concrets s'en charge. Mais comme le constate fort opportunément un autre auteur, « *le législateur n'a posé qu'une règle générale régissant les mesures de police, c'est en réalité au juge qu'incombe la tâche de rendre la règle légale déterminant l'étendue du pouvoir de police* »[68]. Ainsi, « *L'ordre public ne recouvre pas une notion préexistante. C'est le juge qui doit trouver sa substance* »[69]. L'ordre public est une notion changeante, fuyante. Elle renvoie à une formule « *aux aspects multiples* »[70]. La notion présente tellement de contingences et de relativités qu'on se pose la question de savoir s'il est possible d'y « *rencontrer un peu d'universel et de permanent* »[71]. C'est une notion « *ouverte, prête à s'enrichir de tout imprévu des faits et du devenir* »[72]. Il semble alors qu'il soit de l'essence de cette notion de « *ne pouvoir être a priori et surtout de façon générale et abstraite, définie par son contenu* »[73]. Le danger est donc grand de laisser l'administration décider discrétionnairement de son contenu.

Au Cameroun, les autorités administratives de police disposent d'un large pouvoir discrétionnaire dans l'appréciation de l'ordre public. Sans presque

---

[66] Guimdo Dongmo B-R., *Le juge administratif camerounais et l'urgence. Recherches sur la place de l'urgence dans le contentieux administratif camerounais*, Thèse de doctorat d'État en droit public, Soa, 2004, p. 316.

[67] Aba'a Oyono J-C., « Note sur l'affaire Mama Biloa Sandrine contre Université de Ngaoundéré, CS/ CA ordonnance du 07 décembre 2000 », *Juridis périodique*, n° 51, 2002, p. 19-32.

[68] Guimdo Dongmo B-R, *op.cit.*, p. 492.

[69] *Ibid.*

[70] *Ibid.*, p. 2.

[71] *Ibid.*, p. 2.

[72] Vedel G., cité par, Bernard P., *La notion d'ordre public en droit administratif*, Thèse de doctorat en droit en faculté de droit et sciences économiques de l'Université de Montpellier, LGDJ, Paris, 1962, p. 247.

[73] Picard E., « L'influence du droit communautaire sur la notion d'ordre public », *AJDA*, 20 juin 1996, n° spécial, p. 64.

jamais indiquer ce qui est trouble à l'ordre public dans une réunion publique ou une manifestation publique, les autorités administratives de police prennent des décisions d'interdiction. Il arrive très souvent que les autorités administratives compliquent à suffisance le vocabulaire qu'elles emploient et se refusent à expliquer en toute clarté par des directives suffisamment précises et stables, le contenu exact qu'elles attachent à certaines expressions peu déterminées comme l'ordre public. Par exemple, dans une lettre du 14 juillet 2011, le sous-préfet de l'arrondissement de Yaoundé IV, Yampen Ousmane fait savoir au Révérend Pasteur Bell Jacop Prosper, modérateur de l'Église presbytérienne camerounaise, consistoire la Maritime à Mimboman qu'il ne peut réserver une suite favorable à sa déclaration portant sur l'installation d'un pasteur dans ce quartier « *au regard du risque potentiel de trouble à l'ordre public* »[74]. Dans le même temps, il demande de suspendre cette manifestation jusqu'à nouvel ordre. Cette décision représente en fait un principe inscrit dans la pratique : celui de l'hermétisme et de l'obscurité des décisions restreignant les libertés publiques au nom de l'ordre public. Il est rarement fait l'effort de clarification de ce qui en réalité représente un danger pour l'ordre public. Les éléments de l'acte ne permettent pas de comprendre ce qui, dans une installation de pasteur, représente un « *risque potentiel* » de trouble. On pourrait même faire l'observation selon laquelle il n'y a pas d'événement plus pacifique et paisible que l'installation dans une Église d'un « *homme de Dieu* ».

Le 27 septembre 2012, le sous-préfet de l'arrondissement de Yaoundé III prend une décision d'annulation d'un récépissé de déclaration d'une réunion publique déjà délivré pour la tenue de la Convention nationale du Mouvement pour la Renaissance du Cameroun aux motifs qu'il y a résiliation du contrat de location de la salle de réunion et menaces de trouble à l'ordre public. Aucune mention de ce qui pouvait être constitutif de trouble à l'ordre public n'est faite. Après la saisine du dossier par la presse, la même autorité va revenir sur son acte par une décision du 28 septembre 2012 sans expliquer pourquoi il estimait que la menace avait disparu.

---

[74] Lettre n° 03/L/J0604/SP du 14 juillet 2011.

L'instabilité du motif des actes de restriction de l'exercice des libertés se retrouve dans certains autres pays. Par exemple, en 2011 au Gabon, pendant la période électorale, entre le 24 novembre et le 10 décembre, l'opposition entreprend une Caravane pour aller à la rencontre des populations des neuf provinces du pays. À son arrivée dans le Moyen Ogooué le 24 novembre, à Lambaréné, le Chef-lieu de cette province, Monsieur Pascal Yama Lendoye, Gouverneur de la Province, prend un acte d'interdiction aux motifs d'absence d'autorisation, troubles à l'ordre public et à la sécurité. L'opposition ne tiendra pas son meeting à la Place de l'Indépendance qui est un espace public. Le même scénario va se produire dans la Province de la Ngounie le 25 novembre, dans la Province de la Nyanga le 26 novembre, dans le Haut-Ogooué le 28 novembre, dans la province de l'Ogooué Lolo le 1er décembre, dans la Province de l'Ogooué Ivindo le 2 décembre. La caravane va être confrontée à une présence massive des Forces de défense à l'entrée de la ville de Makokou qui, non seulement vont s'interposer pour interdire physiquement l'accès à la ville, mais donneront également à Makokou des allures d'une ville en État de siège. Il faudra l'intervention de l'Église pour que les Forces de Défense laissent l'opposition entrer dans la ville. La caravane connaîtra les mêmes interdictions dans la Province du Woleu Ntem le 3 décembre, à Bitam et à Oyem le 4 décembre, dans la Province de L'Ogooué Maritime le 7 décembre 2011.

En Égypte par exemple, une loi du 24 novembre 2013 confère au ministère de l'Intérieur le pouvoir d'interdire des manifestations pour des motifs comprenant les « *menaces pour la sécurité et la paix* », « *la sécurité ou l'ordre public* », et « *l'influence sur le cours de la justice* », ainsi que les retards causés dans la circulation ou les transports. Par ailleurs, cette loi reconnaît aux forces de défense, de larges pouvoirs dans la répression des manifestations publiques. Aucune précision n'est apportée sur le contenu de l'ordre public et la sécurité, laissant ainsi à l'administration, un important pouvoir discrétionnaire.

En Algérie, l'article 17 alinéa 5 de la loi sur les réunions précise que l'autorité administrative peut refuser l'autorisation par écrit, sans avoir à motiver son refus[75]. Par contre, en France on note une accentuation du

[75] Loi n° 91/19 du 02 décembre 1991 portant modification de la loi n° 89/28 du 31 décembre 1989, relative aux réunions et manifestations.

contrôle sur les actes de police administrative. En effet, dans ce pays, le juge administratif fait un contrôle accentué sur le motif de l'ordre public qu'utilisent les autorités administratives pour limiter l'exercice des libertés de réunion et de manifestation publiques. Le principe de la motivation des actes administratifs unilatéraux est posé, surtout en matière des libertés publiques[76]. La Cour européenne des droits de l'Homme a eu l'occasion de souligner que les motifs pouvant permettre de limiter la liberté de réunion devaient être « *pertinents et suffisants* »[77], un risque « *hypothétique de désordre public* »[78] ne constituant pas un motif légitime pour imposer des restrictions à la liberté de réunion pacifique.

En présence des concepts flous et fluctuants comme l'ordre public ou la sécurité, le rôle du juge devient essentiel. Il lui revient de contrôler l'usage qui en est fait par l'administration détentrice du pouvoir discrétionnaire. Seulement, le juge camerounais, comme certains de ses homologues, exerce un contrôle relativement fébrile sur les actes administratifs de police.

2- *La fébrilité du contrôle juridictionnel des motifs de restriction*

En cas d'interdiction d'une manifestation publique, la loi n° 90/055 portant régime des réunions et des manifestations publiques prévoit que l'organisateur peut, par simple requête, saisir le Président du Tribunal de grande instance compétent qui statue par ordonnance dans un délai de 8 jours à partir de sa saisine, les parties étant entendues en Chambres du Conseil. Cette ordonnance est susceptible de recours dans les conditions de droit commun[79]. Il s'agit d'un contentieux d'urgence spéciale qui permet au juge de statuer rapidement afin que l'exercice de la liberté de manifestation ne soit pas complètement entravé. Le juge judiciaire est donc naturellement dans son rôle de gardien des droits et des libertés. Il s'agit en fait d'une dérogation au principe général de la compétence du juge administratif pour ce qui concerne les litiges mettant en cause l'administration publique. Cette exception n'est pas prévue pour le contentieux des réunions publiques qui par principe relève de la compétence du juge administratif. Cela signifie que

[76] CE, 1933, arrêt Benjamin.

[77] Makhmoudov vs Russie (requête n° 35082/04, jugement du 26 juillet 2007, para.65.)

[78] Disk et Kesk vs Turquie (requête n° 38676/08, jugement du 27 novembre 2012).

[79] Article 9.

si un contentieux naît de l'interdiction d'une réunion publique, ce sont les procédures administratives ordinaires qui doivent être suivies.

Mais on note qu'au Cameroun, le juge administratif exerce un contrôle très fébrile sur les actes de police administrative. Tout d'abord, il consacre le principe de non-motivation des actes de l'administration. Ainsi, dans le cas où un texte ne le prévoit pas expressément, l'autorité administrative n'est pas obligée de dire pourquoi elle prend une mesure d'interdiction, c'est-à-dire de motiver son acte. C'est le principe posé dans l'Affaire Martel André où le juge décide que : « *Considérant que l'administration ne peut être astreinte à motiver ses décisions que dans les cas où un décret le prévoit formellement* »[80]. Le principe est le même jusqu'aujourd'hui[81].

Ensuite, il refuse de procéder au contrôle d'opportunité des actes des autorités administratives de police. Dans l'Affaire Nkongo Mayo, il décide que : « *Considérant qu'il n'appartient pas aux tribunaux administratifs d'apprécier l'opportunité de la sanction prise par l'autorité compétente ni son importance par rapport aux faits qui l'a provoqué* »[82]. Ainsi, il refuse de contrôler s'il y a eu ou non une erreur manifeste dans l'appréciation de la part des autorités administratives. Ce contrôle permet de vérifier s'il y a proportionnalité entre le risque de trouble et la mesure d'interdiction prise.

Enfin, et c'est une conséquence des précédentes, en refusant d'exercer un contrôle approfondi des actes des autorités administratives de police, le juge conforte l'action d'une administration qui n'est tenue par rien d'autre que par sa propre volonté. Une administration qui décide seule de la limite de son pouvoir. Que son action ne soit ni nécessaire ni proportionnée, il est le seul à en juger. Pourtant, il est une expérience éternelle que celui qui détient

---

80 Décision n° 59/CCA, Martel André C/ AT, 24 septembre 1951.

81 Voir dans ce sens : Arrêt n° 130/TE, Nguenyang Jean contre EC, 23 décembre 1960 ; Arrêt n° 24/CFJ/SCAY, Toko Daniel contre ECO, 30 avril 1968 ; Jugement n° 15/CS/CA, 97-98, Noucti Tchokwago contre EC, 22 juin 1996...etc.

82 Jugement n° 243/CCA du 10 juillet 1953. Voir dans le même sens, Jugement n° 565/CCA du 27 novembre 1953, Bouq Seke Calvin ; Jugement n° 263/CCA du 27 novembre 1953 Mikoma Albert ; Jugement n° 270/CCA du 27 novembre 1953, Ekong Yves Adolphe ; Jugement n° 294/CCA du 27 mars 1954 Mouchili Isaac ; Jugement n° 32/CCA du 11 août 1950 Thabene Hubert ; Jugement n° 251/CCA du 25 septembre 1953 Betolo Mvomo Martin Paul.

le pouvoir à tendance à en abuser[83]. En France un exemple, la motivation des actes administratifs unilatéraux est le principe et le juge procède au contrôle de l'erreur manifeste d'appréciation de même qu'à un contrôle de la proportionnalité. Dans l'affaire Benjamin[84], le Conseil d'État procède au contrôle de proportionnalité de la mesure d'interdiction d'une réunion littéraire. Il souligne qu'« *il résulte de l'instruction que l'éventualité de troubles, alléguée par le maire de Nevers, ne présentait pas un degré de gravité tel qu'il n'ait pu, sans interdire la conférence, maintenir l'ordre en édictant des mesures de police qu'il lui appartient de prendre* ».

Le Sénégal en offre également un bel exemple. Le juge administratif sénégalais a depuis longtemps emboité le pas de son homologue français dans le contrôle de proportionnalité. Dans plusieurs affaires, il a procédé au contrôle d'adéquation, de nécessité et d'équilibre[85]. Dans l'Affaire Senghane Ndiaye jugée par le Conseil d'État de 1995, le juge qualifie la sanction démesurée infligée à Monsieur Ndiaye d'erreur manifeste d'appréciation et l'annule. En effet, selon le juge « … *il résulte… de l'analyse des éléments du dossier, qu'au regard des faits retenus contre Senghane Ndiaye, la sanction qui lui a été infligée est disproportionnée, et qu'en procédant de la sorte l'Administration a commis une erreur manifeste d'appréciation* »[86].

Dans l'Affaire Salif Fall, le juge décide que la sanction infligée au requérant ne « *pouvait fonder sans erreur manifeste d'appréciation, une mesure de rétrogradation qui au regard de l'échelle des peines constitue une sanction sévère infligée à un agent qui, tout au long de sa carrière, a toujours donné motif de satisfaction à ses supérieurs* »[87]. Dans une jurisprudence plus récente, le Conseil d'État a jugé, à propos de la propriété foncière, « *qu'une vérification, même sommaire, de la valeur respective des titres (fonciers) invoqués aurait permis au représentant de l'État d'assurer le maintien de l'ordre en édifiant les*

---

[83] Montesquieu, *De l'esprit des lois,* Paris, Ed. Gallimard, 1995, disponible en résumé sur le site www.classiques.uqac.ca.

[84] CE, 1933, arrêt Benjamin.

[85] Voir P. M. Sy, « Le Conseil d'État sénégalais et le contrôle de l'erreur manifeste d'appréciation : commentaire de l'arrêt du Conseil d'État de la République du Sénégal du 27 octobre 1993 entre le Comité international de la Croix-Rouge et l'État du Sénégal », *Revue sénégalaise de droit pénal,* 1997-1998, p. 171.

[86] CE 30 septembre 1995, Senghane Ndiaye c/ État du Sénégal.

[87] CE 29 avril 1998, Salif Fall c/ État du Sénégal.

parties sur leurs droits sans avoir à prendre la décision attaquée qui s'avère inadaptée aux faits qui l'ont provoquée »[88]. Un tel contrôle permet dans ce sens, de rationaliser le domaine de l'ordre public et donc par ricochet, de laisser aux libertés publiques le moyen de s'exprimer plus librement.

Au Bénin, pour rationaliser la catégorie des autorités de police habilitées à limiter les libertés, le juge rappelle dans l'affaire Raphaël Akotegnon et trois autres prévenus pour trouble à l'ordre public en 2011 « *qu'il n'appartenait pas aux autorités militaires de le garantir, mais bien aux autorités civiles conformément à l'article 2 du décret présidentiel n°2005/377 du 23 juin 2005 qui réglemente le maintien de l'ordre public en République du Bénin* ».

Par la trop grande liberté laissée à l'administration, le Cameroun prend quelques distances avec certains États de droit.

B- L'asymétrie avec les régimes démocratiques

Par le contrôle qu'exerce le Cameroun sur les actes qui limitent l'exercice de la liberté de réunion et de manifestation publiques, il se distingue de certains États démocratiques par son absence de rationalisation des pouvoirs de police (1) et l'exclusion de certaines procédures contentieuses (2).

1- L'absence de rationalisation des pouvoirs de police

L'absence de rationalisation des pouvoirs de police signifie en réalité qu'il leur est laissé un important pouvoir discrétionnaire sur lequel un véritable contrôle n'est pas exercé. Le pouvoir discrétionnaire naît et existe à partir d'« *un certain état de la législation* »[89]. En effet, la source de la discrétionnalité c'est « *l'absence de détermination rigoureusement impérative, stricte, de l'action* »[90]. Cela signifie que, « *plus la réglementation est impérative, et moins il y a de place pour la discrétionnalité ; moins elle est impérative, et plus le degré de discrétionnalité est grand* »[91]. Si le pouvoir discrétionnaire est nécessaire pour éviter un certain « *automatisme administratif* »[92], des mesures sont généralement prises dans les États de droit pour éviter que ce pouvoir

[88] CE 25 juin 2000, Groupement Féminin Keur Séga c/ État du Sénégal.
[89] Eisenmann C., *Cours de droit administratif*, T. II, Paris, LGDJ, 1983, p. 296.
[90] *Ibid.*
[91] *Ibid.*
[92] De Laubadere A., *Traité de Droit administratif*, 6e éd., Paris, LGDJ, 1973, p. 216.

discrétionnaire ne se transforme en pouvoir « *arbitraire* »[93]. Bien que le juge administratif rappelle que le pouvoir discrétionnaire est différent du pouvoir arbitraire, on note au Cameroun une extension de ce pouvoir discrétionnaire des autorités administratives de police. Ainsi, en connaissant artificiellement de l'erreur de fait et de la qualification juridique des faits, en renonçant au contrôle de l'erreur manifeste d'appréciation et de proportionnalité, en maintenant le principe de la non-motivation des actes administratifs, le juge administratif participe de la réduction du champ du pouvoir lié de l'administration en ce sens que cette dernière n'a de limites que celles qu'elle s'impose à elle-même. Étant alors détentrice d'un large pouvoir qui échappe au contrôle du juge, l'administration devient dès lors le seul juge du fait.

La notion d'ordre public étant un standard[94], la qualification juridique du fait qui en est constitutif devient encore plus complexe. Jean Louis Bergel note dans ce sens que « *l'imprécision de ces concepts juridiques engendre donc une grande flexibilité des qualifications* »[95]. Dans ce sens, laisser la détermination des faits de trouble à l'ordre public, notion essentiellement souple entre les seules mains de l'administration, peut être dangereux pour les libertés de réunion et de manifestation publiques. Les autorités administratives de police sont donc juges de l'objet et du moment de la prise

---

[93] Le juge administratif camerounais a d'ailleurs à plusieurs reprises, rappelé la distinction entre le pouvoir discrétionnaire et le pouvoir arbitraire : Arrêt n° 40/CFJ/FCAY du 30 avril 1968 Baba Youssoufa C/État du Cameroun Oriental. Le juge souligne dans cette affaire que : « *Considérant en effet que le pouvoir discrétionnaire, différent de l'arbitraire …* ».

[94] Dans un premier sens, un standard est une *technique de formulation de la règle de droit qui a pour effet une certaine indétermination a priori de celle-ci.* C'est une technique, mais aussi une règle qui a pour fonction profonde, « *la normalisation, la rationalisation, la régulation de l'ensemble du système juridique* ». Le standard échappe dès lors à une définition conceptuelle. C'est donc, « *une notion fonctionnelle* », mieux encore une « *notion stratégique* ». Dans un second sens, un standard est « *un type de disposition indéterminée (….) dont le caractère normatif est l'objet de contestation et qui met en jeu certaines valeurs fondamentales de normalité, de moralité ou de rationalité* ». Lire sur la question, Mackaay E., « Les notions floues en droit ou l'économie de l'imprécision », *Langages*, 12e année, n° 53, 1979, p. 33. Rials S., *Le juge administratif français et la technique du standard, essai sur le traitement juridictionnel de l'idée de normativité*, Thèse publiée, LGDJ, Paris, 1980, 564 p.

[95] Bergel J. L., *Méthodes du droit, théorie générale du droit*, 2e éd., 1989, Dalloz, Paris, p. 287.

des actes de police. Lorsque le juge se refuse à vérifier l'exactitude de la qualification faite par l'autorité de police ou de contrôler la dénaturation des faits, c'est-à-dire, vérifier l'adéquation entre le fait et la définition juridique qu'en donne l'administration de police, il reconnaît implicitement l'exclusivité du pouvoir de qualification des faits par l'administration.

Le juge établit par là une véritable administration de police, juge du fait. Ce qui n'est pas le cas partout ailleurs. Par exemple, la Cour Européenne des Droits de l'Homme limite ce pouvoir discrétionnaire des autorités administratives de police. Ainsi, elle a eu à rappeler dans l'Affaire *Tatàr et Fàbes vs Hongrie* que le gouvernement hongrois avait tort quant au fait que deux individus ayant accroché du linge sale à l'extérieur du bâtiment du Parlement hongrois dans le cadre d'une action de protestation symbolique avaient participé à un rassemblement nécessitant une déclaration préalable[96].

Par ce large pouvoir reconnu indirectement aux autorités administratives de police, le juge administratif camerounais fait preuve d'imprudence, négligeant le fait « *qu'il est des situations de fait ostensibles qui font croire à des situations juridiques qui n'existent pas réellement* »[97]. C'est ce qui a pu donner naissance à la théorie de « *l'apparence* » devant le juge. Cette théorie pose en principe que « *la croyance erronée fondée sur la réalité visible peut l'emporter sur la vérité juridique* »[98]. C'est une situation que conforte encore mieux le refus du juge de contrôler l'appréciation que fait l'administration de police des faits.

2- L'exclusion de certaines procédures contentieuses

La question de l'exclusion de certaines procédures contentieuses ne se présente pas dans les mêmes termes pour la liberté de réunion publique comme pour la liberté de manifestation publique au Cameroun. En effet, la loi n 90/055 du 19 décembre 1990 portant régime des réunions et des manifestations publiques ne confond pas les deux. Le titre premier de cette loi organise la première liberté et le second titre organise la seconde. Le titre deux précise qu'une interdiction d'une manifestation publique peut faire l'objet d'un simple recours devant le Président du Tribunal de Grande

[96] Requêtes n° 26005/08 et 26160/08, jugement du 12 juin 2012.

[97] *Ibid.*, p. 298.

[98] *Ibid.*

Instance qui statue dans un délai de 8 jours. Mais aucune précision n'est faite pour ce qui concerne l'interdiction d'une réunion publique. Ce silence peut vouloir signifier deux choses. Soit la loi ne reconnaît pas à l'administration le droit d'interdire une réunion publique (compte tenu du fait qu'elle peut assurer la paix en déployant les forces de maintien de l'ordre sur place pour encadrer la manifestation), soit elle laisse son règlement au juge ordinaire des actes administratifs, à savoir le juge administratif. Au regard du développement de la jurisprudence, il semble bien qu'il faille privilégier cette dernière conclusion.

En effet, en 2014, le Président du Tribunal de Grande Instance de Yaoundé, saisi sur la base de l'article 8 de la loi de 1990, s'est déclaré incompétent pour connaître des actes d'interdiction des réunions publiques, renvoyant le plaignant devant le juge administratif, juge naturel des actes administratifs[99]. Il s'agit d'une décision curieuse. Quelques années plus tôt, ce dernier avait, sur la base de la loi de 1990, décliné sa compétence en arguant qu'« *attendu qu'il découle de la lecture combinée des textes suscités que c'est le juge de droit commun qui est compétent pour statuer sur les contestations résultant des décisions de l'autorité administrative en ce qui concerne les réunions ou manifestations publiques (…) ; attendu qu'il s'ensuit que le juge administratif est incompétent et que le recours de sieur Moubarak Mbombo Ibrahim encourt rejet* »[100]. Ce conflit négatif des compétences qui n'est pas autre chose qu'un déni de justice relativise fondamentalement l'exercice de la liberté de réunion publique au Cameroun.

Par ailleurs, si on part de l'hypothèse selon laquelle ce contentieux relève de la compétence du juge administratif, les choses sont toujours loin d'être simples pour cette liberté.

En effet, les procédures d'urgence accessoire sont interdites lorsque les actes administratifs de police sont en cause. Le contentieux de l'ordre public est essentiellement le contentieux des libertés publiques. Cette interdiction, si elle a été levée pour ce qui concerne le référé administratif[101] demeure

---

[99] TGI de Yaoundé, Jean Bosco Talla C/État du Cameroun, 2013.

[100] Jugement n° 94/2011/CA/CS du 23 mars 2011, Moubarak Ibrahim Mbombo c/État du Cameroun.

[101] L'article 27 de loi n° 2006/022 du 29 décembre 2006 fixant l'organisation et le fonctionnement des Tribunaux administratifs qui reprend l'article 122 de la loi n° 75/17 du

pour ce qui concerne le sursis à exécution[102]. Ce maintien a d'importantes conséquences. Les procédures et les délais ordinaires pour saisir le juge doivent être respectés. Il faut, comme le prévoit la loi de 2006, saisir l'administration d'un recours pour excès de pouvoir. En cas de silence, il faut attendre les délais légaux pour saisir le juge. Au regard de la nature de la liberté de réunion, il va sans dire que les droits auront été irrémédiablement violés. C'est conscient de l'urgence du contentieux des libertés publiques que le législateur a mis en place des procédures d'urgence définitive pour en permettre la résolution rapide afin de sauvegarder des droits qu'il serait difficile de garantir après l'écoulement d'un temps trop long.

Par principe, le contentieux des libertés publiques est un contentieux d'urgence. Indifféremment du juge désigné, il s'agit de statuer rapidement. L'expérience de la rapidité dans ce contentieux a encore été faite en 2014 dans l'Affaire Dieudonné Mbala Mbala[103]. Saisi en référé le 09 janvier 2014 à 14h, le Conseil d'État français va rendre sa décision le même jour à 18h, soit dans un délai de 4 heures[104] !

Le Cameroun offre donc un double visage par l'aménagement qu'elle fait du cadre préventif de la liberté de réunion et de manifestation publiques. Tandis que pour les conditions d'exercice de ces libertés, il se rapproche des États libéraux, pour le contrôle de l'exercice de ces libertés, il présente quelques traits communs avec certains États autoritaires. Mais il est essentiel de relever que cet État s'inscrit dans une logique progressive en ce qui concerne la protection des libertés publiques. Les changements brutaux ne sont pas toujours les plus opportuns. Ils ont besoin de s'ancrer dans la conscience populaire pour avoir des bases viables. En effet, si les

---

18 décembre 1975 fixant la procédure devant la Cour suprême statuant en matière administrative n'a pas reconduit l'interdiction.

[102] Articles 30 et 31 de la loi n° 2006/022 du 29 décembre 2006 fixant l'organisation et le fonctionnement des Tribunaux administratifs.

[103] CE, 09 janvier 2014 (recours n° 374508, Ministère de l'Intérieur).

[104] Il est vrai que cette rapidité qui représente en fait le record du Conseil d'État encourt et fait d'ailleurs l'objet, aussi bien de critiques que de sublimation. Voir notamment, Broyelle B., « Retour sur Dieudonné », *RFDA*, n° 3, 2014, p. 521-523 ; Auby J-B., « Benjamin et Dieudonné », *Droit administratif*, n° 2, février 2014, repère 2, 3 p. Le Chatelie G., « L'ordre public, une notion nécessairement évolutive. L'affaire Dieudonné », *AJ Collectivités Territoriales*, 2014, p.157.

transformations ne sont pas fatales, la stabilité est nécessaire[105]. Les avancées peuvent être saluées sans que les aspirations pour une amélioration puissent disparaître, car en reprenant Jean Rivero parlant du recours pour excès de pouvoir en France, il faut non pas chanter les louanges de cette avancée, mais plutôt lui en dénoncer les faiblesses pour l'inviter à se dépasser et à égaler « *ce grand dieu que l'on nomme le règne du droit* »[106].

---

105 Ripert G., *Les forces créatrices du droit*, Paris, LGDJ, 1955, p. VI.

106 Rivero J. « Le Huron au palais royal ou réflexions naïves sur le recours pour excès de pouvoir », *Pages de doctrines*, Paris, LGDJ, 1980, T. I, p. 334.

TENDANCES ACTUELLES DE L'ÉVALUATION DES MÉCANISMES UNIVERSELS DE PROTECTION DES DROITS DE L'HOMME POUR LES ÉTATS AFRICAINS

Martial JEUGUE DOUNGUE

Docteur en Droits de l'homme et droit humanitaire[1]

Secrétaire académique de l'APDHAC/UCAC[2]

Résumé

Une fois les conventions internationales relatives aux droits de l'Homme en vigueur, il est nécessaire de veiller à leur respect. Au sein du système des Nations Unies, certains mécanismes de protection ont été établis dans le cadre des différentes conceptions portées au sujet de la question des droits de l'Homme. Celle-ci s'est matérialisée par la création des mécanismes universels et le développement des systèmes régionaux de contrôle des droits de l'Homme. Ces derniers paraissent aujourd'hui plus efficaces parce qu'ils s'occupent d'un nombre restreint d'États. En revanche, il semblerait que les États africains soient plus réticents aux mécanismes conventionnels qu'aux mécanismes institutionnels des Nations Unies. L'efficacité de ces mécanismes n'est donc pas la même selon qu'ils sont actionnés par la voie institutionnelle ou la voie conventionnelle. En tout état de cause, ces organes concrétisent le contrôle par les mécanismes universels du respect des droits de l'Homme dans les États africains.

Mots clés : Droits de l'Homme, mécanismes de protection des droits de l'Homme, conventions internationales relatives aux droits de l'Homme, États africains, effectivité des droits de l'Homme.

---

[1] Les opinions émises dans cet article sont de la responsabilité exclusive de l'auteur et n'engagent en rien le Groupe de travail de la Commission africaine des droits de l'Homme et des peuples sur les droits économiques, sociaux et culturels en Afrique, dont l'auteur est Membre Expert.

(*) Association pour la promotion des droits de l'Homme en Afrique centrale (Université Catholique d'Afrique centrale). **Courriel.** martialjeugue@yahoo.fr

Abstract

Once international covenants on Human Rights are in force, it is necessary to ensure their compliance. In the United Nations system, many enforcement mechanisms have been established in the light of different features designed on the issue of Human Rights. This is evidenced by the creation of international instruments and the development of regional systems for Human Rights control in Europe, in America, and Africa. These regional systems consisting of few states seem to be more effective today because of their limited geographical framework. However, it would seem that African countries are more reluctant to conventional mechanisms than the institutional mechanisms of United Nations. The efficiency of these mechanisms is not the same as they are activated by institutional or conventional way. In any case, these organs enlight the control by universal mechanisms of the respect of Human Rights in African States.

Key words : Human Rights, mechanisms for Human Rights protection, international covenants related to Human Rights, African States, Human Rights effectiveness.

Introduction

L'adoption, dans le cadre des Nations Unies, de la Déclaration universelle des droits de l'Homme (DUDH) constitue la preuve que la question des droits de l'Homme est devenue une question internationalisée, puisqu'elle marque la fin d'une conception de la souveraineté qui prétendait se fonder sur son incompatibilité avec tout régime de protection internationale des droits de l'Homme. En matière de droits de l'Homme, les compétences du contrôle international jouent aujourd'hui un rôle essentiel, tant à l'échelle universelle qu'à l'échelle régionale et dans ce contexte, force est de reconnaître que c'est la notion même de souveraineté de l'État qui en a été ébranlée[3].

---

[3] Voir KAMARA M., « La promotion et la protection des droits fondamentaux dans le cadre de la Charte africaine des droits de l'Homme et des peuples et du Protocole facultatif additionnel de juin 1998 », *Revue trimestrielle des droits de l'Homme (Bruxelles)*, 2005, n° 63, p. 710.

Les conventions internationales en matière de droits de l'Homme signées et ratifiées par les États africains prévoient en général des systèmes plus ou moins perfectionnés de contrôle. Ces conventions internationales exigent très souvent qu'un cadre soit créé pour que les obligations qui en découlent, et auxquelles les États parties ont librement consenti, soient pleinement respectées. Des mécanismes de contrôle sont ainsi mis en place par les instruments qui les prévoient expressément. Toutefois, la protection internationale des droits de l'Homme est subsidiaire dans la mesure où les individus doivent d'abord tenter d'obtenir réparation des violations commises devant les autorités ou juridictions nationales. En vérité, le contentieux international serait sérieusement allégé si les juridictions nationales appliquaient effectivement les normes internationales relatives aux droits de l'Homme telles qu'elles sont objectivement interprétées par les organes internationaux de contrôle[4].

L'évaluation du contrôle du respect de ces normes est difficile, mais elle est nécessaire, car à l'évidence, elle contribue au renforcement de l'effectivité des conventions internationales relatives aux droits de l'Homme. Ainsi, on constate que si les droits et libertés ont été abondamment proclamés, et lorsque des structures de protection ont été mises en place, l'appréciation de leur contrôle n'est pas toujours à la mesure des attentes. C'est pourquoi la reconnaissance des droits de l'Homme déborde le cadre étatique et s'érige comme une valeur universelle à laquelle tous les États sont soumis. Ainsi, l'arrestation arbitraire d'un citoyen dans un endroit de la planète, les discriminations raciales perpétrées dans une région quelconque de la Terre interpellent avec la même vigueur les mécanismes universels de protection des droits de l'Homme[5].

En application de l'article 28 de la DUDH[6], il existe, en parallèle avec le système universel, des mécanismes régionaux de protection internationale

---

[4] Voir COHEN-JONATHAN G., « Conclusions générales : La protection des droits de l'Homme et l'évolution du droit international », dans *La protection des droits de l'Homme et l'évolution du droit international*, Colloque de la SFDI, Paris : Pédone, 1998, p. 313.

[5] Voir TAMA J-N., *Droit international et africain des droits de l'Homme*, Paris, L'Harmattan, 2012, 422 p.

[6] Au terme de cet article : « *Toute personne a droit à ce que règne, sur le plan social et sur le plan international, un ordre tel que les droits et libertés énoncés dans la présente Déclaration puissent y trouver plein effet* ».

des droits de l'Homme. Ces mécanismes ajoutent une richesse importante à la protection universelle en ce sens qu'ils le complètent[7]. Il a donc fallu créer au niveau international des organes susceptibles de concrétiser l'attention des mécanismes universels sur l'état des droits de l'Homme dans les États africains. Ces mécanismes sont constitués de deux types d'organismes : il s'agit de ceux créés par la Charte des Nations Unies d'une part, et ceux crées par les instruments internationaux des droits de l'Homme, d'autre part[8]. Les premiers sont mis en place, depuis la fin de la Seconde Guerre mondiale, à travers un impressionnant appareillage institutionnel (Conseil des droits de l'Homme, Cour Internationale de Justice, Haut-commissariat aux droits de l'Homme, rapporteurs spéciaux, etc.) pour surveiller et garantir l'effectivité des droits de l'Homme. Cette protection institutionnelle s'applique donc aux compétences en matière des droits de l'Homme des organes institués par la Charte des Nations Unies et aux institutions spécialisées. Les seconds sont des procédures conventionnelles qui concernent la surveillance des principales conventions internationales relatives aux droits de l'Homme par les comités internationaux établis dans le cadre des Nations Unies[9].

Bien que les États soient tenus d'exécuter de bonne foi et raisonnablement les décisions des organes internationaux de protection des droits de l'Homme dont ils ont officiellement reconnu la compétence en ratifiant les traités et conformément au grand principe coutumier « *Pacta sunt servanda* »[10], les constatations des organes de protection et de contrôle

[7] Voir TAVERNIER P., « L'ONU et l'affirmation de l'universalité des droits de l'Homme », *Revue trimestrielle des droits de l'Homme*, Bruxelles, Bruylant, n° 31, 1997, p. 383.

[8] Voir FALL I., « Les mécanismes de protection et de promotion des droits de l'Homme développés au sein du système des Nations Unies », *Revue de la Commission Africaine des Droits de l'Homme et des Peuples*, t. 4, 1994, n° 1-2, p. 11-19.

[9] Il s'agit notamment des comités suivants : Comité des droits de l'Homme (Pacte international relatif aux droits civils et politiques et protocoles facultatifs) ; Comité des droits économiques, sociaux et culturels (Pacte international relatif aux droits économiques, sociaux et culturels) ; Comité pour l'élimination de la discrimination à l'égard des femmes (Convention sur l'élimination de toutes les formes de discrimination à l'égard des femmes et son Protocole facultatif) ; Comité des droits de l'enfant (Convention internationale relative aux droits de l'enfant), etc.

[10] L'article 26 de la Convention de Vienne du 23 mai 1969 qui est entrée en vigueur le 27 janvier 1980 dispose que : « *Tout traité en vigueur lie les parties et doit être exécuté par eux de bonne foi* ».

des droits de l'homme ne jouissent pas en principe, au plan universel, d'une autorité contraignante. Au plan régional par contre, notamment européen, où la garantie est dominée par un mécanisme juridictionnel, les arrêts ont force obligatoire. Le caractère juridictionnel de ce dernier mécanisme de protection a, en effet, un impact positif sur la justiciabilité et l'effectivité des droits de l'Homme[11]. Quels seraient les facteurs qui empêchent l'effectivité des droits de l'Homme au niveau universel ? Plus exactement, comment évaluer l'efficacité des mécanismes universels de protection des droits de l'Homme dans les États africains ?

Les mécanismes établis par le système des Nations Unies et ceux consacrés par les Conventions sur les droits de l'Homme, qui cherchent, en résumé, l'effectivité requise pour une réelle protection de la personne quel que soit son statut, seront donc analysés dans une démarche spécifique au droit international des droits de l'Homme. Il s'agit, sur le plan méthodologique, d'une approche qui dépasse les considérations normatives pour s'interroger sur les pratiques, les obstacles et les perspectives d'évolution des mécanismes onusiens de sauvegarde des droits de l'Homme à l'égard d'États africains. Il semblerait d'ailleurs que ceux-ci sont plus réticents aux mécanismes conventionnels **(II)** qu'aux mécanismes institutionnels **(I)** des Nations Unies. L'efficacité de ces mécanismes n'est donc pas la même selon qu'ils sont actionnés par la voie institutionnelle ou la voie conventionnelle. C'est pourquoi, dans cette région du monde, il conviendrait de favoriser les mécanismes institutionnels pour assurer l'effectivité et la justiciabilité des droits de l'Homme.

I. L'attrait des États africains pour les mécanismes institutionnels de protection des droits de l'Homme

Au sein du système des Nations Unies en particulier, de l'ordre international actuel en général, la promotion des droits de l'Homme est effectuée, certes, par des structures diverses en fonction de leur mandat respectif[12] ; toutefois, trois grands pôles peuvent être mis en exergue, au

---

[11] Voir ALLAND D., « Droit international et droit interne », *in* ALLAND D. (dir.), *Droit international public*, coll. Droit fondamental, droit international et droit communautaire, Paris, PUF, 2000, p. 351-397.

[12] Fonds des Nations Unies pour l'enfance (UNICEF), Haut-commissariat pour les réfugiés (HCR), Organisation internationale du travail (OIT), Organisation des Nations Unies

regard de leur mandat en matière de droits de l'Homme dans les États africains : les organes institués par la Charte des Nations Unies, principaux (**A**) et subsidiaires (**B**) seront diversement appréciés. Quant aux institutions spécialisées (**C**), elles « *contribuent aujourd'hui à mettre en évidence la dynamique des droits de l'Homme qui correspond à un besoin social évident* »[13].

A. La garantie considérable des organes principaux

Le contrôle du respect des conventions internationales par les États africains est confié aux organes principaux des Nations Unies que sont : le Conseil de sécurité, l'Assemblée générale, le Conseil économique et social, le Secrétariat général et la Cour internationale de justice (CIJ). La garantie politique des droits de l'Homme (**1**), qu'il convient d'évaluer, est assurée par les quatre premiers organes principaux. La CIJ, quant à elle, est l'organe judiciaire principal des Nations Unies (article 92 de la Charte des Nations Unies). Elle est intervenue pour rappeler certaines obligations protectrices des droits de l'Homme[14] inscrites dans les conventions internationales relatives aux droits de l'Homme (**2**).

1. L'appréciation du contrôle politique

Un des plus graves problèmes que la communauté internationale, notamment les organes principaux des Nations Unies, doit encore toujours résoudre est celui des violations flagrantes et systématiques des droits de l'Homme[15].

En premier lieu, le Conseil de sécurité des Nations Unies[16] déploie de gros efforts dans le domaine des droits de l'Homme dans de nombreux cas :

---

pour l'éducation, la science et la culture (UNESCO), Organisation internationale pour les migrations (OIM), etc.

[13] COHEN-JONATHAN G., « Conclusions générales : La protection des droits de l'Homme et l'évolution du droit international », *op.cit.*, p. 312.

[14] Voir TCHIKAYA B., *Mémento de la jurisprudence - Droit international public*, Paris, Hachette, Les fondamentaux, 5e éd., 2007, 160 p.

[15] Voir KISS A., « La protection des droits de l'Homme et les techniques de mise en œuvre du droit international », *in La protection des droits de l'Homme et l'évolution du droit international*, Colloque de la SFDI, Paris : Pédone, 1998, p. 153.

[16] Voir VIRALLY M., *L'Organisation mondiale*, Paris, Armand Colin, 1972, p. 170. Voir aussi SUDRE F., *Droit européen et international des droits de l'Homme*, Paris, PUF, 2012, 944 p.

mettre en place des commissions d'enquête internationale en cas de violations graves des droits de l'Homme (exemple du Darfour) ; créer des juridictions pénales internationales *ad hoc* (Rwanda, Ex-Yougoslavie, etc.) ; décider des opérations de maintien de la paix avec des composantes « *droits de l'Homme* » pour non seulement restaurer la paix et la démocratie, mais aussi pour établir la justice et réprimer les violations des droits de l'Homme (par exemple, la MONUSCO[17] en RDC ; la MINUSMA[18] au Mali ; la MINUSCA[19] en République centrafricaine, etc.) ; saisir la Cour pénale internationale (CPI) en cas de crimes internationaux sur la base d'un pouvoir exorbitant que lui attribue le Statut de la CPI (exemple du Darfour, de la Côte d'Ivoire, de la République centrafricaine, du Kenya, etc.) ; adopter des sanctions contre les organisations ou les personnes qui commettent des crimes et des actes de violence contre les populations civiles dans les zones de conflit[20], etc.

En second lieu, l'Assemblée générale mène une action prolifique en faveur du développement du droit et des droits de l'Homme en particulier par l'adoption des résolutions et conventions internationales de droits de l'Homme. Dans ce domaine, en se fondant sur l'article 10, précisé à l'article 13 § 1 de la Charte des Nations Unies, l'Assemblée générale a accompli une œuvre considérable au cours des cinquante dernières années dans trois directions : en contribuant à développer le droit international des droits de l'Homme, en réalisant sa codification et en assurant la promotion

---

[17] Mission des Nations Unies pour la Stabilisation de la République Démocratique du Congo.

[18] La Mission multidimensionnelle intégrée des Nations Unies pour la stabilisation au Mali a été créée par la Résolution 2100 du Conseil de sécurité, du 25 avril 2013, pour appuyer le processus politique dans ce pays et effectuer un certain nombre de tâches d'ordre sécuritaire. Le Conseil de sécurité a demandé à la MINUSMA d'aider les autorités de transition maliennes à stabiliser le pays et à appliquer la feuille de route pour la transition.

[19] Le Conseil de sécurité a créé la Mission intégrée multidimensionnelle de stabilisation des Nations Unies en République centrafricaine (MINUSCA) par sa Résolution 2149 (2104) du 10 avril 2014 et a prié le Secrétaire général d'intégrer le BINUCA dans la nouvelle mission à la date de l'adoption de cette résolution. Elle a en outre prié le Secrétaire général d'assurer le passage sans heurt du BINUCA à la MINUSCA.

[20] ARZOUMANIAN N., PIZZUTELLI F., « Victimes et bourreaux : questions de responsabilité liée à la problématique des enfants-soldats en Afrique », *RICR*, vol. 85, 2003, n° 852, p. 827-856.

des droits de l'Homme dans le cadre de divers programmes et actions. Enfin, l'Assemblée générale complète utilement les fonctions prééminentes du Conseil de sécurité dans le domaine de la paix et de la sécurité internationales[21].

En troisième lieu, un large droit d'intervention devant les organes délibérants et la possibilité d'influencer leur ordre du jour sont reconnus au Secrétaire général des Nations Unies[22]. Ce dernier ou un représentant agissant en son nom peut présenter oralement ou par écrit des exposés sur toute question soumise à l'examen des organes des Nations Unies. En outre, il incite les États et collabore avec eux pour la recherche de solutions pacifiques. En matière des droits de l'Homme, le Haut-commissaire est placé sous son autorité. Il désigne de nombreux représentants et les missions sur le terrain. Avec la récurrence des conflits, le Conseil de sécurité et l'Assemblée générale lui confient de plus en plus de tâches additionnelles et vagues. Très souvent, ce dernier se voit investi de missions de médiation ou de bons offices qui tendent à suppléer l'inaction des organes normalement compétents. Enfin, l'article 62 § 1 de la Charte des Nations Unies est consacré à ce qui constitue le pouvoir essentiel du Conseil économique et social : provoquer des études et adresser des recommandations sur les questions économiques et sociales internationales, dont particulièrement les droits de l'Homme et les libertés fondamentales (§ 2)[23].

---

[21] Voir CHOUKRI MED A., *L'organisation mondiale entre la théorie et la réalité*, Damas, Dar Al Kikr, 1973, p. 190.

[22] Le Secrétariat général est dirigé par « *le plus haut fonctionnaire de l'Organisation des Nations Unies* ». Désigné comme tel à l'article 97 de la Charte des Nations Unies, le Secrétaire général de l'ONU fixe les règles générales que doivent appliquer les fonctionnaires des Nations Unies suivant la hiérarchie des pouvoirs.

[23] Le Conseil économique et social, en réaction à des situations aussi tragiques, avait adopté les résolutions 1235 (LII) du 6 juin 1967 et 1503 (LXVIII) du 27 mai 1970. La première autorisait la sous-commission de la lutte contre les mesures discriminatoires et de protection des minorités à examiner les renseignements concernant les violations flagrantes des droits de l'Homme et à présenter un rapport et des recommandations à ce sujet au Conseil économique et social (ECOSOC). De son côté, la Résolution 1503 autorise la même sous-commission à désigner un groupe de travail restreint afin d'examiner toutes les communications reçues par l'ONU « *qui semblent révéler l'existence de violations flagrantes et systématiques, dont on a des preuves dignes de foi, des droits de l'Homme* ». Voir « Le Conseil des droits de l'Homme enfin sur les rails », *Le Courrier*, 20 juin 2007.

Le travail réalisé par le Secrétariat général des Nations Unies en Afrique est relativement satisfaisant. Malgré les problèmes persistants, en moyenne, moins de personnes sont tuées et torturées de manière arbitraire par leur propre gouvernement, les conflits armés ont moins de chances de reprendre et lorsque la violence contre les civils éclate, ces crises tendent à être plus courtes et moins meurtrières. Des progrès institutionnels ont également été réalisés. Surtout, l'engagement du Secrétaire général à promouvoir la responsabilité de protéger a donné des résultats. Le nouveau Bureau du Conseiller spécial sur la prévention du génocide et la Responsabilité de protéger, approuvé par la Cinquième Commission de l'Assemblée générale à la fin de 2010, a déjà porté ses fruits en fournissant une alerte rapide et en exhortant les gouvernements à s'acquitter des responsabilités qui leur incombent. Le Bureau a également commencé à contribuer au renforcement des capacités régionales et nationales afin de détecter et de réduire les risques associés au génocide et aux atrocités massives (Rwanda, Côte d'Ivoire, Libye, Égypte, République centrafricaine, etc.)[24].

Les critiques à l'égard de l'action du Secrétariat général concernant les droits de l'Homme portent principalement sur son échec apparent à dénoncer les violations, en particulier en Égypte et au Soudan. Ces critiques vont à l'encontre des études universitaires récentes qui ont montré que le fait d'isoler les États était un moyen relativement inefficace de répondre aux problèmes chroniques en matière de droits de l'Homme. Il faut aussi noter que le Secrétaire général a fait part à maintes reprises de ses préoccupations au sujet des droits de l'Homme en République Démocratique du Congo et ailleurs. Le différend concerne plus la tactique que le contenu. Chaque cas individuel est différent, et ce qui peut marcher à un endroit peut échouer dans un autre. Parfois, le Secrétaire général a pris des risques politiques considérables pour protéger les droits de l'Homme, plus particulièrement dans le cas de la Côte d'Ivoire, au début de 2011[25].

---

[24] BELLAMY A., « Les droits de l'Homme et l'ONU - Progrès et défis », *Chronique ONU, Archives, Issues* 2011, p. 1.
[25] *Ibid*, p. 2.

Comme le montre la situation récente au Soudan[26], en Somalie et en Égypte[27], il s'avère difficile, dans le cas du Conseil de sécurité et de l'Assemblée générale, de construire un consensus sur des questions spécifiques liées à la protection des droits de l'Homme ou de prendre des mesures plus concrètes, notamment « d'établir une feuille de route pour les progrès à faire »[28]. Dans ce cadre, des mesures modestes pourraient être prises. La fourniture d'informations précises et en temps voulu est un moyen de réduire la politisation et de construire un consensus. Il serait également utile de renforcer la relation entre le Siège de l'ONU et les régions. Des bureaux comme la Commission économique et sociale pour l'Asie et le Pacifique et le Bureau des Nations Unies pour l'Afrique occidentale constituent un moyen utile d'établir un dialogue au niveau des responsables, d'assurer la formation et la coopération dans le domaine de la promotion et de la protection des droits de l'Homme en phase avec l'initiative « Unis dans l'action ». Ils offrent également une occasion d'établir des relations pour mieux répondre aux crises touchant les droits de l'Homme lorsqu'elles se présentent[29].

2. L'appréciation du contrôle juridictionnel

La CIJ dispose d'une compétence générale et universelle pour connaître des litiges entre États. Elle a de ce fait compétence pour statuer sur les problèmes soulevés par le respect des droits de l'Homme en temps de paix comme en cas de conflits armés. Par ailleurs, ses décisions sont définitives et obligatoires pour les parties et le Conseil de sécurité tient de l'article 94 de la Charte autorité pour en assurer l'exécution. C'est dire qu'à la compétence générale de la Cour s'ajoutent des possibilités de mise en œuvre inconnues d'autres juridictions[30]. En principe, la CIJ ne peut être saisie d'une affaire

---

[26] Voir Info Sud, « L'ONU relâche son contrôle sur le Darfour », *Tribune des droits humains*, 16 décembre 2007, http ://www.humanrights-geneva.info (consulté le 10 avril 2014)

[27] Et même en Syrie, au Myanmar, en Palestine, au Liban ou en Birmanie.

[28] Amnesty International, *Myanmar. Le Conseil de sécurité des Nations unies doit concentrer ses efforts sur une action concrète*, communiqué de presse, 11 octobre 2007.

[29] *Ibid*, p. 3.

[30] Voir GUILLAUME G., « La Cour internationale de justice et les droits de l'Homme », Conférence inaugurale au séminaire de Bali, 12-13 juillet 2001, *Revue électronique droits fondamentaux, juillet-décembre 2001*, n° 1, p. 23-29, p. 23.

que si les parties y consentent. Or, il est bien rare qu'un État accepte volontairement de voir contester son action dans le domaine des droits de l'Homme. Il est également rare qu'un État conteste devant le juge le comportement d'un autre État en pareil domaine. Il en résulte que la Cour n'a guère eu l'occasion de statuer sur de tels comportements dans le dispositif de ses jugements et de tenter de les redresser[31].

Toutefois, l'examen approfondi de la jurisprudence conduit à constater que, dans les motifs de ces mêmes jugements, la Cour a fréquemment été amenée à se prononcer sur le contenu et la portée des droits de l'Homme. Les motifs qu'elle a ainsi développés sont parfois le support nécessaire du dispositif, mais présentent aussi dans certains cas le caractère *d'obiter dicta*. Bien plus, c'est fréquemment à travers la procédure des avis consultatifs que la Cour a, notamment sur requête de l'Assemblée générale des Nations Unies, été appelée à préciser le droit en ces domaines[32]. C'est dire que, finalement, la jurisprudence de la Cour en la matière n'est pas négligeable[33]. C'est dire aussi que sa mise en œuvre a été autant une affaire d'autorité morale que d'exécution au sens strict du terme[34].

La CIJ a eu en premier lieu à se prononcer à plusieurs reprises sur le sens et la portée de la Convention des Nations Unies du 9 décembre 1948 pour la prévention et la répression du crime de génocide. Interrogée par

---

[31] Voir WELLENS K., « La Cour internationale de justice et les droits de l'Homme », Faculté de Nimègue, Poitiers, Colloque, *Les incidences des jurisprudences internationales sur les droits néerlandais et français notamment sur les droits de l'homme*, Paris, PUF, 1992, p. 41-82.

[32] GUILLAUME G., « La Cour internationale de justice et les droits de l'Homme », *op.cit.*, p. 23.

[33] Voir BEDJAOUI M., « La fabrication des décisions de la Cour internationale de justice », *dans La méthode de travail du juge international*, Bruxelles, Bruylant, 1997, p. 55-71.

[34] Dès l'entre-deux-guerres, la Cour permanente de Justice internationale avait eu à connaître des droits de l'Homme en s'interrogeant sur la question des droits des minorités. Voir CPJI, Avis consultatif du 10 septembre 1923, *Affaire* des *Colons allemands en Pologne ; Affaire* du *Traitement des nationaux polonais et des autres personnes d'origine ou de langue polonaise dans le territoire de Dantzig*, Avis consultatif du 4 février 1932 et *Affaire des Écoles minoritaires en Albanie*, Avis consultatif du 6 avril 1935. Voir AGO R., « Les avis consultatifs obligatoires de la Cour internationale de justice, problème d'hier et d'aujourd'hui », Mélanges VIRALLY M., *Le droit international au service de la paix, de la justice et du développement*, Paris, Pédone, 1991, p. 9-24.

l'Assemblée générale sur les conditions dans lesquelles il était possible de formuler des réserves à cette Convention, elle a souligné dans son avis du 28 mai 1951 : « *L'intention des Nations Unies de condamner et de réprimer le génocide comme un crime de droit des gens, impliquant le refus du droit à l'existence de groupes humains entiers, refus qui bouleverse la conscience humaine, inflige de grandes pertes à l'humanité et qui est contraire à la fois à la loi morale et à l'esprit et aux fins des Nations Unies* »[35]. Elle en a déduit que « *les principes qui sont à la base de la Convention sont des principes reconnus par les nations civilisées comme obligeant les États même en dehors de tout lien conventionnel* »[36].

La CIJ s'est par ailleurs, à plusieurs reprises, prononcée sur les *droits des peuples* pris en tant que tels. Les affaires de Namibie lui en donnèrent pour la première fois l'occasion. Dès 1950, la Cour proclama en effet que le mandat confié par la Société des Nations (SDN) à l'Afrique du Sud sur le Sud-ouest africain l'avait été dans l'intérêt des habitants du territoire et de l'humanité en général, comme une institution internationale à laquelle était assigné un but international : « *une mission sacrée de civilisation* »[37]. Puis, en 1971, elle constata que l'Afrique du Sud s'était engagée en Namibie « à observer et à respecter, dans un territoire ayant un statut international, les droits de l'Homme et les libertés fondamentales pour tous sans distinction de race ». Elle releva que la politique d'*apartheid* pratiquée par l'Afrique du Sud constituait « une violation flagrante des buts et des principes de la

---

[35] Réserves à la Convention pour la prévention et la répression du crime de génocide, avis consultatif, *CIJ Recueil 1951*, p. 23. Plus récemment, la Cour a eu pour la seconde fois à interpréter la Convention sur le génocide à l'occasion d'un recours dirigé par la Bosnie-Herzégovine contre la Yougoslavie. Saisie par le gouvernement de Sarajevo de deux demandes en indication de mesures conservatoires, la Cour a indiqué de telles mesures par ordonnances des 8 avril et 13 septembre 1993. Puis, par arrêt du 11 juillet 1996, elle s'est reconnue compétente pour statuer sur la requête de la Bosnie-Herzégovine. Voir Application de la Convention pour la prévention et la répression du crime de génocide, mesures conservatoires, *ordonnance du 8 avril 1993, CIJ Recueil 1993*, p. 3 et 325.

[36] *Ibid.*, p. 23.

[37] *Statut international du Sud-ouest africain*, avis consultatif du 11 juillet 1950, *CIJ Recueil 1950*, p. 131.

Charte » et en conclut à l'illégalité de la présence de l'Afrique du Sud en Namibie[38].

C'est plus fréquemment encore que la CIJ a été amenée à prendre parti dans le domaine du droit humanitaire. Pour la première fois, dans l'affaire du *détroit de Corfou*, la Cour a proclamé que les États pouvaient être tenus à certaines obligations non seulement en vertu des textes conventionnels, mais du fait de l'existence de « *certains principes généraux et bien reconnus, tels que des considérations élémentaires d'humanité, plus absolues encore en temps de paix qu'en temps de guerre* »[39]. Dans tous les cas ainsi évoqués, la Cour a pris parti sur diverses questions touchant aux droits de l'Homme qui lui étaient posées plus ou moins directement. Mais il est aussi des hypothèses dans lesquelles elle s'est prononcée alors qu'elle n'y était nullement invitée. L'exemple le plus caractéristique à cet égard a été fourni par l'affaire de la *Barcelona Traction*[40].

Cependant, la Cour est restée impuissante dans un grand nombre des conflits les plus dommageables qui ont bouleversé le monde depuis 1945, tandis que la démocratisation et les autres mutations d'une société internationale de plus en plus hétérogène accroissaient encore la méfiance de ses justiciables toujours plus jaloux de leur souveraineté que de l'autorité du droit international et des impératifs de prévention des conflits. Parce que les différends en cause étaient considérés comme politiquement sensibles, les États n'ont en général pas voulu et parfois pas pu saisir la CIJ ; lorsque cela a pourtant été le cas, l'organe judiciaire des Nations Unies n'a souvent pas pu ou pas voulu trancher au fond[41]. En effet, dans bon nombre de conflits

[38] Conséquences juridiques pour les États de la présence continue de l'Afrique du Sud en Namibie (Sud-ouest africain) nonobstant la résolution 276 (1970) du Conseil de sécurité, *avis consultatif*, *C.I.J. Recueil 1971*, p. 57.

[39] *Détroit de Corfou, fond, arrêt, CIJ Recueil 1949*, p. 21. Voir également l'avis rendu le 8 juillet 1996 par la CIJ sur la demande de l'Assemblée générale sur la *licéité de l'utilisation des armes nucléaires par un État* dans un conflit armé.

[40] Voir *Barcelona Traction, Light and Power, Limited, arrêt du 5 février 1970, CIJ Recueil 1970*, p. 32, § 33.

[41] La Cour a plusieurs fois évité de statuer au fond, comme dans les affaires des Essais nucléaires du Sud-ouest africain et même, dans une certaine mesure du Cameroun septentrional. *Arrêt du 18 juillet 1966, Éthiopie c/ Afrique du Sud et Liberia c/ Afrique du*

importants, il était difficile, voire impossible, de soumettre le problème juridique en cause à une décision obligatoire de la Cour, notamment en raison de difficultés liées à l'accession à la qualité d'État de l'une des parties au litige ou au fait que son statut international était contesté. Il en a été ainsi des guerres de libération nationale en Afrique, comme d'autres conflits ou différends dans lesquels un mouvement de libération nationale se trouvait impliqué, soit dans le cadre de la décolonisation stricto sensu, soit au Moyen-Orient ; de même ce type de litige n'a que rarement été soumis à la juridiction consultative[42].

Afin de conférer à la CIJ le rôle d'organe judiciaire principal des Nations Unies, il est nécessaire d'agir sur trois plans différents. Sur le plan politique, il serait, tout d'abord souhaitable de mener une véritable campagne en faveur de la Cour, dans le but de surmonter la réticence de certains États. Sur le plan technique, en second lieu, les chambres devraient être plus souvent utilisées pour remédier à la lenteur de la procédure. Enfin, sur le plan juridique, il faudrait, d'une part, étendre la juridiction obligatoire de la Cour à tous les États et, d'autre part, élargir les possibilités de saisine de la Cour que ce soit sur le plan contentieux ou sur le plan consultatif. L'action juridique sera la plus difficile à mener en ce qu'elle nécessite des amendements au statut de la Cour et/ou à la Charte des Nations Unies[43].

Au total, la jurisprudence de la CIJ comme celle de sa devancière, la Cour permanente de justice internationale (CPJI), a malgré tout contribué au progrès des droits de l'Homme au cours du XXIE siècle en Afrique (voir arrêt de la CIJ du 10 octobre 2002[44] dans *l'affaire de la frontière terrestre et*

Sud, CIJ Rec. 1966, p. 6, Arrêt du 2 décembre 1963, Cameroun c/ Royaume-Uni, CIJ, Rec. 1963, p. 15.

[42]*Avis du 11 juillet 1950, Rec. 1950 p. 128, Avis du 21 juin 1971, CIJ, Rec. 1971 p. 16, Avis du 16 octobre 1975, CIJ Rec. 1975 p. 12, Avis du 26 avril 1988, CIJ, Rec. 1988 p. 12.* Voir ROS N., « La Cour internationale de Justice comme instrument de la paix par le droit », *Études internationales,* vol. 25, n° 2, 1994, p. 276.

[43] Voir GOY R., *La Cour internationale de justice et les droits de l'Homme*, Bruxelles, Bruylant, 2002, 222 p.

[44] Le 14 août 2008, le Nigeria rétrocède totalement la presqu'île de Bakassi au Cameroun, mettant ainsi un terme à un conflit frontalier vieux d'une quinzaine d'années. Ce dénouement est considéré comme un modèle de résolution de conflit de la communauté internationale. Cette affaire de frontières terrestres et maritimes entre le Cameroun et le

maritime entre le Cameroun et le Nigéria). Cette contribution a cependant été le fait beaucoup plus de la motivation des avis et jugements rendus que de leur dispositif. Aussi leur mise en œuvre résulte-t-elle plus souvent de l'influence de ces décisions sur l'évolution du droit que de leur exécution au sens strict du terme[45].

B. La garantie perfectible des organes subsidiaires

Les organes subsidiaires sont les institutions des Nations Unies qui centralisent et exercent une responsabilité principale en matière des droits de l'Homme au regard de leurs attributions officielles. Il s'agit du Conseil des droits de l'Homme (1), qui en tant qu'organe politique majeur de la nouvelle configuration de la protection internationale des droits de l'Homme, « *entend introduire davantage de flexibilité et de fluidité en rendant la lecture de ses délibérations plus aisée* ». Par ailleurs, le HCDH a pour mission la protection et la promotion universelle des droits de l'Homme. Le HCDH exerce cette mission en se fondant sur la Charte des Nations Unies, la DUDH et les instruments des droits de l'Homme mis en place ultérieurement, ainsi que sur la Déclaration et le Programme d'action de Vienne de 1993 (2).

1. L'avènement du Conseil des droits de l'Homme

La création du Conseil des droits de l'Homme a été décidée par l'Assemblée générale des Nations Unies dans sa Résolution A/RES/60/251 du 15 mars 2006. Le Conseil a repris les responsabilités tenues depuis 1947 par la Commission des droits de l'Homme des Nations Unies[46] avec des

---

Nigeria restera finalement dans les annales de l'ONU comme un modèle de résolution de conflit territorial.

[45] Voir GUILLAUME G., « La Cour internationale de justice et les droits de l'Homme », Conférence inaugurale au Séminaire de Bali, 12-13 juillet 2001, *Revue électronique droits fondamentaux*, juillet-décembre 2001, n° 1, p. 28. CORTEN O., KLEIN P., « L'efficacité de la justice internationale au regard des fonctions manifestes et latentes du recours à la Cour internationale de justice », *Justice et juridictions internationales*, Paris, Pédone, 2000, p. 33-71.

[46] Voir SCANELLA P., SPLINTER P., « The United Nations Human Rights Council : A promise to be Fulfilled », *Human Rights Law Review*, vol. 7, n° 1, 2007, p. 41-72. GHANEA N., « From UN Commission on Human Rights to UN Human Rights Council : One step forwards or Two Steps sideways ? », *International and comparative Law Quarterly*, vol. 55, n° 3, 2006, p. 695-705, BOSSUYT M., « The new Human Rights

modifications significatives dans son mode d'élection et dans son fonctionnement[47].

Beaucoup se sont accordés pour trouver en cette création une ère nouvelle dans le renforcement de la protection internationale des droits de l'Homme[48]. On a affirmé à juste titre à ce sujet qu'« *au climat d'affrontement et de méfiance qui a marqué les dernières années d'existence de la Commission, devra faire place un climat de coopération et d'engagement, dont la source soit une direction réfléchie, laquelle ne pourra émaner du seul Président et devra, au contraire, être collective* »[49]. On avait trop souvent critiqué la Commission des droits de l'Homme pour ses décisions sélectives et sa nature politique, l'accent sera désormais mis avec l'avènement du Conseil sur les considérations juridiques plutôt que politiques[50]. La création du Conseil des droits de l'Homme renforcerait les autres éléments du système des Nations Unies dans la défense des droits de l'Homme[51]. L'évaluation du bilan des premières années d'existence du Conseil des droits de l'Homme en Afrique dépend avant tout de la cohérence et des nouvelles potentialités offertes par sa nouvelle charpente institutionnelle. Cette dernière repose en particulier sur le nouveau mécanisme d'Examen périodique universel (EPU) et sur le Comité d'experts qui succède à la sous-commission des droits de l'Homme, ainsi que sur la transposition des instruments qui ont fait leurs preuves dans l'ancienne Commission.

Council : A first Appraisal », *Netherlands Quarterly of Human Rights*, 2007, vol. 4, n° 24, p. 551-556. HAMPSON F., « An Overview of the reform of the UN Human Rights Machinery », *Human Rights Law Review*, vol. 7, n° 1, 2007, p. 7-27.

[47] CALLEJON C., *La réforme de la Commission des droits de l'Homme des Nations Unies*, Paris, Pédone, 2008, 427 p.

[48] DECAUX E., BOSSUYT M., « De la Commission au Conseil des droits de l'Homme, un nom pour un autre ? », *Revue électronique Droits fondamentaux*, n° 5, in http ://www.droits-fondamentaux.org (consulté le 10 mai 2014).

[49] Voir Kofi Annan, Secrétaire général des Nations Unies, *séance inaugurale du Conseil des droits de l'Homme*, 19 juin 2006.

[50] Voir EUDES M., « De la Commission au Conseil des droits de l'Homme : vraie réforme ou faux-semblants ? », *AFDI*, 2007, p. 599-616. FASSASSI I., « De la Commission des droits de l'Homme des Nations Unies au Conseil des droits de l'Homme », *Revue de droit public et de science politique en France et à l'Étranger*, n° 1, 2009, p. 171-196.

[51] *A/59/2005/Add.1*, § 17.

Le Conseil est un organe subsidiaire de l'Assemblée générale et a donc un statut institutionnel plus élevé que celui de la Commission[52]. Il commence à éliminer certains problèmes qui ont entravé le travail de son prédécesseur. Au cours des cinq dernières années, il a montré qu'il était prêt à suspendre les membres qui commettent des violations des droits de leurs citoyens. Ce travail a également permis de faire connaître dans le monde entier les normes en matière de droits de l'Homme. En revanche, « *le Conseil a tendance à être politisé, comme l'ont montré les décisions qui privilégient les intérêts politiques à la protection des droits de l'Homme, comme dans la Résolution de 2009 qui a salué d'avance les efforts faits par les autorités sri-lankaises pour mener des enquêtes appropriées* »[53]. Les tensions entre les différents blocs régionaux qui composent le Conseil sont toujours perceptibles, rappelant les mauvais souvenirs de l'ex-Commission[54].

Un des principaux changements a consisté en la mise en place d'un EPU de tous les États, y compris africains, au regard des droits de l'Homme. L'EPU est devenu une partie essentielle des activités du Conseil, précisant les attentes partagées parmi les États. Au cours de ses sessions spécifiques, chaque État fait l'objet d'un débat de trois heures, qui permet de formuler un projet de recommandations adressées à l'État examiné ou sur un projet de résolution. L'examen est fondé sur la Charte des Nations Unies, la DUDH et les instruments internationaux relatifs aux droits de l'Homme auxquels l'État est partie et les obligations et engagements souscrits volontairement par les États, notamment quand ils présentent leur candidature à l'élection au Conseil des droits de l'Homme.

L'EPU doit promouvoir l'universalité, l'interdépendance, l'indivisibilité et l'indissociabilité de tous les droits de l'Homme et être un mécanisme coopératif reposant sur des informations objectives et dignes de foi et sur le dialogue[55]. Les objectifs de l'examen sont : l'amélioration de la situation des

---

[52] DHOMMEAUX J., « La réforme du système des Nations Unies dans le domaine des droits de l'Homme », dans *L'Europe des libertés*, n° 18, janvier 2006, p. 1-15.

[53] Voir BELLAMY A., « Les droits de l'Homme et l'ONU – Progrès et défis », *op.cit*, p. 2.

[54] KÄLIN W., « La politique des petits pas paie au Conseil des droits de l'Homme », *Le Temps*, 11 juin 2007.

[55] L'EPU doit garantir la participation de toutes les parties prenantes, y compris des ONG et des institutions nationales des droits de l'Homme, conformément à la Résolution 60/251

droits de l'Homme sur le terrain et le respect par l'État de ses obligations et engagements en matière de droits de l'Homme. Il vise aussi le renforcement des capacités de l'État et l'assistante technique en consultation avec l'État intéressé et avec l'accord de celui-ci, y compris la mise en commun des meilleures pratiques entre les États et les autres parties prenantes.

Les recommandations faites à l'issue de l'EPU, en tant que mécanisme coopératif, devraient être appliquées au premier chef par l'État intéressé, et selon qu'il conviendra, par d'autres parties prenantes intéressées. Le Cameroun par exemple a connu son premier cycle de l'EPU en février 2009. Il s'est récemment soumis à son deuxième examen à la 16e session qui s'est tenue du 22 avril au 3 mai 2013, y compris d'autres États africains, tels que le Burkina Faso, le Mali et le Sénégal. Le problème majeur est celui du suivi des recommandations requises des États. Les délégations de ces pays sont invitées à se présenter devant un Groupe de travail formé des 47 membres du Conseil pour lui présenter les progrès réalisés par ces pays pour respecter leurs obligations et leurs engagements en faveur des droits de l'Homme afin d'identifier les progrès accomplis et les défis restants à surmonter[56].

Inauguré en 2008, le mécanisme a examiné à ce jour les 193 États membres des Nations Unies. Ainsi, l'une des caractéristiques du mécanisme, son universalité, a été respectée et l'universalité des droits confortée. Le premier cycle de l'EPU, qui s'est terminé en décembre 2011 a été consacré exclusivement à deux fonctions majeures du mécanisme : examiner et recommander. Un second cycle est inauguré en mai 2012 et se terminera en décembre 2015. Il semble raisonnable d'attendre cette échéance pour tirer des conclusions définitives d'un système dont ces deux cycles constituent des éléments complémentaires d'une même intention et action politique. Ce mécanisme nouveau permettra au Conseil de renforcer sa surveillance sur la question des droits fondamentaux. En effet, « *la situation de tous les États*

---

de l'Assemblée générale en date du 15 mars 2006, et à la Résolution 1996/31 de l'ECOSOC, en date du 25 juillet 1996, ainsi qu'à toute décision que le Conseil pourra prendre.

[56] La France s'est soumise pour la seconde fois à cet exercice le 21 janvier 2013. En refusant de coopérer, Israël est le premier pays à ne pas se soumettre à l'EPU. Face à l'absence d'Israël, le Conseil a décidé par consensus de regretter la décision israélienne, de ne pas participer à l'EPU à la date convenue.

membres des Nations Unies doit être passée au crible, selon un traitement identique[57] *afin d'éviter les alliances contre nature* »[58].

2. La redynamisation du Haut-commissariat des Nations Unies aux droits de l'Homme

Recommandée par la Conférence mondiale des droits de l'Homme de 1993 à Vienne, la mise en place du Haut-commissariat est le résultat de la fusion du Bureau du HCDH avec le Centre pour les droits de l'Homme. Son rôle est de coordonner les activités relatives aux droits de l'Homme des organes du système des Nations Unies, de développer les capacités nationales et régionales en la matière, de renforcer l'effectivité des mécanismes de protection des droits de l'Homme et d'intégrer les droits de l'Homme dans les activités et programmes des Nations Unies[59].

En vue de réaliser efficacement ses missions, le HCDH qui siège à Genève a décentralisé ses activités et structures, avec la mise en place des Bureaux sur le terrain du HCDH et l'institution des Centres sous régionaux pour les droits de l'Homme et la démocratie. Structures nouvelles certes, leur performance mérite cependant d'être évaluée en vue d'éventuelles réorientations[60]. En effet, le HCDH est venu renforcer considérablement la prise en compte et la diffusion des droits de l'Homme au sein du système des Nations Unies et sur le terrain. Le HCDH a par exemple effectué un travail de qualité en Ouganda, au Liberia, en Sierra Leone, et dans de nombreux autres pays[61]. Il travaille dans le sens du renforcement de l'universalité et l'indivisibilité des droits de l'Homme. Il s'emploie

[57] Philippe Texier, dans *Le Monde diplomatique*, octobre 2006.

[58] Voir TARDU M., « Le nouveau Conseil des droits de l'Homme aux Nations Unies : décadence ou résurrection ? », *Revue trimestrielle des droits de l'Homme*, 2007, n° 72, p. 967-991.

[59] Cette mission est fondée sur la Charte des Nations Unies dans ses articles 1, 13 et 55, la DUDH qui explicite, la Déclaration et le Programme de Vienne de 1993 et la résolution 48/141 de l'Assemblée générale du 20 décembre 1993 qui crée le poste de Haut-commissaire des Nations Unies aux droits de l'Homme.

[60] Voir OLINGA A. D., « Les mécanismes internationaux de promotion et de protection des droits de l'Homme », dans *Migrations et protection des droits de l'Homme,* coll. Droit international de la migration, Organisation internationale pour les Migrations, n° 3, 2005, p. 35.

[61] Notamment au Népal, en Colombie, etc.

également à travailler avec les autres organismes du système des Nations Unies à l'intégration des normes relatives aux droits de l'Homme dans toutes les activités de l'Organisation.

Le HCDH cherche ainsi à obtenir des résultats dans la protection des droits de l'Homme en dialoguant avec des gouvernements et en abordant des problèmes concrets lors de ses visites dans différents pays africains. Il fait régulièrement des déclarations publiques et lance des appels en cas de crises touchant les droits de l'Homme[62]. Enfin, le rôle conféré au Haut-commissariat en tant qu'instance de coordination dans le domaine des droits de l'Homme va naturellement lui donner une place importante au niveau du fonctionnement et de la structure du Conseil des droits de l'Homme. Tout ceci implique une action préventive aussi bien qu'une intervention en cas de violation flagrante ainsi que la volonté d'insister sur les résultats dans les droits internes notamment, et peut-être surtout, en pesant pour la mise en place d'infrastructures nationales pour la défense des droits de l'Homme en Afrique[63]. Le Haut-commissariat aux droits de l'Homme a donc été renforcé. Non seulement il a joué un rôle essentiel pour alerter la communauté internationale des dangers imminents et rappeler aux États membres (notamment la Libye, la Syrie et l'Australie), de leurs responsabilités légales, mais elle a également renforcé les activités liées à l'établissement des rapports sur les droits de l'Homme et fourni d'importants rapports, y compris un rapport dressant l'inventaire des atrocités et autres violations des droits de l'Homme commises en République Démocratique du Congo, en Côte d'Ivoire, en République centrafricaine et récemment en Afrique du Sud[64].

---

[62] Lire ONU, Assemblée Générale, *Rapport du Haut-commissaire des Nations Unies aux droits de l'Homme*, doc. A/50/36 du 2 novembre 1995, p. 13.

[63] Voir GRAHAM H., « L'évolution des structures du Haut-commissariat des Nations Unies aux droits de l'Homme depuis 10 ans », *in* DECAUX E. (dir.), *Les Nations Unies et les droits de l'Homme : enjeux et défis d'une réforme*, Paris, Pédone, 2006, p. 53-61.

[64] Depuis plus de deux semaines, l'Afrique du Sud connaît un nouvel épisode de violences xénophobes. Des migrants, dont des commerçants somaliens, font l'objet d'attaques répétées dans les rues de Durban et ses banlieues pauvres. Selon le Haut-commissariat de l'ONU pour les réfugiés, plus de 5 000 étrangers, surtout des demandeurs d'asile et réfugiés africains, ont été déplacés ces trois dernières semaines. Pour l'instant, ces violences ont causé la mort de six personnes, selon le bilan des forces de l'ordre. Voir

Cependant, le HCDH souffre encore d'une insuffisance chronique de ressources et de moyens. L'objectif du « Plan d'action » de la mise en œuvre des réformes du Secrétaire général au sein du HCDH est de proposer « *d'accroître la visibilité et les capacités du Haut-commissariat, d'adopter de nouvelles approches, d'améliorer la planification et la gestion et d'augmenter sensiblement les ressources* ». Devant les nombreux défis que le HCDH doit relever, il est nécessaire de renforcer ses pouvoirs d'action. Cette action repose sur un constat : rien ne peut être fait sans les États et sans les détenteurs des droits de l'Homme, les initiatives et réponses locales sont le meilleur moyen de garantir la jouissance des droits de l'Homme.

Le rôle des acteurs internationaux est donc de soutenir et d'encourager les initiatives nationales de réforme. Trois « stratégies clés » doivent être suivies : « *Collaboration avec les pays pour répondre au défi de la mise en œuvre ; exercice d'un rôle d'impulsion, pour identifier les problèmes à titre préventif et proposer des solutions ; et constitution de partenariats, à l'intérieur et à l'extérieur de l'ONU* ». Tout ceci implique une présence du HCDH dans les pays, un déploiement opérationnel, une capacité d'intervention rapide et des moyens d'établissement des faits et d'enquête. Il faut, par ailleurs, mettre l'accent sur le rôle d'impulsion du HCDH dans le domaine des droits de l'Homme, du développement et des objectifs du Millénaire, dans la protection des droits économiques, sociaux et culturels et dans la consolidation et le maintien de la paix[65].

Enfin, dans le cadre de cette réforme, le « Plan d'action » prévoit la publication d'un « *rapport thématique global sur la situation des droits de l'homme, qui constituera un important mécanisme d'intervention et de mobilisation* ». Ainsi, la volonté est là, pour la mettre en œuvre, il faudra des moyens en argent et en hommes. Reste à savoir si les États ont l'intention de

---

http ://www.lemonde.fr/afrique/article/2015/04/17/en-afrique-du-sud-les-etrangers-sont-accuses-de-tous-les-maux_4617874_3212.html (consulté le 30 avril 2015)

[65] Le Secrétaire général, dans son Rapport de mars 2005, avait déjà mis l'accent sur ce rôle « en matière de prévention des conflits et de déploiement de spécialistes des droits de l'homme en cas de crises, il a engagé le Haut-commissaire à jouer un rôle plus actif dans les délibérations du Conseil de sécurité et de la commission pour la consolidation de la paix qu'il s'était proposé de créer », *ibid*, § 36, 39, 62 et 86.

participer à cette réforme qui risque de les gêner dans leur politique intérieure[66].

C. La consolidation des institutions spécialisées

Quand on fait l'inventaire des mécanismes de protection des droits de l'Homme, à côté des traités classiques et des mécanismes de contrôle juridictionnels ou quasi juridictionnels, il ne faudrait pas oublier les institutions spécialisées. Sur la base de traités, de coutumes, de pratiques, d'usages, d'une jurisprudence abondante émanant d'organes judiciaires ou de comités d'experts indépendants, de déclarations, de résolutions diverses, s'est forgé un corps de droit en vue d'assurer la protection des droits de l'Homme, de tous les hommes sans discrimination, selon les termes mêmes de l'article 55 de la Charte des Nations Unies[67]. L'exposé des procédures de protection des droits de l'Homme serait donc incomplet sans présenter les actions, en Afrique ou ailleurs, de l'Organisation des Nations Unies pour l'éducation, la science et la culture (UNESCO), l'Organisation internationale du travail (OIT), l'Organisation des Nations Unies pour l'alimentation et l'agriculture (FAO), l'Organisation mondiale de la santé (OMS) et le Fonds des Nations Unies pour l'enfance (UNICEF).

Aux termes de l'article 1 § 1 de son Acte constitutif, l'UNESCO se propose de « *contribuer au maintien de la paix et de la sécurité en resserrant, par l'éducation, la science et la culture, la collaboration entre nations, afin d'assurer le respect universel de la justice, de la loi, des droits de l'Homme et des libertés fondamentales pour tous, sans distinction de race, de sexe, de langue ou de religion que la Charte des Nations Unies reconnaît à tous les peuples* ». Parallèlement aux procédures prévues par les conventions adoptées sous l'égide de l'UNESCO, le Conseil exécutif de l'UNESCO a mis en place une procédure confidentielle pour l'examen des communications reçues par l'Organisation concernant des violations alléguées des droits de l'Homme dans ses domaines de compétence[68]. Des individus, des groupes d'individus

---

[66] Voir DHOMMEAUX J., « La réforme du système des Nations Unies dans le domaine des droits de l'Homme », *op. cit*, p. 6.

[67] Voir COHEN-JONATHAN G., « Conclusions générales : La protection des droits de l'Homme et l'évolution du droit international », *op. cit*, p. 312.

[68] Cette procédure est définie dans la décision 104 EX/3.3 du Conseil exécutif de l'UNESCO.

et des ONG peuvent adresser à l'UNESCO des plaintes concernant des violations des droits de l'Homme, soit qu'ils estiment avoir une connaissance digne de foi de telles violations. Il est reproché à l'UNESCO de ne pas avoir fait évoluer progressivement sa procédure à l'instar d'autres procédures du système des Nations Unies. Bien que la procédure fasse l'objet d'une large information, elle demeure méconnue du public, sa mise en œuvre est quasiment « *top secret* » et, de ce fait, ne peut bénéficier de l'influence de l'opinion publique, et enfin ne prévoit pas la motivation des décisions adoptées.

Quant au système de contrôle régulier des conventions de l'OIT, il prévoit des mesures telle l'obligation pour chaque État membre de l'Organisation de présenter à intervalles réguliers des rapports périodiques sur les mesures qu'il a prises pour donner effet aux dispositions de l'instrument ratifié. En plus de ce système de contrôle régulier, les États membres ont l'obligation de présenter des rapports sur les conventions qu'ils n'ont pas encore ratifiées, indiquant leur situation juridique et politique à l'égard des matières concernées par ces conventions, ainsi que les difficultés qui empêchent ou retardent la ratification de celles-ci[69]. Parallèlement à ces mécanismes réguliers de contrôle, il existe des procédures spéciales pour l'examen d'allégations selon lesquelles les dispositions d'une Convention déterminée ne sont pas respectées[70].

Lors de la 96e session de la Conférence internationale du travail (CIT), la Commission d'experts pour l'application des conventions et recommandations a examiné 25 cas de violations des normes de l'OIT, relevant en particulier du respect de la liberté syndicale et de la liberté d'association. La Commission a notamment exprimé ses préoccupations quant au respect de la liberté syndicale au Zimbabwe. En 2007, un mécanisme d'examen des plaintes relatives au travail forcé a été mis en place, répondant aux mesures demandées lors de la 95e session de la CIT. Les

---

[69] Les informations ainsi recueillies fournissent la base d'un rapport distinct de la Commission d'experts, qui est une étude générale sur le sujet concerné.

[70] Voir article 24 de la Constitution de l'OIT du 19 juin 1997 : « *Toute organisation des travailleurs ou des employeurs peut formuler une réclamation contre un État membre qui n'aurait pas assuré l'application d'une Convention qu'il a ratifiée. La réclamation est examinée par le Conseil d'administration de l'OIT* ».

experts relèvent que le mécanisme fonctionne, mais que les mesures prises se limitent à des mesures administratives et que les sanctions pénales requises ne sont pas appliquées[71].

Par ailleurs, près de soixante ans après l'adoption de la DUDH, dans laquelle les États ont reconnu pour la première fois le droit à l'alimentation, la FAO a décidé de consacrer la Journée mondiale de l'alimentation (JMA), le 16 octobre 2007, à la promotion de ce droit fondamental. Le titre de la journée était approprié : « *Le droit à l'alimentation. Il est temps d'agir* ». Les États ont pris deux engagements très précis pour lutter contre la faim. En 1996, dans la *Déclaration finale du Sommet mondial de l'alimentation*, ils se sont engagés à réduire de moitié le nombre de personnes sous-alimentées d'ici 2015. Quatre ans plus tard, dans la *Déclaration du Millénaire des Nations Unies*, ils se sont engagés, plus modestement, à réduire de moitié la proportion de ces mêmes personnes sous-alimentées d'ici 2015. En 2007, les experts ont dû constater que ces deux objectifs seront difficilement atteignables. Le nombre de personnes sous-alimentées a augmenté chaque année depuis 1996, et leur proportion n'a diminué que de 7 % dans les dix dernières années, un chiffre bien trop faible pour prétendre atteindre le premier objectif du Millénaire d'ici 2015[72]. Faisant ce même constat d'échec, les États et la FAO, poussés par les organisations de la société civile, ont tenté de renverser la tendance depuis 2002. Pour cela, ils ont décidé de changer d'approche : passer d'une approche basée sur la sécurité alimentaire à une approche basée sur le droit à l'alimentation[73].

L'UNICEF est présente aujourd'hui dans le monde entier, c'est-à-dire dans 161 pays et régions afin de trouver des solutions aux problèmes qui touchent les enfants, surtout les pauvres, et leurs familles. C'est une organisation à but humanitaire de l'ONU dont l'objectif est d'améliorer les

---

[71] Voir OIT, Clôture de la 96e Conférence internationale du travail, communiqué de presse, 15 juin 2007.

[72] FAO, *L'état de l'insécurité alimentaire dans le monde, 2006*, FAO, Rome, 2006.

[73] Voir FAO, *Déclaration du Sommet mondial de l'alimentation : cinq ans après*, appendice du *Rapport du Sommet mondial de l'alimentation : cinq ans après,* Rome, 10-13 juin 2002, § 10 et Conseil de la FAO, *Rapport de la 30e session du Comité de la sécurité alimentaire mondiale. Rome, 20-23 septembre 2004. Supplément. Rapport final du président*, CL 127/10-Sup.1, 127e session, Rome, FAO, 22-27 novembre 2004.

conditions de vie des hommes et en particularité celles des enfants dans les pays du tiers-monde. L'organisation attache une grande importance à donner aux enfants la possibilité de concrétiser leurs droits. Ses activités sont conceptualisées sous la forme de défis auxquels elle se doit de faire face, tels l'encouragement des soins, l'aide à la prévention de la maladie et de la mort infantiles, la sécurité de la grossesse et de l'accouchement, le combat contre la discrimination et la coopération avec les communautés pour s'assurer que les filles aussi bien que les garçons aillent à l'école. Le contexte des États africains dévoile l'image d'une enfance difficile, notamment les problèmes alimentaires et de santé qui existent dans ces régions. Le rôle des filles étant encore plus difficile, à cause du problème d'inégalité (Cas du Ghana, du Botswana, du Kenya et de la Sierra Leone). C'est pour cette raison que l'UNICEF doit autant insister auprès des peuples africains sur l'importance de l'école pour les filles et qu'elle doit mettre en place des techniques de « motivation » pour scolariser tous les enfants[74].

Enfin, une série d'engagements, divers instruments de politique sanitaire internationale, de nouvelles organisations et initiatives ainsi que l'élargissement du champ des débats sur la santé ont marqué les efforts menés par l'ONU et son institution spécialisée chargée de la santé, l'OMS, pour améliorer la santé dans le monde au cours des deux dernières décennies. Une grande partie de ces efforts sont apparus comme une réponse aux défis mondiaux de plus en plus complexes définis par des inégalités croissantes, des transitions épidémiologique et démographique, le double fardeau des épidémies pour de nombreux États africains. En 2011, l'ONU a tenu une réunion de haut niveau sur les maladies non transmissibles, qui a donné lieu à une déclaration politique et lancé la *Stratégie mondiale pour la santé de la femme et de l'enfant*[75]. L'un des défis

---

[74] Après plusieurs guerres au Soudan, le nouveau gouvernement a lancé une campagne appelée « Go to School », une initiative qui a pour but de permettre à 1.6 million d'enfants en âge d'être scolarisés d'aller à l'école. Ceci démontre la coopération qui existe entre l'UNICEF et les gouvernements des États africains. Voir, DELALOYE ROMAINE A. M., SANDY T., « L'UNICEF ou La déconstruction critique de la documentation d'une organisation travaillant avec les enfants », Séminaire "*L'enfant travailleur : Analyse de l'Unicef*", 2010, 48 p.

[75] Voir KICKBUSCH I., « Promouvoir le programme de santé mondiale », *Chronique ONU, Archives, Issues* 2011, p. 2.

essentiels auquel fait face actuellement la santé mondiale est le besoin d'intégrer les nombreuses initiatives sanitaires louables qui se déroulent souvent parallèlement aux systèmes de santé des États africains en occurrence. Il reste un long chemin à parcourir depuis la *Déclaration de Paris sur l'efficacité de l'aide en 2005* et le *Programme d'action d'Accra* en 2008 qui préconisaient la prise en main du processus de développement par les pays africains[76].

En tout état de cause, les procédures créées par l'ONU et les institutions spécialisées demeurent marquées par leur confidentialité et le caractère non obligatoire des constatations faites par l'organe saisi. L'efficacité de ces procédures repose sur les États membres et la force de leur engagement aux droits de l'Homme[77].

II. La réticence des États africains pour les mécanismes conventionnels de protection des droits de l'Homme

Si l'action des Nations Unies en matière des droits de l'Homme est limitée en Afrique, c'est fondamentalement à cause de la nature et du pouvoir dont disposent ses organes de protection. Le caractère techniquement non juridictionnel des comités conventionnels (**A**), pourtant constitués d'experts indépendants, ne leur permet pas d'avoir des résultats escomptés pour une protection effective des droits individuels. Par ailleurs, les conventions et les institutions internationales chargées de la protection des droits de l'Homme ont apporté des contributions majeures au droit international en introduisant deux sortes de mécanismes de contrôle : d'une part le système de rapports, d'autre part, les procédures d'examen de cas concrets à la suite de requêtes ou de pétitions (**B**). Il n'en demeure pas moins qu'à l'échelle universelle, les sanctions des violations des normes internationales restent encore ambivalentes et marginales (**C**).

A. L'inadéquation des organes de contrôle conventionnel

Les procédures conventionnelles concernent la surveillance des principales conventions internationales relatives aux droits de l'Homme[78]

---

[76] *Ibid.*, p. 4.
[77] Voir BELLAMY A., « Les droits de l'Homme et l'ONU – Progrès et défis », *op.cit*, p. 4.
[78] Voir DUPUY P-M, KERBRAT Y., *Les grands textes de droit international public*, Paris, Dalloz, 7e éd., 2010, 920 p.

par les comités internationaux établis dans le cadre des Nations Unies. Il s'agit des comités suivants : Comité des droits de l'Homme (PIDCP et protocoles facultatifs) ; comité des droits économiques, sociaux et culturels (PIDESC) ; comité contre la torture (Convention contre la torture et autres peines ou traitements cruels, inhumains ou dégradants) ; comité pour l'élimination de la discrimination à l'égard des femmes (Convention sur l'élimination de toutes les formes de discrimination à l'égard des femmes et son Protocole facultatif) ; comité des droits de l'enfant (Convention internationale relative aux droits de l'enfant) ; comité pour l'élimination de la discrimination raciale (Convention internationale sur l'élimination de toutes les formes de discrimination raciale) ; comité sur les travailleurs migrants (Convention internationale sur la protection des droits de tous les travailleurs migrants et des membres de leur famille) ; comité des droits des personnes handicapées (Convention relative aux droits des personnes handicapées), etc. La menace qui plane actuellement sur ce système est celle évoquée parfois de création d'un organe unique, même si cela ne résout pas la question de la non-présentation des rapports par les États et pose notamment celle essentielle de la nature de cet organe. Il convient d'ajouter que cela nécessiterait la modification de toutes les conventions avec tous les problèmes posés par les ratifications[79].

L'examen de rapports adressés par les États sur la manière dont ils appliquent les conventions, sur les difficultés qu'ils rencontrent et sur les progrès accomplis pose des questions dans le cadre de la réforme des Nations Unies[80]. La Haut-commissaire aux droits de l'Homme considère que ce régime conventionnel « *est l'un des plus grands accomplissements* » de l'ONU, mais elle note également les défauts fondamentaux du système qui tiennent à la lourdeur des rapports, en raison des redondances, des recoupements. Il en découle souvent que les rapports ne sont pas remis à temps et sont incomplets. En outre, « *les observations finales des organes*

[79] Voir JOSEPH S., "New procedure concerning the Human Rights Committee's examination of State reports", 1995, *Netherlands Quarterly of Human Rights*, p. 5.
[80] DHOMMEAUX J., « La réforme du système des Nations Unies dans le domaine des droits de l'Homme », *op.cit.*, p. 10.

conventionnels sont trop souvent imprécises pour guider les efforts de réformes et les États ne leur prêtent que peu d'attention »[81].

Aussi des efforts de rationalisation ont-ils été demandés et accomplis, conduisant, à l'élaboration de données communes à tous et propres à chacun des instruments. Actuellement, un accord semble atteint sur l'exigence d'éléments communs à tous les instruments. L'État devra fournir des données sur ses structures constitutionnelles, sur l'acceptation des normes du droit international des droits de l'Homme, sur les réserves émises et les éventuelles objections qu'elles ont suscitées, sur les restrictions, les limitations, les dérogations, sur le cadre juridique général de la protection des droits de l'Homme en droit interne, sur le processus d'élaboration des rapports. Par ailleurs, il y a des dispositions de fond communes à tous les instruments : la non-discrimination et l'égalité, les recours utiles, les garanties procédurales, la participation à la vie publique, la vie, la liberté et la sécurité de la personne ; le mariage et la famille, les affaires économiques et sociales, et l'éducation. Les Comités se penchent aussi sur les questions plus formelles relatives aux rapports : leur périodicité, leur longueur, les modalités de mise à jour[82], etc.

Tous les organes de l'ONU prônent la ratification des principales conventions et l'acceptation des contrôles en Afrique. Des campagnes sont périodiquement organisées dont l'effet n'est pas négligeable[83]. Toutefois, des résistances subsistent à la fois dans l'acceptation des grandes conventions et dans l'acceptation des contrôles internationaux[84]. Malgré leur importance, certains comités ont une autorité juridictionnelle limitée en matière

---

[81] Voir Rapport du Secrétaire général des Nations Unies, « Dans une liberté plus grande : développement, sécurité et respect des droits de l'Homme », A/59/2005/Add.1 du 23 mai 2005. § 95, 96 et 147.

[82] Voir HRI/MC/2005/13 1er juin 2005, § 35 à 72, HRI/MC/2005/2 du 31 mai 2005 et HRI/MC/2005/6 du 8 juin 2005.

[83] Voir SCIOTTI-LAM C., *L'applicabilité des traités internationaux relatifs aux droits de l'Homme en droit interne*, Publications de l'Institut International des Droits de l'Homme, Bruxelles, Bruylant, 2004, p. 218.

[84] « Plan d'action » du Haut-commissariat aux droits de l'Homme, E/CN.4/2004/12/Add.1 du 24 février 2004, § 99.

d'examen des recours[85]. Les comités internationaux ne sont donc pas des tribunaux. Ils constituent plutôt des organes « *quasi judiridictionnels* »[86]. Pour autant, leurs recommandations à l'issue de l'examen des rapports sont des orientations utiles pour les États, et des repères pour l'évaluation ultérieure de leurs efforts.

B. Du Rapport étatique aux plaintes individuelles : une évolution incertaine

Les organes créés par les instruments relatifs aux droits de l'homme, selon les termes respectifs desdits instruments, exercent deux types d'activités : l'examen des rapports périodiques et l'examen des communications. Les plaintes étatiques ou individuelles se sont multipliées (2) dans de nombreuses conventions internationales, régionales ou universelles. La présentation des rapports périodiques par les États parties sur les modalités de mise en œuvre de leurs obligations est le minimum généralement exigé des États. La technique des rapports participe du suivi et de l'accompagnement des efforts des États, une logique de dialogue constructif et non de jugement (1). Il constitue, parmi les mécanismes internationaux de protection des droits de l'Homme aménagés dans les conventions internationales, « *le mécanisme de contrôle qui a la faveur des États, compte tenu de son caractère non contraignant, souple et respectueux de leur souveraineté* »[87].

1. La préservation du système des rapports

Le contrôle du respect des conventions internationales peut se faire au moyen de rapports périodiques remis par les États aux organes

[85] Pour les activités des comités, se référer au site du Haut-commissariat aux droits de l'Homme : http ://www.ohchr.org/FR/HRBodies/Pages/HumanRightsBodies.aspx (consulté le 2 mai 2014).

[86] JOSEPH S., MITCHELL K., GYORKY L., BENNINGER-BUDEL C., *Quels recours pour les victimes de la torture ? Guide sur les mécanismes de communication individuelle des organes de traités des Nations Unies*, Collection du guide de l'OMCT, vol. 4, Genève, OMCT, novembre 2006, 509 p.

[87] ZAKANE V., « La présentation des rapports étatiques aux organes internationaux de protection des droits de l'Homme », dans Structures gouvernementales et institutions nationales des droits de l'Homme : expériences et perspectives, Colloque international, le Caire (Égypte), 10 et 11 mai 2003, p. 93.

internationaux compétents qui s'assurent par cette entremise, la bonne intégration des conventions internationales. La procédure de présentation des rapports sert à promouvoir et à assurer l'exercice des droits et libertés fondamentaux concernés ou bien, le cas échéant, à mettre fin à tel ou tel abus[88].

Le système des rapports à adresser par les États sur l'accomplissement de leurs obligations découlant des instruments protégeant les droits de l'Homme est une des méthodes les plus caractéristiques pour ce domaine et aussi les plus innovatrices dans le droit des institutions internationales[89]. En réalité, on peut situer l'origine de la procédure des rapports dans la Constitution de l'OIT qui enjoint aux membres de l'institution d'informer le Directeur général des mesures qu'ils ont prises pour se conformer aux traités et aux recommandations adoptées par l'Organisation (article 22 de la Constitution de l'OIT). C'est dans le cadre de l'action menée par les Nations Unies pour sauvegarder les droits de l'Homme que le système a connu un développement particulièrement important, « *non sans connaître, toutefois, des hauts et des bas* »[90].

Chaque État africain doit soumettre au Comité concerné un rapport dans l'année ou dans les deux ans après être devenu partie contractante. Par la suite, il doit adresser un rapport tous les quatre ou cinq ans, à moins que des informations supplémentaires ne lui soient demandées. Tous les rapports doivent faire état de toutes les mesures constitutionnelles, législatives, administratives, judiciaires ou autres, prises pour la mise en vigueur de l'instrument en cause, et aussi, s'il y a lieu, de facteurs qui empêchent l'adoption et l'application de telles mesures. Des calendriers et

---

88 HUARAKA T., « Les droits civils et politiques », *in* BEDJAOUI M. (dir.), *Droit international. Bilan et perspectives*, t. 2, Paris, Pédone, 1991, p. 1148.

89 ECOSOC, Rapport sur la 3e session, doc. E/1989/22, Annexe III. Voir KISS A., « La protection des droits de l'Homme et les techniques de mise en œuvre du droit international », *op.cit.*, p. 148.

90 Voir TISTOUNET E., « Amélioration des procédures conventionnelles des Nations Unies en matière de droits de l'Homme », *Revue universelle des droits de l'Homme*, 1993, p. 145.

des directives pour la soumission des rapports sont établis. Les rapports sont examinés en séance publique[91].

La procédure des rapports semble connaître deux sortes de difficultés[92]. La première est le peu d'empressement de certains États africains à soumettre leurs rapports. La deuxième est le peu de temps dont disposent les différents comités pour approfondir l'examen et la discussion des rapports reçus[93]. Alors que le premier obstacle peut être surmonté par des pressions politiques, y compris celle de l'opinion publique internationale, la solution du second dépend d'un meilleur financement du fonctionnement des secrétariats internationaux. Toutefois, les ONG créées pour protéger les droits de l'Homme peuvent faciliter le fonctionnement des organes qui examinent les rapports. Leurs représentants peuvent aider les membres des comités à formuler des questions à l'adresse des représentants de gouvernements ; ils peuvent aussi attirer l'attention des comités sur certains problèmes pendant l'examen d'un rapport initial[94].

Ainsi, bien que n'aboutissant pas à une décision contraignante pour les États, la procédure de présentation des rapports n'en comporte pas moins des effets juridiques s'analysant comme de véritables contraintes de fait. C'est pourquoi les États africains sont parfois paradoxalement réticents à ce type de contrôle qui, lorsqu'il se veut trop rigoureux, peut être considéré comme une atteinte à leur souveraineté. Cependant, cette contrainte demeure incertaine dans la mesure où les États africains peuvent toujours l'éviter ou la limiter, notamment en s'en tenant au strict minimum requis ou en s'abstenant simplement de produire les rapports demandés. En

---

[91] Voir COLIVER S., « International Reporting Procedures », *in* HANNUN H. (dir.), *Guide to International Human Rights Practice,* éd, 2e éd., University of Pennsylvania Press, 1992, p. 176, KISS A., « La protection des droits de l'Homme et les techniques de mise en œuvre du droit international », *op.cit.*, p. 150.

[92] Voir TISTOUNET E., « Difficultés rencontrées dans la mise en œuvre des traités internationaux en matière des droits de l'Homme », *in Droits de l'Homme, Revue trimestrielle du Haut-commissariat des Nations Unies aux droits de l'Homme, n°1*, Hiver 1997/1998, p. 18.

[93] COLIVER S., « International Reporting Procedures », *in* Hurst Hannum (dir.), *Guide to International Human Rights Practice, op.cit.*, p. 180.

[94] KISS A., « La protection des droits de l'Homme et les techniques de mise en œuvre du droit international », *op.cit.*, p. 150.

revanche, la portée politique de ce type de contrôle est parfois considérable, en ce qu'il interpelle l'État à la fois sur son image au plan international et sur sa place dans le concert des « nations civilisées ». Les États soumis au contrôle peuvent consentir les réformes nécessaires pour améliorer globalement leur système national de protection des droits de l'Homme[95]. L'exemple du Burkina Faso est assez éloquent à cet égard. Les multiples interpellations et observations faites par les organes de contrôle africains et onusiens à l'occasion de la présentation de divers rapports ont conduit à opérer de véritables réformes politiques, institutionnelles et législatives concernant, par exemple, les droits civils et politiques, les droits économiques, sociaux et culturels, les droits de l'enfant, les droits de la femme, et qui vont dans le sens d'une amélioration générale de la situation des droits de l'Homme[96].

En somme, le mécanisme de la présentation des rapports étatiques aux organes internationaux a une vertu politique considérable, en ce qu'il peut exercer une influence pédagogique et politique réelle sur les États, les conduisant progressivement à un meilleur respect des droits de l'Homme. Il ne faut cependant pas exagérer cette portée politique du contrôle sur rapport. Celle-ci est, en effet, variable d'un organe de contrôle à un autre et « *peut s'avérer un simple miroir aux alouettes, sans véritable impact sur la situation réelle des droits de l'Homme* »[97].

2. L'instabilité du système des requêtes

La garantie la plus efficace du respect des conventions de droits de l'Homme est sans doute la possibilité de porter des cas de violation devant un organe indépendant. Dans les systèmes les plus perfectionnés, c'est-à-dire les systèmes régionaux, l'organe indépendant a un caractère juridictionnel devant suivre une procédure inspirée de celle des droits internes. Dans tous, une question d'importance fondamentale est de savoir qui peut porter une

[95] Voir ZAKANE V., « La présentation des rapports étatiques aux organes internationaux de protection des droits de l'Homme », *op.cit.*, p. 104.
[96] Rapport sur la Charte africaine des droits de l'Homme et des peuples ; rapport sur la Convention relative aux droits de l'enfant ; rapports sur la mise en œuvre des conventions de l'OIT ; rapports sur la mise en œuvre de la Convention sur l'élimination de toutes les formes de discrimination raciale.
[97] *Ibid.*, p. 106.

affaire devant l'organe indépendant : un État partie à la Convention concernée ou aussi un individu, voire le cas échéant, une association. Les communications, lorsqu'elles sont prévues, peuvent être interétatiques ou individuelles. Les premières sont plutôt inexistantes (**a**), les secondes essaiment (**b**), même si pour cela les États africains doivent avoir préalablement reconnu la compétence de l'organe de contrôle[98].

a. L'inexistence des communications étatiques

Contrairement à la procédure de présentation des rapports qui possède un caractère obligatoire, le contrôle sur plaintes est facultatif, c'est-à-dire que les États parties doivent faire des déclarations explicites qui reconnaissent la compétence des comités.

Les requêtes émanant d'État sont au fond l'application d'une règle générale de droit international : chaque État partie à une Convention peut se plaindre de la violation de la Convention par une autre partie contractante. La seule différence, capitale est qu'il existe un organe indépendant habilité pour recevoir la plainte au lieu des procédures diplomatiques habituelles qui ont le plus souvent un caractère bilatéral. La Cour européenne des droits de l'Homme applique cette logique (art. 24). Il en est de même pour la Cour africaine des droits de l'Homme et des peuples (art. 47). Toutefois, assez curieusement, certains systèmes de protection n'admettent les requêtes étatiques introduites contre un autre État que si celui-ci a accepté cette procédure. Ainsi, selon la Cour interaméricaine des droits de l'Homme, l'admissibilité d'une telle requête par la Commission interaméricaine des droits de l'Homme est subordonnée à l'acceptation d'une clause facultative (art. 45)[99]. De même, le Comité des droits de l'Homme ne peut recevoir des requêtes étatiques que si l'État mis en cause a accepté une clause facultative (art. 41).

En réalité, les requêtes étatiques sont peu nombreuses : les gouvernements africains ont tendance à se ménager les uns les autres. Ainsi,

---

[98] Voir OLINGA A. D., « Pratique de la Cour africaine des droits de l'Homme et des peuples au cours de l'année 2011 », in *Revue trimestrielle des droits de l'Homme, n° 2013/93*, p. 123-143.

[99] Voir TIGROUDJA H., « La Cour interaméricaine des droits de l'Homme au service de l'humanisation du droit international public : Propos autour des récents arrêts et avis », *Annuaire français de droit international*, 2006, vol. 52, n° 52, p. 617-640.

dans le système européen ; pourtant le plus libéral pour admettre les requêtes étatiques, puisque celles-ci ne sont pas liées à une acceptation quelconque, entre 1956, début du fonctionnement du mécanisme de recours et le 6 novembre 1996, seulement onze affaires ont été déférées à l'ex-Commission européenne par des États. Il est vrai que le plus souvent, les États requérants entendaient représenter non pas leurs propres intérêts, mais en quelque sorte l'ordre public européen[100].

Par ailleurs, depuis leur entrée en vigueur le 28 mars 1979, les dispositions de l'article 41 instaurées par le PIDCP ne fonctionnent pas ; les États ayant toujours refusé de les mettre en œuvre. Le mécanisme n'a donc jamais été utilisé. Agnès Dormenval justifie cette inapplication des plaintes interétatiques à l'ONU par le fait qu'« *elles comportent en elles, dans leur propre principe même, un risque élevé d'entraîner de mauvaises relations bilatérales* »[101]. Pour le professeur Gérard Cohen-Jonathan, « *le recours interétatique concerne, en principe, des violations générales ou systématiques des droits de l'Homme dans le cadre universel* » et pour ce genre de situations, poursuit-il, les États semblent préférer s'en remettre aux organes dits « *politiques* » comme le Conseil des droits de l'Homme plutôt qu'aux organes « *techniques* »[102].

La procédure des communications interétatiques est donc complexe et largement inefficace, même si son exercice ne présuppose pas la démonstration d'un intérêt de la part de l'État plaignant. Ainsi, pour mieux assurer l'accomplissement des objectifs et finalités des conventions, la plainte individuelle constitue l'ultime recours pour la protection des droits de l'Homme.

b. La généralisation des communications individuelles

La recevabilité des communications individuelles est soumise à des conditions de forme et de fond dont la plus importante est sans doute l'épuisement préalable des voies de recours internes. Bien qu'elle participe

---

[100] *Ibid.*, p. 151.

[101] Voir DORMENVAL A., *Procédures onusiennes de mise en œuvre des droits de l'Homme : limites ou défauts ?*, Paris, PUF, 1991, p. 51.

[102] COHEN-JONATHAN G., « Quelques observations sur le Comité des droits de l'Homme des Nations Unies », *Mélanges René-Jean Dupuy*, 2010, p. 88.

d'une idée de proximité processuelle, de subsidiarité et d'économie, l'application de cette règle suppose que les recours existent, soient disponibles et accessibles, soient adéquats et pertinents, offrent des chances raisonnables de succès s'ils sont mobilisés et, surtout, ne se prolongent pas de manière anormale[103].

Aussi, la véritable garantie du respect des conventions internationales protégeant les droits de l'Homme est la faculté reconnue à des particuliers de porter des violations des droits garantis devant des instances internationales. Ici encore, les solutions adoptées par différents systèmes sont dans la plupart des cas subordonnées à l'acceptation de cette faculté par des États. Premier système de garantie à avoir été créé, la Convention européenne des droits de l'Homme s'est acheminée dans cette voie grâce à son article 25. Aujourd'hui, cette clause facultative a été acceptée par la quasi-totalité des États membres du Conseil de l'Europe. Elle a été suivie par le Protocole facultatif se rapportant au PIDCP[104].

D'autres conventions à vocation universelle suivent l'exemple du Pacte, comme la Convention sur l'élimination de toutes les formes de discrimination raciale de 1965[105] et la Convention de 1984 contre la torture[106]. Ces chiffres font penser que les États acceptent plus facilement le recours individuel dans un cadre régional que dans un cadre universel. L'hypothèse est renforcée par la Convention américaine des droits de l'Homme dont l'article 44 ne pose aucune condition à la compétence de la Commission interaméricaine des droits de l'Homme pour recevoir « *des pétitions contenant des dénonciations ou plaintes relatives à une violation de la Convention par un État partie* »[107]. La Charte africaine des droits de l'Homme et des peuples, elle, ne pose pas de conditions, non plus, à

---

[103] Voir JOSEPH S., MITCHELL K., GYORKY L., BENNINGER-BUDEL C., *Quels recours pour les victimes de la torture ? Guide sur les mécanismes de communication individuelle des organes de traités des Nations Unies*, Collection du guide de l'OMCT, vol. 4, Genève, OMCT, novembre 2006, 509 p.

[104] KISS A., « La protection des droits de l'Homme et les techniques de mise en œuvre du droit international », *op.cit.*, p. 151.

[105] Voir article 14, accepté par 21 États sur 146 parties contractantes jusqu'en 1996.

[106] Voir article 22, accepté par 38 États sur 93 ratifications jusqu'en 1996.

[107] Voir BUERGENTHAL T., KISS A., *La protection internationale des droits de l'Homme*, éd. N. Q. Engel et Kehl, Strasbourg et Arlington, 1991, p. 109.

l'acceptation de « *communications autres que celles des États parties* », mais confie à la majorité des membres de la Commission africaine d'en saisir cet organe (article 55)[108].

Il reste la question de savoir qui peut bénéficier du droit individuel de recours auprès des organes de garantie institués par les différents instruments. À ce point de vue, la Convention américaine des droits de l'Homme est la plus libérale en reconnaissant ce droit à « *toute personne ou groupe de personnes, toute entité non gouvernementale et légalement reconnue dans un ou plusieurs États membres de l'organisation* » (art. 44). Le Protocole facultatif au PIDCP est bien plus restrictif en ne parlant que des particuliers relevant de la juridiction d'un État partie au Protocole qui prétendent être victimes d'une violation, par cet État partie, de l'un quelconque des droits énoncés dans le Pacte (art. 1)[109].

La jurisprudence du Comité des droits de l'Homme va dans le sens d'une interprétation stricte de cette disposition en estimant que seuls les individus faisant état de la violation de leurs droits peuvent saisir le Comité. La Cour européenne des droits de l'Homme, elle, occupe une situation intermédiaire à cet égard entre les deux extrêmes, en admettant les requêtes formées par « *toute personne physique, toute organisation non gouvernementale ou tout groupe de particuliers qui se prétend victime d'une violation par l'une des Hautes parties contractantes des droits reconnus dans la présente Convention* » (art. 25, al. 1er)[110].

---

[108] Voir KAMTO M. (dir.), *La Charte africaine des droits de l'Homme et des peuples et le Protocole y relatif portant création de la Cour africaine des droits de l'Homme*, coll. de droit international, n° 67, Bruxelles : Bruylant, 2011, 1628 p. Voir aussi NTWARI FLEURY G., « Note sur le premier arrêt de la Cour africaine des droits de l'Homme et des peuples », *in Les Petits cahiers du CDI*, n° 1, vol 1, 2010, p. 20 et s. OLINGA A. D., « Regards sur le premier arrêt de la Cour africaine des droits de l'Homme et des peuples », *Revue Trimestrielle des droits de l'Homme*, n° 83, 2010, p. 750-768. KEMFOUET E-D., « Une nouvelle : avant sa disparition annoncée, la Cour africaine des droits de l'homme et des peuples rend son premier arrêt (Affaire Michelot Yogogombaye c. République du Sénégal) », *Revue Juridique Thémis*, n° 45-1, 2011, p. 162.

[109] Voir BUERGENTHAL T., KISS A., *La protection internationale des droits de l'Homme*, *op.cit.*, p. 109.

[110] Le problème posé par cette disposition n'est pas de savoir si des groupes de personnes peuvent saisir l'ex-Commission européenne, mais l'interprétation du terme « *victime* ». Selon un commentateur, « *le requérant doit établir qu'il a un intérêt pour agir, étant admis*

Enfin, l'efficacité ou la qualité d'un mécanisme dépend de la mesure dans laquelle les droits de l'Homme sont effectivement respectés à travers l'exécution des décisions prises par les organes internationaux de contrôle dans le droit interne. Il existe, malgré certaines avancées, un fossé entre l'œuvre de codification, les mécanismes de contrôle mis en place et l'effectivité souhaitée de leur pouvoir de protection dans la pratique. Dans de nombreux cas cependant, les suites données aux constatations sont satisfaisantes. Ce qui démontre que même si ces carences sont de nature à porter atteinte à la crédibilité des Comités internationaux, il y a lieu de bien distinguer le caractère obligatoire des constatations de leurs caractères exécutoires[111].

C. La problématique de l'autorité des décisions des organes de contrôle conventionnel

Les décisions des comités de supervision n'ont pas d'autorité contraignante, car elles n'ont pas de caractère juridictionnel. Leur application est laissée à la bonne volonté des États parties. Une bonne partie de la doctrine s'accorde à leur reconnaître *une autorité quasi juridictionnelle.* Ce caractère quasi juridictionnel se retrouve renforcé par le fait que les règlements intérieurs des comités donnent aux experts qui y siègent le droit de donner des *opinions individuelles*, comme cela se passe dans toutes les juridictions internationales[112]. L'examen des communications aboutit généralement au bout du contentieux à des constatations ou rapports revêtus, non pas tant de l'autorité de la chose jugée, mais de l'autorité de la chose constatée ou interprétée. En effet, de tels mécanismes se heurtent encore à l'hostilité de certains États africains, en particulier de ceux n'ayant pas ratifié une Convention appropriée ou n'ayant pas souscrit à une clause

---

que la jurisprudence a apporté un certain tempérament permettant d'élargir la notion de « victime » ». Voir KISS A., « La protection des droits de l'Homme et les techniques de mise en œuvre du droit international », *op.cit.*, p. 152.

[111] Voir DHOMMEAUX J., « Le Comité des droits de l'Homme : 25 ans d'expérience », dans *Liberté, justice, tolérance, Mélanges en hommage au doyen COHEN-JONATHAN G.*, vol. 1, Bruxelles, Bruylant, 2004, p. 664-665.

[112] Voir OLINGA A. D., « Les mécanismes internationaux de promotion et de protection des droits de l'Homme », *op.cit.*, p. 38.

facultative sur le droit de recours individuel, espérant éviter tout droit de regard de la communauté internationale[113].

Le Comité des droits de l'Homme, comme tous les autres organes conventionnels de contrôle, n'a pas reçu le mandat de juger les États. Bien que ceux-ci pensent demeurer formellement libres de donner suite aux constatations et observations générales du Comité à cause du mutisme du Pacte à ce sujet, il semble que les États africains doivent prendre les mesures d'adaptation de leurs droits internes pour éviter des violations comparables. En effet, le maintien d'une réglementation jugée lacunaire ou incompatible avec le Pacte pour quelque raison que ce soit est non seulement contraire au devoir général des États contractants d'assurer de bonne foi la protection effective des droits garantis, mais semble aussi tout à fait illogique dans la mesure où, restant inchangée, ladite réglementation est susceptible de servir de fondement à d'autres communications qui aboutiraient à la même condamnation[114].

Cependant, malgré cet effort prétorien du Comité des droits de l'Homme de rendre contraignantes ses constatations en faveur de la protection effective de ces droits, celui-ci se heurte à une manifestation claire de la volonté des États parties à ne pas se plier aux décisions de cet organe de garantie. Les États africains semblent, en effet, se méfier de la compétence générale de développement et d'interprétation que le Comité exerce, car la pratique montre que les constatations faites à l'issue de l'analyse des communications ne reçoivent pas de suite favorable de leur part et, ce, nonobstant la désignation d'un rapporteur spécial chargé de vérifier les suites réservées par les États avec possibilité de signaler les éventuelles défaillances à l'Assemblée générale des Nations Unies dans les rapports annuels[115]. Cet état de choses démontre que l'exécution des décisions du Comité des droits de l'Homme est fonction de l'attitude des États africains,

---

[113] COHEN-JONATHAN G., « Conclusions générales : La protection des droits de l'Homme et l'évolution du droit international », *op.cit.*, p. 312.

[114] Voir COHEN-JONATHAN G., « Quelques considérations sur l'autorité des arrêts de la Cour européenne des droits de l'Homme », in *Liber Amicorum Marc-André Eissen*, 2008, p. 51.

[115] Nations Unies, *Rapport du Comité des droits de l'Homme*, vol. 1, Supplément n° 40 (40/59/40), New York, novembre 2011, p. 145-172.

de l'acceptation du rôle qu'ils jouent au sein de l'organe et de l'ambiance qui y prévaut, le dialogue qui s'y établit avec les États incriminés ainsi que de la bonne foi de leurs gouvernements. À ce titre, les mécanismes demeurent dans le domaine mal défini des préceptes moraux avec pour effet la difficulté de l'emporter sur les principes reconnus en droit international. Il est donc clair que les mécanismes du Comité des droits de l'Homme ne sont pas particulièrement efficaces[116].

En fait, les Nations Unies sont loin du schéma idéal de protection reposant sur une Cour mondiale des droits de l'Homme à juridiction obligatoire. À cet égard, l'idée de la réforme est toujours d'actualité, car tous les jours les droits sont violés en Afrique, en Amérique latine, dans certains États européens et même dans de véritables démocraties pluralistes. Par-delà les réformes institutionnelles globales, qui sont sans doute nécessaires, c'est avant tout sur la capacité et sur le bon vouloir des États que repose l'édifice. C'est dans ce « *nouveau volontarisme* »que résideront les progrès. Chacun des organes a un rôle à jouer dans « *l'incitation à ratifier les instruments et à accepter les contrôles, dans la recherche et la compréhension des obstacles aux acceptations et à la mise en œuvre et dans les solutions à découvrir et à proposer* »[117].

Conclusion

En définitive, la fragilité du droit international réside dans l'inefficacité relative de ses sanctions dans la mesure où de nombreuses règles qu'il pose peuvent parfois être violées en toute impunité. Aucune des institutions chargées de son respect ne dispose d'un pouvoir coercitif efficace. Le Comité des droits de l'Homme par exemple oriente ses travaux moins sur la dénonciation des violations du Pacte par tel ou tel État, que sur l'approfondissement des concepts au vu des violations et des insuffisances constatées. Il en est de même des autres mécanismes institués par les conventions élaborées dans le cadre des Nations Unies, fonctionnant selon

---

[116] HUARAKA T., « Les droits civils et politiques », *in* BEDJAOUI M. (dir.), *Droit international. Bilan et perspectives*, *op.cit.*, p. 1148.
[117] DHOMMEAUX J., « La réforme du système des Nations Unies dans le domaine des droits de l'Homme », *op.cit.*, p. 14.

des principes comparables[118]. Le respect du droit international public, bien qu'il apparaisse, à l'observation, que la plupart des États acceptent de se soumettre sans trop de résistance aux règles édictées par le droit, est soumis au bon vouloir des États africains. Et comme le droit international des droits de l'Homme doit inexorablement se tourner vers le droit international général pour assurer sa mise en œuvre, il n'est pas surprenant qu'il n'offre qu'un marginal et imparfait soutien à l'exécution des obligations étatiques en matière de sanctions[119].

En conséquence, les sanctions pour violation des droits de l'Homme, lesquelles existent, sont mineures, partielles et limitées. Ce climat de « *quasi-anarchie* » est favorable à la violation permanente des droits de l'Homme en Afrique, car malgré les condamnations dont font l'objet les États auteurs de ces violations, « *ils peuvent continuer à conclure les traités, à envoyer et recevoir des ambassadeurs, à participer aux débats des organes des Nations Unies et à voter sur telle ou telle autre résolution. Tel est le cas de certains pays comme l'Israël, l'Afrique du Sud du temps de l'Apartheid, le Chili et autres* »[120]. Les États, plus conscients des implications de leurs choix, hésitent à rendre contraignantes les règles de base et à s'engager à les respecter[121]. Bien qu'ils hésitent encore à s'engager dans cette voie qui consacrerait un très net recul de l'interétatisme, des notions comme celles de « normes impératives »[122], ou, plus concrètement, de « développement durable » ou de « responsabilité intergénérationnelle » traduisent la lente avancée de l'inéluctable « communautarisation » du droit international[123]. Des progrès ont déjà été réalisés, mais on pourrait faire davantage en appliquant les principes de

---

[118] DAILLIER P., FORTEAU M., PELLET A., *Droit international public*, 8e éd., Paris, LGDJ, 2009, p. 758.

[119] TAVERNIER P., ISABELLE C., « Les États africains et les instruments des Nations Unies relatifs aux droits de l'Homme », *Recueil juridique des droits de l'Homme en Afrique*, Bruxelles, Bruylant, 2002, p. 177-215.

[120] CASSESSE A., « La valeur actuelle des droits de l'Homme », Mélanges René Jean Dupuy, *Humanité et droit international*, Paris, Pédone, 1991, p. 70.

[121] CONFORTI B., « Unité et fragmentation du droit international », *RGDIP*, 2007, p. 29-56.

[122] BIANCHI A., "Human Rights and the magic of jus cogens", *EJIL*, 2008, p. 491-508.

[123] Voir DAILLIER P., FORTEAU M., PELLET A., *Droit international public*, *op.cit.*, p. 86.

l'initiative « Unis dans l'action » au domaine des droits de l'Homme, afin que le système des Nations Unies parle d'une seule voix et use de toutes ses ressources au service des droits de l'Homme[124].

Il reste que tous les obstacles politiques et techniques qui ont freiné jusqu'ici l'apparition d'un droit international cohérent et structuré n'ont pas disparu. Les procédés d'adoption et d'entrée en vigueur des engagements conventionnels les plus importants restent lents et lourds, au point que l'amélioration des procédures conventionnelles est devenue la préoccupation commune des organisations universelles. Il apparaît en particulier nécessaire de développer des techniques plus souples d'adaptation continue des traités, compte tenu du rythme rapide des progrès techniques[125].

---

[124] Voir BELLAMY A., « Les droits de l'Homme et l'ONU – Progrès et défis », *op.cit*, p. 3.

[125] Voir HAFNER G., BUFFARD I., « Risques et fragmentation en droit international », *in L'observateur des Nations Unies*, 2007, p. 29-56.

L'ORDRE PUBLIC ET L'EXERCICE DES LIBERTÉS PUBLIQUES EN DROIT CAMEROUNAIS

Martine BIKOE[1]

Résumé : la conciliation du Maintien de l'ordre et le respect des libertés publiques a pour but de donner aux forces de sécurité des outils à la fois théoriques et pratiques leur permettant d'exercer leur mission de maintien de l'ordre dans le respect des droits de l'Homme, des libertés fondamentales et de la sécurité des citoyens. Bien que certaines restrictions des libertés réduisent le pouvoir des individus d'exercer un droit, ces limitations dans la plupart des cas visent la sauvegarde de la société. Si le pouvoir de l'autorité administrative est étendu en matière de maintien de l'ordre public, il revient tout simplement au juge d'éviter qu'une dérive législative ne vienne brouiller la ligne de partage entre ce qui constitue une infraction de droit commun et ce qui relève de l'exception.

Mots clés : ordre public, libertés publiques, circonstances exceptionnelles, autorité de police administrative, juge.

Le début des années 90 marque une période forte de l'émergence des droits et libertés au Cameroun. En effet, suite aux revendications populaires observées pour plus de démocratie et de liberté[2], l'Assemblée nationale du Cameroun a adopté le 19 décembre 1990 une série de textes de lois qui, dotant le pays de lois libérales, renforcent l'exercice des droits et libertés

---

[1] Enseignant-Assistant à la Faculté des Sciences Juridiques et Politiques de l'Université de Ngaoundéré.

[2] Ces revendications trouvent leurs prémices avec retour du pluralisme politique observé au Cameroun à la fin des années 1987. En effet, au cours de cette année, le RDPC alors parti unique, va appliquer en son sein le principe des candidatures multiples à l'occasion des élections municipales. L'expérience sera renouvelée en 1998 avec les élections législatives. En 1990, le Cameroun va renouer avec le multipartisme à la suite de la promulgation des textes de lois sur les libertés. Ce retour au multipartisme a conduit à une certaine libération de la parole, à une libéralisation politique et des revendications d'appartenances. C'est ce qui va justifier les revendications relatives à l'organisation d'une « Conférence Nationale Souveraine ».

individuels et collectifs[3]. Parmi ces libertés se trouvent la liberté d'expression, la liberté de réunion, d'association, de manifestation, de religion, de presse, etc. Tous ces droits et libertés énumérés dans le préambule de la Constitution sont garantis à tous les citoyens de l'un et l'autre sexes par l'État[4]. Il n'est donc pas étonnant que la liberté qui est considérée comme le socle des prérogatives reconnues à tout individu[5] s'impose à toute autorité politique qui se trouve tenue d'en garantir le respect. Ce respect permet l'intervention du juge, particulièrement du juge administratif qui protège les libertés publiques contre toute atteinte illégitime de la part de l'administration[6].

Mais, au regard de la préservation des droits d'autrui, cette protection qui permet à l'individu ou au groupe de vivre à l'abri des empiétements de l'arbitraire étatique se heurte au monopole de la contrainte physique légitime détenu par les institutions et les agents de l'État[7]. C'est là qu'intervient le concept d'ordre public.

Perçu de prime abord comme le bon fonctionnement des institutions indispensables à la collectivité, l'ordre public est pour les juristes « une notion vague, complexe, changeante et quelque peu mystérieuse »[8]. L'idée d'intervention des forces publiques, au motif de l'intérêt général qui se profile derrière ce concept, limite les intérêts particuliers de chaque citoyen. Si par ordre public, il faut entendre « ce qui est si important qu'est mise en question l'essence de la société ou de son droit »[9], on comprend donc que ce concept ait droit de cité chaque fois qu'il faut éviter un péril grave menaçant

---

[3] Voir dans ce sens, la loi n° 90/53 du 19 décembre 1990 portant liberté d'association, la loi n° 90/52 relative à la liberté de la communication sociale, la loi n° 053/90 relative à la liberté de réunion et de manifestation publiques, etc.

[4] Voir préambule de la Constitution du 18 janvier 1996.

[5] FIALAIRE (J.) et MONDIELLI (E.), *Droits fondamentaux et libertés publiques*, Paris, Ellipses, 2005, 558 p, notamment p. 19.

[6] KERKATLY (Y.), *Le juge administratif et les libertés publiques en droits libanais et français*, Thèse de doctorat de l'Université de Grenoble, 2013, 361 p, notamment p. 13.

[7] Lire à juste titre, CAMER.BE, « Cameroun : Que dit la Loi camerounaise sur le régime des réunions publiques ? », *FIDH*, 03 mars 2013.

[8] PLANTEY (A.), « Définition et principes de l'ordre public », in : *L'ordre public*, Polin (R.), dir., PUF, 1995, p.27.

[9] Ordre public, in : *Dictionnaire constitutionnel*, DUHAMEL (O.), MENY (Y.), dir., PUF, 1992, p.683.

l'intégrité du territoire, la vie, l'indépendance ou les institutions de la République[10]. Ce mécanisme qui permet de se prémunir de tout péril ou de rétablir la paix et la cohésion sociale chaque fois que l'ordonnancement serait passagèrement troublé apparaît dans l'État du Cameroun comme un « objectif constitutionnel » sans lequel l'ensemble de la société, des libertés publiques et des valeurs se retrouveraient soudain en péril[11]. Autorisant à juste titre le souverain territorial à appliquer en tout temps et envers tous les individus présents sur son territoire, les règlements qu'il considère comme essentiels pour la sécurité, la tranquillité, la moralité publique et le bon gouvernement de son territoire, l'ordre public semble s'opposer *a priori* à l'exercice des libertés publiques.

Pour le non-juriste, l'ordre public est une notion teintée d'autoritarisme. Au regard du triptyque : sécurité, tranquillité et salubrité publique, l'ordre public apparaît comme l'expression d'une autorité qui s'impose aux destinataires d'une règle de droit[12]. En tant qu'expression de l'impérativité d'une règle de droit à laquelle on ne peut déroger, l'ordre public conduit nécessairement à la restriction de certaines libertés, liberté d'agir, de contracter, etc. S'il est vrai que l'exercice de certaines libertés comme la liberté de réunion ou de manifestation publique se heurte à de nombreuses difficultés résultant le plus souvent soit d'une maîtrise approximative de la loi par les organisations de la société civile, partis politiques, syndicats, etc., soit du non-respect de la loi par certaines autorités administratives, l'ordre public ordonne parfois d'agir d'une certaine façon conforme à ce qu'il impose, ce qui est une autre forme de restriction de la liberté[13].

Au regard du caractère flou de cette notion, l'ordre public est devenu à juste titre une notion fourre-tout[14]. Son élasticité semble la transformer en

[10] Voir dans ce sens l'article 9 de la Constitution de la République du Cameroun qui confère au président de la République, et par ricochet au gouvernement, des pouvoirs exceptionnels.

[11] Voir dans ce sens la loi n° 2014/ 028 du 23 décembre 2014 portant répression des actes de terrorisme au Cameroun.

[12] En droit administratif français, l'ordre public est l'état social idéal caractérisé par « le bon ordre, la sécurité, la salubrité et la tranquillité publique ».

[13] DUPIC (E.), *La notion d'ordre public. À propos de l'étude annuelle de la Cour de cassation*, Veille juridique de la Gendarmerie Nationale, n° 30, juin 2014, CREOGN, 37 p.

[14] On parle de l'ordre public aujourd'hui dans un sens plus large : on évoque de plus en plus un ordre public social, sanitaire, écologique, etc.

une espèce de fouet entre les mains du gouvernement sans aucune limite déterminée au préalable. Et le flou qui entoure cette notion est conforté dans le cadre juridique camerounais par la définition du terrorisme qui ressort de la loi du 23 décembre 2014 portant répression des actes de terrorisme. Cette définition est d'autant plus improbable que certaines formes légitimes d'exercice des libertés fondamentales se retrouvent souvent incriminées. C'est ainsi qu'une manifestation publique n'émanant pas du gouvernement peut être interdite pour seul fait qu'elle aboutirait aux actes de terrorisme. Mieux encore, l'ordre public est invoqué chaque fois que l'État cherche à prévenir et à réprimer ce phénomène aux formes incertaines. Cette caractérisation large du terrorisme justifie sa qualification d'infractions ayant pour but « de troubler l'ordre public par l'intimidation et la terreur »[15]. Si l'ordre public peut être invoqué lorsque les principes sur lesquels se basent les populations pour pratiquer leur liberté contredisent les mœurs, la moralité, ou les croyances, dans le cas du terrorisme, il peut aussi arriver que la sécurité, composante de l'ordre public, mise en cause qu'on entend protéger, soit une disposition légale ou constitutionnelle concernant la réglementation des libertés. Si la loi antiterroriste sus-évoquée apparaît *a priori* comme une loi liberticide, elle vise au fond la garantie de l'État. L'ordre public apparaît ainsi comme une limite légitime aux libertés individuelles. Loin de s'approprier cette notion, l'acte fondamental de la République du Cameroun s'est contenté d'en donner des indices. C'est ainsi que son préambule énonce que : « Nul ne peut être inquiété en raison de ses origines, de ses opinions ou croyances en matière religieuse, philosophique ou politique sous réserve du respect de l'ordre public et des bonnes mœurs »[16].

Au regard de cet énoncé, l'ordre public se voit reconnaître une valeur constitutionnelle dès lors qu'il représente « ce qui est nécessaire pour la sauvegarde des fins d'intérêt général ayant valeur constitutionnelle »[17]. À travers cette limite à la liberté d'expression et à son corollaire la liberté d'information, le Préambule de la Constitution insère une exception, mieux

[15] Voir dans ce sens, l'article 421-1 du Code pénal français.

[16] Voir Préambule de la Constitution du 18 janvier 1996.

[17] Voir, Décision du Conseil Constitutionnel français des 19 et 20 janvier 1981 sur la loi sécurité et liberté.

encore un tempérament à cette liberté qu'on pourrait penser absolue. Cette dérogation aux libertés et droits fondamentaux motivée par la sûreté publique[18], à y regarder de plus près, ne saurait faire de l'ordre public une notion négative et autoritaire. Si l'autorité publique utilise l'ordre public pour motiver son action, les citoyens éprouvent les frontières de l'ordre public comme une borne posée à l'exercice de leurs propres libertés ; borne à laquelle ils préfèrent se conformer la plupart du temps (en la confortant), mais qu'ils choisissent aussi de contester parfois[19]. Au regard du gonflement du concept d'ordre public aujourd'hui, celui-ci ne se limite plus à son aspect purement matériel récusant toute métaphysique. Se détachant ainsi de ses composantes classiques, l'ordre public accepte de prendre à son compte des éléments qui se rattachent difficilement à ces composantes, tels la moralité publique et le respect de la dignité de la personne humaine. En d'autres termes, autant l'ordre public permet que règnent au sein d'une société, la sûreté, la sécurité ou la salubrité publiques, autant il assure au même titre le respect de la dignité de la personne humaine. Il est avant tout le garant des libertés publiques, car, comme l'énonce l'article 4 de la Déclaration des droits de l'Homme et du citoyen de 1789, « la liberté consiste à pouvoir faire tout ce qui ne nuit pas à autrui » et la loi, expression de la volonté générale, est là pour assurer ce principe[20].

---

[18] Selon Kellen Martins DA ROSA, le droit à la sûreté est une garantie selon laquelle les limitations des droits individuels, les arrestations et les peines respectent le cadre strictement prévu par la loi et résultent d'une loi antérieurement promulguée. Les individus n'ont rien à redouter de l'État si dans l'exercice de leur liberté individuelle ils respectent le droit d'autrui ainsi que les limites imposées par la loi. Voir DA ROSA (K.M.), « Le droit à la liberté et à la sûreté dans la jurisprudence interaméricaine », *in* : *Le particularisme interaméricain des droits de l'Homme*, en l'honneur du 40e anniversaire de la Convention américaine des droits de l'Homme, Paris, A. Pedone, p. 251-270, notamment p. 252.

[19] BREILLAT (J.), « Ordre Public, ordre social, ordre politique : quelles interactions ? » *in* : *L'ordre public : Ordre public ou ordres publics ? Ordre public et droit fondamentaux*, Actes du colloque de Caen, 11 et 12 mai 2000, Bruxelles, Bruylant, 2001, p. 247-283, notamment p. 248.

[20] Mieux encore, la liberté est le « droit de n'être privé, par la contrainte, de la faculté d'aller et d'agir à sa guise, que dans les cas expressément prévus par la loi (liberté individuelle) » ; lire ARNAUD (A-J.) (dir.), *Dictionnaire encyclopédique de théorie et de sociologie du droit*, 2e éd., Paris, LGDJ, p. 345.

S'imposant à juste titre, selon la formule de Portalis, comme « la loi suprême dans une société, le maintien de l'ordre public apparaît nécessaire à l'exercice des libertés publiques. Celles-ci qui sont connues et réclamées par tous et partout, sont aujourd'hui organisées juridiquement. Leurs conditions d'existence et d'exercice qui sont généralement déterminées par le droit positif qui prévoit les garanties de leur exercice permettent à tout individu de les exercer. Si la liberté est un pouvoir d'autodétermination, en vertu duquel l'homme choisit lui-même son comportement personnel et détermine ses limites, les libertés publiques peuvent donc être définies comme « des droits dont jouissent les particuliers et qui s'analysent en la reconnaissance en leur faveur d'un certain domaine d'autonomie »[21]. Mieux encore, ce sont des « pouvoirs d'autodétermination qui visent à assurer l'autonomie de la personne humaine, sont reconnus par des normes à valeur au moins législative, et bénéficient d'un régime juridique de protection renforcée même à l'égard des pouvoirs publics »[22]. L'administration qui incarne ces derniers est aujourd'hui omniprésente dans tous les domaines de la vie humaine. Une telle présence ne peut être sans risque pour les libertés publiques dans la mesure où l'administration jouit de la contrainte légale qui est composée d'une double contrainte : juridique et armée. Ce risque exige que les libertés publiques soient garanties contre l'action de l'administration[23]. Correspondant à n'en point douter à la couverture des citoyens contre l'autorité et l'arbitraire, les libertés publiques sont parfois restreintes par des mesures prises par l'autorité de police administrative[24] pour des considérations d'ordre public[25]. Pareilles mesures ne sont légitimes

[21] COLLIARD (C-A.), *Libertés publiques*, Paris, Précis Dalloz, 7e édition, 1989, p. 22.

[22] LEBRETON (G.), *Libertés publiques et droits de l'Homme*, 8e édition, Paris, Dalloz-Sirey, 2009, p. 15.

[23] La première institution à garantir les libertés publiques contre l'administration est le juge administratif, son juge ordinaire. L'importance de son rôle en cette matière découle du fait que ce dernier est compétent pour juger les actes et faits de l'administration, mais elle découle aussi de l'intérêt à protéger qui est les libertés publiques.

[24] Par police administrative, il faut entendre l'ensemble de la réglementation propre à assurer l'ordre public. Il s'agit d'une activité qui vise à assurer le maintien de l'ordre public, sans tendre à la recherche et à l'arrestation des auteurs d'une infraction déterminée.

[25] Voir les interventions de la police administrative pour réprimer par exemple les atteintes à la tranquillité publique telles que les disputes et le tumulte excités dans les lieux publics, les

et respectueuses des libertés publiques que si elles sont proportionnées et particulières par rapport à l'atteinte à l'ordre public subie.

Si les mesures de police administrative sont le plus souvent contestées parce qu'attentatoires aux droits fondamentaux et aux libertés publiques, ces mesures peuvent aussi viser la garantie de l'ordre public sans lequel l'exercice des libertés ne saurait être assuré. Mieux encore, si l'on admet que le maintien de l'ordre public est nécessaire à la protection de l'exercice des libertés publiques, on comprend que les limites qui peuvent être légitimement posées à l'exercice desdites libertés sont celles nécessaires à leur protection. Ce sont ces restrictions qui soulèvent dans la plupart des constitutions du monde, l'éternel problème de la conciliation du droit de l'individu avec le droit de la société, de la conciliation de l'ordre avec la liberté[26]. **Peut-on concilier le maintien de l'ordre public et l'exercice des libertés fondamentales ?** Cette question soulève celle de la limitation des droits fondamentaux constitutionnels par l'ordre public.

Dans le cadre de cette analyse où l'on s'intéressera particulièrement aux libertés publiques qui tendent à l'expression active des convictions dont l'exercice est le plus susceptible d'être une cause de trouble à l'ordre public, il sera question de mesurer le renouvellement des exigences de l'ordre public dans l'ordre juridique camerounais et ses implications sur les droits et libertés garantis par la Constitution. S'il est difficile d'établir un équilibre entre les exigences de l'ordre public avec l'exercice des libertés, il ne s'agit là que d'une contradiction apparente (I). Le dépassement de celle-ci laisse apparaître une réelle conciliation entre ces deux aspects de la mission de l'État, puisque la finalité de l'ordre public n'est rien d'autre que la protection de la société (II).

I- L'apparente contradiction entre la mission sécuritaire et l'exercice des libertés publiques

Si la pratique a démontré qu'assurer la possibilité pour les citoyens de recevoir et communiquer des informations renforce le dialogue social et

---

attroupements, les bruits qui troublent le repos des habitants et tous actes de nature à compromettre la tranquillité publique.

[26] LUCHAIRE (F.), *Naissance d'une constitution : 1848*, Fayard, 1998, p. 55.

favorise la consolidation des institutions démocratiques[27], la nécessité de limiter les libertés publiques rend possibles l'exercice simultané de la mission sécuritaire et la protection des droits fondamentaux. Toutefois, il faut reconnaître que bien que l'ordre public et les libertés publiques soient deux valeurs constitutionnelles garanties (A), celui-là est conçu comme une limite à l'exercice de celles-ci (B).

A- L'ordre public et les libertés publiques, deux valeurs constitutionnellement garanties

Le maintien de l'ordre public et la garantie des libertés publiques sont de la responsabilité de l'État. Celui-ci qui apparaît comme la condition d'émergence et de protection de la société civile a, vis-à-vis de ses citoyens et sur son territoire national, l'obligation d'assurer l'exercice des libertés de tous (1), en prenant les dispositions nécessaires au regard du maintien de l'ordre public (2).

1- L'énonciation des libertés publiques par l'ordonnancement juridique

Le Cameroun s'est engagé depuis 1990 dans un large processus de proclamation des droits et libertés. Adhérant ainsi au principe des libertés, le Cameroun intègre dans son ordonnancement juridique, des principes consacrés par les textes internationaux[28]. C'est ici le lieu de rappeler que la place occupée par les droits et les libertés au sein de la pyramide normative d'un État est prépondérante pour leur protection. C'est donc à ce titre que la Loi fondamentale[29] du Cameroun, qui organise l'État au plan institutionnel et matériel, ne se limite pas seulement à proclamer des droits inaliénables et sacrés reconnus à tout humain sans distinction de race, de religion, de sexe, de croyance. Affirmant son attachement aux libertés fondamentales inscrites dans la Déclaration universelle des droits de l'Homme, la Charte des Nations Unies, la Charte africaine des droits de

---

[27] Lire, *Maintien de l'ordre et respect de la liberté d'expression*, Manuel pédagogique, UNESCO, 2014, 198 p (notamment p.7).

[28] L'affirmation des libertés publiques est le fait d'instruments juridiques internationaux introduits dans l'ordre juridique interne camerounais, soit par leur insertion dans le texte constitutionnel, soit par l'adhésion du Cameroun à ceux-ci ou par leur ratification par ce pays.

[29] Il s'agit de la Loi n° 06/96 du 18 janvier 1996 portant révision de la Constitution du 2 juin 1972.

l'Homme et des peuples et les conventions internationales y relatives et dûment ratifiées, la Constitution confie au pouvoir législatif le soin de réglementer les droits et libertés. Au regard de l'alinéa 2 de son article 26 qui identifie six domaines qui tombent dans le domaine de la loi, seuls rentrent dans ce cadre relatif aux libertés « les droits, garanties et obligations fondamentaux du citoyen, le statut des personnes et le régime des biens »[30]. Tous les droits qui y sont énoncés renvoient expressément à la loi pour leur réglementation.

En outre, cette Loi énonce que : « Nul ne peut être inquiété en raison de ses origines, de ses opinions ou croyances en matière religieuse, philosophique ou politique sous réserve du respect de l'ordre public et des bonnes mœurs ». En étendant la garantie à la liberté de culte et le libre exercice de sa pratique[31], le texte constitutionnel à travers son préambule assure ainsi le respect d'autres libertés telles que la liberté de communication, d'expression, de réunion, d'association, etc., reconnues à tous les citoyens de l'un et de l'autre sexes dans les conditions fixées par la loi. Outre ce préambule[32], de nombreux textes législatifs et réglementaires renforcent et concrétisent les droits et libertés édictés dans la Constitution et les instruments internationaux et régionaux sus-évoqués. Ces textes de lois qui permettent au législateur d'étoffer l'édifice juridique de protection des droits et libertés au Cameroun[33] mettent en exergue les libertés de réunion, de manifestation et de culte qui permettent à l'homme soit de s'exprimer ou

---

[30] Rentrent dans les droits, garanties et obligations fondamentaux du citoyen : - la sauvegarde de la liberté et de la sécurité individuelles ; - le régime des libertés publiques ; - le droit du travail, le droit syndical, le régime de la protection sociale ; - les devoirs et obligations du citoyen en fonction des impératifs de la défense nationale. Le statut des personnes et le régime des biens sont quant à eux constitués de : - la nationalité, l'état et la capacité des personnes, les régimes matrimoniaux, les successions et libéralités ; - le régime des obligations civiles et commerciales ; - le régime de la propriété mobilière et immobilière.

[31] Pour ce qui est de la liberté de religion, lire dans ce sens, GUIMDO (B-R.), « Réflexion sur les assises juridiques de la liberté religieuse au Cameroun », *Les Cahiers de droit*, vol. 40, n° 4, 1999, p. 791-819.

[32] Voir l'article 65 qui dispose que « le préambule fait partie intégrante de la Constitution » ; à ce titre, toutes les libertés qu'il énonce sont élevées au rang de valeur constitutionnelle.

[33] MONEMBOU (C.), « Enjeux démocratiques et sociaux de la liberté de réunions et de manifestations publiques », *Symposium national sur la liberté de réunion et de manifestation publiques au Cameroun*, Yaoundé, 2014, p. 28-33.

de s'associer à autrui pour passer un message, soit de manifester sa conviction, individuellement ou en commun, tant en public qu'en privé. À titre d'illustration on peut citer : la Loi n° 90/052 du 19 décembre 1990 portant sur la liberté de communication sociale, modifiée par celle n° 96/04 du 16 janvier 1996, la Loi n° 90/053 du 19 décembre 1990 portant sur la liberté d'association, la Loi n° 90/55 du 19 décembre 1990 portant régime des réunions et des manifestations publiques. Cette dernière qui occupe une place de choix dans le dispositif juridique, sans fournir une définition précise de nature à englober toutes les libertés publiques, détermine néanmoins les modalités d'exercice de chacune de ces libertés.

En ce qui concerne la liberté religieuse, celle-ci implique « la liberté de manifester sa religion (ou sa conviction), individuellement ou en commun, tant en public qu'en privé, par le culte et l'accomplissement des rites, les pratiques et l'enseignement »[34]. Au regard de ces deux modalités d'exercice qui mettent en présence les aspects individuels et communautaires, privés et publics, étroitement liés entre eux, la liberté religieuse connaît une intervention moins pesante de l'autorité administrative[35]. Mieux encore, et conformément à l'article 6.2 de la loi du 19 décembre 1990, « les sorties sur la voie publique conformes aux traditions et usages locaux ou religieux » ne sont pas soumises à l'obligation de déclaration préalable. Les groupes religieux doivent simplement au préalable être homologués et les pouvoirs publics se réservent le droit de suspendre les activités des groupes exerçant sans autorisation. Il en va différemment de la liberté de réunion et de manifestation.

Si la liberté de réunion est le droit reconnu à tout individu de s'assembler avec autrui, la réunion ne peut avoir de caractère d'ordre public que lorsqu'elle se tient dans un lieu public ou ouvert au public[36]. Bien que les réunions et manifestations publiques soient libres, le législateur camerounais distingue toutefois les réunions et manifestations publiques des réunions et manifestations sur la voie publique. Alors que les premières sont soumises au

[34] Voir respectivement les articles 18 de la Déclaration universelle des droits de l'Homme et le Pacte international relatif aux droits civils et politiques.

[35] Voir le Décret du 28 mars 1933 organise l'exercice de la liberté religieuse au Cameroun dans son aspect cultuel.

[36] Voir article 20 de la loi n° 90/55 du 19 décembre 1990.

mécanisme de déclaration préalable, les secondes quant à elles sont soumises à l'exigence d'autorisation préalable.

Tout d'abord, la déclaration préalable est le procédé qui permet à chaque citoyen d'exercer librement une liberté publique tout en informant tout simplement l'autorité administrative qui ne peut tout au plus que prendre des mesures de police qu'en cas de nécessité. S'analysant « en une information des autorités publiques »[37], la multiplicité de ses applications jette généralement un trouble sur sa catégorisation. C'est parce qu'elle offre tantôt le visage de l'autorité, tantôt le visage de la liberté totale que certains auteurs la « situent quelque part entre le régime de la liberté totale – qui peut s'exercer sans que nul ne doive en être préalablement informé – et celui de l'autorisation pure et simple »[38]. La déclaration préalable se distingue ainsi de l'autorisation préalable. Cette dernière qui est le procédé le plus rigoureux du régime préventif donne à l'autorité administrative, la latitude d'autoriser ou de refuser l'exercice d'une liberté. Exigeant une action, ce procédé d'habilitation des libertés fixe les conditions de leur exercice tout en permettant à l'administration une surveillance. Ces modalités du régime préventif des libertés publiques visent l'une comme l'autre à maintenir l'ordre, à empêcher toutes infractions aux lois, à interdire tout discours à l'ordre public et aux bonnes mœurs ou de nature à inciter la commission des actes qualifiés de crimes ou de délits[39]. Il faut cependant noter que cette distinction faite par le législateur est diluée par l'article 6 de la loi qui soumet autant la réunion publique que la réunion sur la voie publique à l'exigence de déclaration préalable, en permettant toutefois à l'autorité administrative en cas de menace à l'ordre public, soit de changer l'itinéraire de la manifestation, soit d'interdire par arrêté ladite manifestation.

---

[37] NGUELE ABADA (M.), *État de droit et démocratisation : contribution à l'étude de l'évolution politique et constitutionnelle au Cameroun*, Thèse de doctorat en droit public, Université de Paris I Panthéon – Sorbonne, 1994, Tome II, p. 352.

[38] MARTIN (P-M.), *La déclaration préalable dans le régime des libertés publiques*, AJDA, octobre 1975. p. 436.

[39] Voir article 5 de la loi de 1990.

2- Consécration et contenu de l'ordre public, essai d'une définition impossible

En dépit d'une faible consécration par les Constituants, l'ordre public bénéficie d'une pluralité d'ancrages dans le texte constitutionnel. Le Conseil constitutionnel peut s'appuyer sur l'alinéa 1er de l'article 26 ou sur les dispositions du préambule de la Constitution de 1996 consacrant une liberté ou un droit déterminé, pour énoncer la mission de conciliation entre l'ordre public et les libertés confiée au législateur. Au regard de cette mission, il apparaît clairement que le maintien de l'ordre public a un prix à payer : la restriction des libertés publiques. Mieux encore, la dialectique de l'ordre public et des libertés est délicate, en ce qu'elle implique que l'ordre public restreigne les libertés seulement lorsque leur protection l'exige. Conçu en principe comme apportant des limites aux libertés publiques, l'ordre public, au regard de la mission du juge, apparaît aussi comme une condition nécessaire à l'exercice effectif desdites libertés. La consécration de cette notion au service des libertés publiques se fait tant au niveau de la détermination de cette notion que des mesures de police prises en vue de maintenir l'ordre public.

Si la loi camerounaise prévoit le maintien de l'ordre public, elle ne détermine pas pour autant ce qu'elle entend par ordre public[40]. Aucun texte de droit positif ne définit abstraitement l'ordre public. La plupart du temps, le législateur n'en donne qu'une définition parfois lapidaire ou du moins défectueuse. Il n'est donc pas étonnant d'entendre David D. Siegel affirmer que « *It is impossible to define a state's public policy* »[41]. C'est aussi parce que l'ensemble de la doctrine française s'accorde pour dire qu'il n'existe pas de définition arrêtée de l'ordre public que le doyen Batiffol n'a pas hésité de

---

[40] L'on enregistre tout de même une définition de l'ordre public à travers la loi n° 75/17 du 8 décembre 1975 qui traite du sursis à exécution. Son article 122 définit l'ordre public sous un double point de vue normatif et procédural. Dans le sens normatif, l'ordre public désigne presque toujours le but que vise une norme ou quelquefois son motif ; du point de vue procédural, l'ordre public s'applique au caractère de telle règle donc on va souligner l'impérativité.

[41] SIEGEL (D.D.), *Conflicts*, West Nutshell series of West publishing co., 2nd ed., 1994, p.166.

souligner que « tous les essais de définition de cette notion ont naturellement échoué »[42].

Toutefois, au regard du caractère particulier accordé à cette notion en droit camerounais ou encore plus restrictif qu'en droit français d'où elle est tirée[43], on se serait attendu que la doctrine camerounaise puisse encadrer cette notion pour la conceptualiser. Mais de façon presque générale, au lieu d'essayer de la définir, elle se contente toujours de présenter et qualifier l'ordre public comme une notion imprécise. Elle estime qu'il est important de ne pas se méprendre sur le sens et la portée de cette notion dans la mesure où elle « permet toutes sortes d'interprétations et par cela même légitime toutes les interventions du pouvoir, que celles-ci se fassent a priori ou a posteriori »[44]. Pourtant, comme le souligne Madame Marie-Christine Rouault, « l'ordre, entendu au sens large, ne saurait être préservé s'il fallait que le législateur intervienne à tout moment. Il ne saurait l'être davantage s'il fallait que le chef de l'État ou du gouvernement édicte un règlement, adapté à chaque circonstance »[45]. Cette difficulté à définir l'ordre public résulte du fait que son maintien ne se décrète pas[46]. En fait, reflétant l'organisation politique et juridique de l'État[47], l'ordre public apparaît davantage comme une notion fonctionnelle que conceptuelle : on y connaît

---

[42] BATIFFOL (H.), *Aspects philosophiques du droit international privé*, Dalloz, réédition de 2002 présentée par Yves Lequette, p.159.

[43] Alors qu'en droit français cette notion vise la sécurité, la tranquillité et la salubrité publiques, les textes camerounais l'emploient fréquemment à côté d'autres notions, notamment celles de sécurité et de tranquillité comme s'il s'agissait des notions autonomes. Voir dans ce sens, BIPOUM-WOUM (J.M.), « Recherche sur les aspects actuels de la réception du droit administratif dans les États d'Afrique noire d'expression française : le cas du Cameroun », in *RJPIC*, n° 3, 1972, p. 359-388. ABA'A OYONO (J.C.), *La compétence de la juridiction administrative en droit camerounais*, Thèse de doctorat, Nantes, 1994, p.7 ; KAMTO (M.), *Droit administratif processuel au Cameroun*, Presses Universitaires du Cameroun (PUC), Yaoundé 1990, p. 176.

[44] BINYOUM (J.), *Le contentieux de la légalité en droit administratif camerounais*, Thèse, Droit, Toulouse, 1979, p. 66.

[45] ROUAULT (M-C.), *L'interdiction par un maire de l'attraction dite de « Lancer de nain »*, LPA, n° 11 du 24 janvier 1996, p. 32.

[46] *Ibid.*

[47] BERNARD (P.), *La notion d'ordre public en droit administratif*, février, Paris, LGDJ, 1962, p. 27.

mieux son existence que son essence. La simple référence à une menace à l'ordre public est une motivation suffisante qui peut rendre pratiquement impossible l'exercice d'une liberté publique. Vu sous cet angle, il suffit à l'administration de viser les nécessités d'ordre public dans sa décision pour lier celle du juge.

Si l'ordre public est constitué de l'ensemble des lois de l'État, elles – mêmes incarnées par les statuts, les règles, les décisions, les ordonnances ou tout autre ensemble équivalent[48], est-il nécessaire de le figer en une définition qui s'étend et se rétracte à la discrétion des juridictions ? S'il est vrai qu'une définition précise aurait permis de cerner les contours de cette notion, cela ne semble toutefois pas indispensable dans la mesure où c'est à l'État qu'il revient de déterminer le contenu de l'ordre public pour le faire évoluer en fonction des changements sociétaux. Face à l'impératif de lutter de façon efficace contre le terrorisme, le gouvernement du Cameroun, comme la plupart de ceux du monde, a promu un dispositif et des mesures qui visent une plus grande sécurité bien que se heurtant aux valeurs fondamentales démocratiques et à l'État de droit. La loi du 23 décembre 2014 portant répression des actes de terrorisme ne définit pas le terrorisme. Comme le droit international général qui rencontre des difficultés pour s'accorder sur une incrimination générale et acceptée de ce phénomène qui a des résonances politiques et idéologiques très marquées[49], la loi camerounaise ne vise que quelques aspects du terrorisme[50].

Cette loi ne détermine pas les actes de terrorisme par nature ; elle définit le terrorisme par ses objectifs et ses effets. Pareille définition, bien

---

[48] Lire dans ce sens, SIEGEL (D.D.), *Conflicts*, *op cit.*, p.166.

[49] Lire *Dictionnaire des Droits de l'Homme*, Paris, PUF, 2008, p. 727-729 ; BERNARD (F.), « Droits de l'Homme et terrorisme », *in* : Maya HERTING RANDALL / Michel HOTTELIER, *Introduction aux droits de l'homme*, Editions Yvon Blais / LGDJ / Lextenso éditions/ Schulthess, éditions romandes, 2014, p. 593.

[50] L'article 2 de la loi du 23 décembre 2014 portant répression des actes terroristes donne une énumération des actes qualifiés de terrorisme par le législateur. Dans le cadre du droit international, voir par exemple la Convention du Conseil de l'Europe du 10 novembre 1976 pour la répression du terrorisme, la Convention des Nations Unies du 17 décembre 1979 sur la prise d'otages ou la Convention des Nations Unies du 15 décembre 1997 sur la répression des attentats terroristes à l'explosif, la Convention de l'Union africaine contre le terrorisme de 1999, etc.

qu'arbitraire au regard de la non-détermination des actes qualifiés comme tels, constitue une nécessité pour l'État qui veut à tout prix assurer la sécurité du territoire et des individus. Mieux encore, la loi de 2014 vise l'infraction du terrorisme dans la mesure où ce dernier « a pour but de gravement déstabiliser ou détruire les structures fondamentales politiques constitutionnelles, économiques ou sociales d'un pays »[51]. L'État, agissant dans ce cadre de nécessité, recherche tout simplement le maintien de la sécurité qui est une des composantes de l'ordre public.

Si la notion d'ordre public est considérée comme une nécessité, le professeur Étienne Picard souligne qu'il est préférable de ne pas la définir par son contenu. En effet, toute définition relative au contenu conduirait à un échec puisque la nature de l'ordre public fait que son contenu concret est fonction des valeurs et des circonstances relatives. Voilà pourquoi il considère que « l'ordre public ne se saisit donc qu'à un autre point de vue : celui de son rôle dans une structure stable et globale, celle de l'institution primaire libérale. Or, au sein de cette institution, il nous semble à tous égards devoir être défini comme une norme de nécessité. Cependant, dans un régime de droit, la nécessité n'agit pas en principe directement : elle est médiatisée par le droit statutaire de l'institution qui met en forme juridique le processus de sa concrétisation »[52].

La difficulté de définir l'ordre public résulte aussi de son instabilité. Celle-ci découle de la variabilité de son contenu, lequel s'étend et se rétrécit en fonction du temps et du lieu. En relation directe avec l'étendue des libertés publiques, l'ordre public a connu une évolution qui lui a permis de passer d'un ordre public extérieur vers un ordre public moral. C'est ainsi que la définition de l'ordre public se trouve renforcée par ses composantes traditionnelles que sont la sécurité, la salubrité et la tranquillité publiques. À cela s'ajoutent la moralité publique, la dignité de la personne humaine ou l'environnement. Cette extension de la notion d'ordre public favorise les libertés publiques et permet que leur exercice soit conçu et interprété de façon extensive. Toutefois, force est de remarquer que malgré le lien qui existe entre ordre public et liberté publique, bien que les deux soient des

---

[51] Voir article 1er de la décision-cadre du Conseil de l'Union européenne du 13 juin 2002.

[52] PICARD (E.), *La notion de police administrative*, T. II, LGDJ, Paris, 1984, p. 533.

aspects de la responsabilité de l'État, il y a primauté du premier sur le second en cas de conflit. Et c'est cette primauté qui renforce parfois la difficile conciliation entre ces deux valeurs constitutionnellement garanties.

B- La primauté de l'ordre public sur l'exercice des libertés publiques

Le maintien de l'ordre public et l'exercice des libertés publiques apparaissent comme deux volets de la responsabilité de l'État où l'un n'est pensable qu'en référence à l'autre. Si l'on admet que l'ordre est nécessaire à la liberté et réciproquement, comment ignorer qu'il ne s'agit là que d'un versant de la relation entre ordre public et libertés fondamentales. La mise en œuvre de l'ordre public au regard de sa variabilité temporelle et spatiale ne préserve pas toujours les libertés. Chaque fois qu'il y a conflit entre l'ordre public et l'exercice des libertés, l'État fait primer la mission sécuritaire dans la plupart des cas. Cette antinomie entre ordre et liberté justifie le second versant de leur relation : celui de la contradiction entre la coexistence des autonomies individuelles et la contrainte sociale, incarnée par les règles et commandements du pouvoir[53]. Cette contradiction s'observe non seulement au niveau de la conception de l'ordre public, mais aussi de son détenteur et de ses manifestations.

Du point de vue de la conception, la Constitution du Cameroun conçoit l'ordre public et les libertés comme deux valeurs égales. Au regard de cette énonciation, autant il est nécessaire d'assurer l'ordre public, autant il est nécessaire de *défendre et de prendre soin des droits fondamentaux de façon quotidienne, et de s'en rendre digne en ayant l'esprit assez fort pour affronter la lutte le jour où ils seront en danger. Cette constante opération de promotion et de protection à travers la valorisation de la culture de la légalité et de la responsabilité place les libertés fondamentales au sommet de la hiérarchie des normes. Cette place est accordée aux libertés dans la mesure où elles reposent sur la sécurité.* Celle-ci qui détermine la confiance et la tranquillité repose sur des conditions matérielles, économiques, politiques qui entraînent l'absence de dangers pour les personnes et les biens. Si être en sécurité, c'est être libre dans la mesure où cela revient à ne pas céder au chantage de la violence, la sécurité est aussi l'un des arguments de prédilection servant à justifier les

[53] DRAN (M.), *Le contrôle juridictionnel et la garantie des libertés publiques*, Paris, LGDJ, 1968, p. 5.

restrictions aux libertés publiques. Le préambule de la Constitution de 1996 qui prône l'exercice des libertés les place justement dans une « balance » avec le principe de l'ordre public. En stipulant, « nul ne peut être inquiété en raison de ses origines, de ses opinions ou croyances en matière religieuse, philosophique ou politique sous réserve du respect de l'ordre public et des bonnes mœurs », le texte constitutionnel conditionne l'exercice des libertés au respect à l'ordre public. Cette limite des libertés est manifeste non seulement par la variabilité de certaines d'entre elles comme la liberté d'expression, mais aussi par l'absence de définition du concept d'ordre public et de la non-détermination de son contenu.

Précisément, en fixant le statut des libertés consacrées, le droit positif camerounais fait de l'ordre public une limite à leur exercice. En effet, il ne se borne pas à limiter les libertés simplement dans les cas où elles entrent en contraste avec les bonnes mœurs. Mais bien au contraire elle affirme que l'ordre public peut sous certaines éventualités constituer une justification de compression du droit auxdites libertés. Au regard de cette législation, la notion d'ordre public est constituée d'impératifs qui ne souffrent pas de dérogation. L'absence de définition matérielle ou de tout contenu explicite ou formel de l'ordre public justifie l'attitude du juge qui doit établir sa prééminence sur toute autre règle de droit, en le plaçant au sommet de la hiérarchie des normes, comme une nécessité impérieuse sans laquelle le libre jeu des libertés conduirait au désordre. C'est parce que l'ordre public est une condition préalable indispensable à la garantie d'un ordre juridique que l'État, à travers les limitations des libertés, s'impose deux directives : la coexistence des libertés et la protection de la société.

27. Les limitations apportées aux libertés constituent un critère fondamental qui permet de déterminer à partir de quel moment l'exercice d'une liberté peut être considéré comme constituant un danger social, c'est-à-dire portant atteinte à l'ordre public. On ne saurait parler d'atteinte à l'ordre tant que celui-ci n'est pas public. Pour pouvoir discerner un ordre public, Jacques Breillat souligne qu'il faut faire « appel à une définition négative, presque "par contraste" : appartiendrait à l'ordre public ce qui

n'appartient pas à l'ordre privé »[54]. En effet, si la sécurité, la sûreté, la tranquillité, la salubrité ou la moralité font partie de l'ordre, elles n'intéressent l'ordre public que lorsqu'elles ont un caractère public. Ce qui revient à dire que ce qui est public, que ce soit pour les libertés ou pour l'ordre, c'est ce qui se rapporte à des personnes, non concernées par leurs propres personnalités ou identités, mais situées en principe dans un lieu ouvert à tous ou, au moins, déterminé objectivement et avec des critères impersonnels[55]. L'espace public est le lieu qui permet à l'individu de se dégager de son appartenance sociale, de sa famille pour se consacrer au bien commun. En se livrant ainsi à l'ostensible ou au manifeste, le citoyen se détache « du privé »[56] pour prendre la parole destinée à défendre le bonheur public[57]. C'est dans l'intérêt de tous qu'il prend la parole. Ceci permet au particulier de céder le pas devant le général. On voit ainsi se profiler une première construction déjà abstraite de l'ordre public comme espace de contrainte. C'est dans les lieux ouverts au public, tels que la rue, les salles de spectacles ou les lieux de réunions que l'ordre public régule les comportements, étant donné que les libertés publiques ne peuvent s'épanouir en dehors d'un climat de bon ordre. Voilà pourquoi les flambées de violences imprévisibles et erratiques, c'est-à-dire les atteintes à l'ordre public confortent, dans une certaine mesure, la résurgence d'un discours sur « les incivilités » s'opposant préalablement à la citoyenneté[58].

Mais il arrive le plus souvent que l'ordre public dépasse l'aspect de régulation pour celui de l'interdiction pure et simple de l'exercice des libertés. Par exemple, lorsque les pouvoirs publics soupçonnent grâce à des indices évidents que certaines manifestations n'ont rien à voir avec une

---

[54] BREILLAT (J.), « Ordre Public, ordre social, ordre politique : quelles interactions ? », *op.cit.*, p. 5.

[55] KERKATLY (Y.), *Le juge administratif et les libertés publiques en droits libanais et français*, *op.cit.*, p. 235.

[56] Le privé renvoie à l'idée d'intérieur, de famille ou de maison ; l'espace privé est régulé dans le cadre clos de l'autorité familiale et domestique, alors que la sphère publique appartient au contraire à la collectivité.

[57] Lire dans ce sens, ARENDT (H.), *La condition de l'homme moderne*, Calmann Lévy, 1961 (1re éd. 1958) ; DUBY (G.), « Pouvoir privé, pouvoir public », *in Histoire de la vie privée*, Duby (G.), Ariès (P.), coll., dir., t.II, Seuil, 1999, p.17-50.

[58] Sur la notion complexe d'incivilité, lire ROCHE (S.), *La société incivile*, Seuil, 1996.

quelconque méthode démocratique de participation à la vie civile[59], et sont susceptibles de dégénérer facilement, car les individus y sont manipulés, ils peuvent procéder à l'interdiction ou à la limitation de la manifestation. Ces interdictions résultent de l'idée de risque encouru par le flou qui entoure la notion d'ordre public. L'ordre public est laissé entre les mains du pouvoir exécutif qui peut le manier à sa guise. C'est vrai que l'ordre public qui traduit « l'actualité du droit »[60] n'aurait de sens s'il était une sorte de notion rigide et figée dans le temps. Mais comment oublier que dans la prise des mesures préventives, ce même ordre apparaît parfois comme une espèce de fouet entre les mains du gouvernement ? Visant à effrayer ceux qui ne sont pas du pouvoir, l'ordre public fausse par là sa mission fondamentale qui consiste à assurer l'exercice des libertés.

La contradiction peut être encore plus manifeste au regard de l'élasticité de la notion d'ordre public qui fait entrer dans son contenu des valeurs nouvelles. Le terrorisme de plus en plus sert aujourd'hui de justification des mesures de l'ordre public. Or, le flou qu'on observe autant dans la notion d'ordre public que celle de terrorisme peut être un danger, dans la mesure où l'exercice normal des libertés peut être considéré comme un acte de terrorisme. Pour peu que l'on fréquente des personnes soupçonnées de terrorisme, l'on est assimilé à ces terroristes. Si l'on s'intéresse particulièrement à la rue, celle-ci constitue le contexte de nombreuses décisions importantes rendues par le juge administratif. Ces décisions sont le contexte qui dissuade le citoyen à la recherche patiente et pacifique de solutions concrètes aux problèmes collectifs. Précisément, la voie publique[61], en tant qu'espace politique peut être utilisée, d'une part, par les pouvoirs politiques qui créent des décors urbains comme expression symbolique de

---

[59] Tel est le cas, entre autres, lorsqu'il est évident que l'unique objectif d'un cortège n'est pas d'exercer le droit constitutionnel à la libre réunion ou à la libre manifestation, mais de porter atteinte à la sécurité publique et au caractère passif de la vie en communauté.

[60] BUCHER (A.), *La dimension sociale du droit international privé, Cours général*, RCADI, 2011.

[61] Le droit applicable à la rue se caractérise par la recherche d'un équilibre permanent entre l'affirmation des libertés fondamentales, telles les libertés de circuler ou de stationner, et les restrictions posées à ces libertés à certains usagers de la voie publique (ce peut être des commerçants, des automobilistes, ou des piétons) afin de faciliter la circulation ou le stationnement d'autres usagers.

leur puissance, et d'autre part par le peuple pour manifester son mécontentement. Mais au lieu que le maintien de l'ordre public impose une auto-contrainte et une maîtrise de soi qui contribuent à la pacification des espaces sociaux[62], la rue est devenue plus un espace de contrainte que de liberté. De simples tracts émanant des partis d'opposition peuvent être interdits parce qu'assimilés à de véritables actes de terrorisme.

La législation camerounaise organise certes le régime des rassemblements publics pacifiques sur la base d'une notification préalable auprès des autorités administratives. Leur interdiction ne peut se justifier que par des motifs d'ordre public, en raison des conséquences sur l'exercice d'autres libertés fondamentales, surtout en période électorale. Malheureusement, malgré les avancées observées dans le libre exercice des activités politiques et associatives, on continue à observer l'utilisation de la force par les forces de sécurité lors des réunions et manifestations publiques. Dans la plupart des cas, on a assisté, soit à des interdictions, soit à des répressions pures et simples desdites manifestations. Tel a été le cas de l'arrêté du préfet du Wouri qui interdisait tous les réunions, rassemblements et manifestations publics dans le département du Wouri pendant la période du 20 octobre au 3 novembre 2011[63]. Cette décision, bien que pouvant être justifiée par les troubles qu'auraient pu provoquer les marches des partis de l'opposition, était de nature à constituer une entrave au droit de rassemblement pacifique et à la garantie du respect des libertés durant les manifestations. Le maintien de l'ordre public prime l'exercice des libertés. C'est ce qui justifie parfois des arrestations et détentions arbitraires[64]. S'il est vrai que certaines marches de l'opposition, au regard de leur caractère violent, obligent les forces de sécurité à intervenir pour rétablir l'ordre, cela ne saurait justifier l'imprécision de la notion d'ordre public qui fait courir aux libertés un risque permanent.

---

[62] HAROCHE (C.), « Retenues dans les mœurs et maîtrise de la violence politique ». La thèse de Norbert Elias, *in La violence politique dans les démocraties occidentales européennes occidentales*, BRAUD (P.), dir., L'Harmattan, 1993, p. 47.

[63] Voir Arrêté préfectoral n° 0138/Ap/C19/Sa2 qui prohibe tous réunions, rassemblements et manifestations publics dans le département du Wouri pendant la période du 20 octobre au 3 novembre 2011. Cet arrêté a été pris à quelques heures de la proclamation des résultats du dernier scrutin présidentiel du 9 octobre 2011.

[64] Voir dans ce sens, les émeutes de la faim de février 2008.

Au-delà des cas où l'ordre public est utilisé à tort, c'est-à-dire dans les cas d'interdictions des libertés ne se justifiant pas par des motifs d'ordre et de sécurité publics, autant il peut justifier les circonstances exceptionnelles, autant il justifie l'exercice des libertés. Bien que les exigences du maintien de l'ordre public produisent des effets qui le plus souvent sont négatifs sur les libertés publiques et leur protection, la primauté de l'ordre n'a de valeur que si les conditions d'exercice des libertés publiques sont réunies. Voilà pourquoi l'administration doit par exemple en matière de tranquillité publique prendre des mesures permettant de lutter contre les tapages nocturnes ou bien contre les troubles que peut créer le déroulement de manifestations. De même, en matière de sécurité publique, composante la plus naturelle de l'ordre public, le fait pour l'administration d'édicter des règles de conduite sur la route protège contre les risques d'accidents, de dommages aux personnes et aux biens. Ces règles ne visent que l'exercice normal des libertés publiques. La protection de chacune des composantes de l'ordre public n'est exigée que parce qu'elle est nécessaire à l'exercice de certaines libertés publiques. Il ne saurait donc y avoir de contradiction entre libertés publiques et ordre public puisqu'une fois l'ordre public établi, la protection des libertés reprend sa place supérieure naturelle[65].

II- Le dépassement de la contradiction entre le maintien de l'ordre public et la protection des libertés

Si aucun homme ne peut exister sans liberté, et si l'on ne peut parler de société dans l'anarchie et le désordre, la contradiction entre l'ordre public et les libertés publiques ne peut être qu'apparente. C'est même parce que la vie sociale exclut la possibilité de l'existence de libertés sans frontière que le maintien de l'ordre public apparaît comme une condition préalable et essentielle pour leur exercice (A). Perçu donc comme une nécessité pour l'exercice des libertés, l'ordre public n'a pour finalité que la préservation de l'intérêt général (B).

A- L'ordre public et les garanties à l'exercice des libertés

Les exigences de l'ordre public en matière de libertés publiques supposent, particulièrement en période normale, que l'interdiction absolue

---

[65] KERKATLY (Y.), *Le juge administratif et les libertés publiques en droits libanais et français*, *op.cit.*, p. 235.

de l'exercice d'une liberté publique est alors seule prohibée. Si l'interdiction partielle de l'exercice des libertés publiques dans le but de maintenir l'ordre public constitue un instrument possible entre les mains du pouvoir de police (1), le maintien de l'ordre public est toutefois tempéré par les garanties qu'offre le juge (2).

1- Ordre public et mécanisme d'habilitation donné aux autorités publiques dans la restriction légitime des libertés

L'ordre public, du point de vue constitutionnel, est nécessaire à l'exercice des libertés, en ce sens qu'il tend à assurer la garantie effective des droits et libertés constitutionnels. Relevant, d'une part, du maintien d'un ordre face à certains désordres qui se traduisent, selon Jean Combacau, « par des agissements matériels »[66], il vise les comportements qu'il tend à réguler par des interdictions ou des injonctions de faire ou de ne pas faire. À ce premier ordre qui est celui de la régulation des comportements matériels s'ajoute, d'autre part, un ordre public qui relève cette fois-ci, des techniques juridiques qui « se rassemblent toutes sous une idée commune : les titulaires d'un pouvoir légal, c'est-à-dire d'un pouvoir de produire des effets de droit par leurs agissements, ne peuvent l'exercer en toute liberté, car des règles s'imposent à eux dans la façon dont ils en usent »[67]. Cet ordre public constitue un instrument entre les mains du pouvoir de police à condition que soient respectées les conditions générales d'édiction des mesures de police à savoir la nécessité et la proportionnalité. Mieux encore, il a pour but de concourir au maintien de la paix publique à travers les autorités publiques qui ont reçu la mission de veiller à son respect[68]. Ces autorités, connues sous l'appellation de police administrative, visent à « empêcher les faits ou les actes susceptibles d'atteindre la généralité des habitants, soit dans leur vie, dans leur santé et, plus généralement dans les "biens" qu'ils

---

[66] COMBACAU (J.), « Conclusions générales » in *L'Ordre public : ordre public ou ordres publics ? Ordre public et droits fondamentaux*, Actes du colloque de Caen des 11 et 12 mai 2000, Bruylant, 2001, p. 415-419.

[67] *Ibid.*, p. 420.

[68] LEGOUX (M.-C.), *L'ordre public, étude de droit comparé interne*, thèse droit, 2001, PUF, Coll. « Les grandes thèses du droit français », 2001, p. 193.

possèdent à titre propre, soit dans l'exercice paisible de leurs libertés, soit enfin dans la satisfaction de leurs besoins jugés essentiels »[69].

Si l'ordre public est donc un concept qui est au cœur des pouvoirs de police administrative, celle-ci peut être entendue comme « l'ensemble des interventions de l'administration qui tendent à imposer à la libre action des particuliers la discipline exigée par la vie en société, dans le cadre tracé par le constituant et le législateur »[70]. Maintenir l'ordre et faire que force demeure à la loi, c'est assurément le premier droit et le premier devoir de toute administration. Si le préfet et le maire sont principalement les autorités chargées[71] d'assurer l'ordre public, ils ne sauraient excéder leur compétence en prenant toutes les mesures que réclame la sûreté publique. Le choix de ces autorités tend à situer prioritairement l'exercice du maintien de l'ordre sur un territoire limité géographiquement[72]. Le maintien de l'ordre public est donc avant tout une responsabilité locale. Mais il faut noter ici que lorsque certains droits se trouvent en balance entre des intérêts particuliers et un intérêt général supérieur, l'exercice de la police administrative devient un exercice difficile dans la mesure où il s'agit pour les autorités compétentes d'assurer la protection de l'ordre public tout en respectant les libertés publiques garanties aux citoyens. Il n'est donc pas étonnant de la part de ces autorités, dans les cas douteux ou de désordre de se préoccuper moins de la sauvegarde des libertés publiques que des intérêts généraux dont ils ont la charge.

En matière de sécurité publique par exemple, si l'on s'intéresse particulièrement au maire, celui-ci qui intervient au titre de « la police municipale » a pour objet d'assurer le bon ordre, la sûreté, et la salubrité

---

[69] TEITGEN (P-H.), *La police municipale, étude de l'interprétation jurisprudentielle des articles 91, 94 et 97 de la loi du 5 avril 1884*, thèse droit Nancy, Sirey, 1934, 519 p, notamment p. 36.

[70] RIVERO (J.) et WALINE (J.), *Droit administratif*, précis, Paris, Dalloz, 21e éd., 2006, n. 347, p. 295.

[71] Au niveau national, l'autorité chargée de maintenir l'ordre public, c'est le Premier ministre. Il appartient au chef de l'État de prendre les mesures de police s'appliquant au niveau national. Alors que le Préfet intervient au niveau départemental, le maire assure la police communale.

[72] BREILLAT (J.), « Ordre Public, ordre social, ordre politique : quelles interactions ? », *op.cit.*, p. 10.

publique[73]. L'ordre public que doit défendre cette autorité administrative est l'ordre public matériel et extérieur. Cette partie de l'ordre public vise à éviter les accidents de la route, les effondrements d'immeubles, les tapages nocturnes ou les manifestations sur la voie publique, ainsi que la salubrité de l'eau ou des denrées alimentaires, etc. Le devoir du maire en tant que garant de l'ordre public consiste à veiller à ce que l'exercice d'une liberté ne puisse pas être une fenêtre pour la violation d'autres libertés. Dans le cadre par exemple de la procédure d'organisation d'une manifestation, l'intervention du maire se justifie par la nécessité de concilier l'exercice d'une liberté fondamentale, la liberté de manifestation et le respect d'un principe de valeur constitutionnelle, la sauvegarde de l'ordre public. Cette situation place l'administration dans une position inconfortable, car elle doit apprécier les circonstances de fait et permettre à la manifestation de se dérouler tout en prenant les mesures indispensables au maintien de l'ordre public. S'il est vrai que la voie publique a pour destination première l'exercice de la liberté d'aller et venir, il revient à l'autorité administrative de concilier cette liberté avec la liberté de manifestation de façon à assurer l'ordre public, notamment la sécurité publique en évitant que les véhicules ne percutent les manifestants. Les mesures prises par cette autorité locale permettent d'une part d'éviter que l'exercice de la liberté de manifester ne nuise à la liberté de circuler librement, et d'autre part de réaliser un objectif de valeur constitutionnelle : la sauvegarde de l'ordre public[74]. Cette appréciation des risques d'atteinte aux libertés publiques incombe aussi à d'autres autorités telles que le préfet ou les sous-préfets[75].

---

[73] Voir dans ce cadre en France, la loi du 5 avril 1884 Art.97 (actuel art. L131-2 du Code des communes).

[74] Boyer (A.), « La liberté de manifestation en droit constitutionnel français », *RDFC*, 2000, n° 44, p. 687-688.

[75] Principale autorité compétente au niveau de la région, le Préfet peut prendre toutes les mesures permettant de sauvegarder la sécurité publique sur les routes nationales en dehors des agglomérations. Compétent aussi pour prendre les mesures nécessaires au maintien de la tranquillité publique, il dispose d'un pouvoir de substitution en cas de défaillance des autorités municipales ; il faut noter ici que si les troubles ne concernent qu'une seule commune, le Préfet ne peut agir qu'après une mise en demeure infructueuse du maire. Dans l'hypothèse où le maintien de l'ordre public est menacé dans deux ou plusieurs communes limitrophes, le Préfet peut se substituer aux maires en question pour exercer les pouvoirs de police.

Ces autorités, à travers les mesures réglementaires prises, visent soit à réguler les conflits de droits au sein de la société qui peuvent résulter de l'exercice des libertés publiques, soit à conjurer les risques de violence engendrés par l'usage des libertés publiques[76]. Si l'article 6 de la loi n° 90-55 du 19 décembre 1990 portant régime des réunions et des manifestations publiques soumet à l'obligation de déclaration préalable, tous les cortèges, défilés, marches et rassemblements de personnes et, d'une manière générale, toutes les manifestations sur la voie publique, il faut noter que l'alinéa 2 de l'article 8 de ladite loi donne plein pouvoir à ces autorités administratives d'apprécier les risques de troubles à l'ordre public. Proches de la population, leur slogan serait rassurer et protéger. Sa présence dissuasive sur la voie publique a pour effet principal de réassurer les citoyens face au sentiment d'insécurité. Si l'autorité administrative estime que la manifestation projetée est de nature à troubler gravement l'ordre public, il peut soit lui assigner un autre itinéraire, ou un autre lieu, soit interdire la manifestation par arrêté qu'il notifie immédiatement au signataire de la déclaration au domicile élu.

Les autorités de police administrative disposent certes d'une marge d'appréciation importante dans l'édiction des normes qui leur confère une grande faculté de choisir les moyens destinés à préserver l'ordre public. Exercer ce pouvoir discrétionnaire ne signifie pas que l'autorité ne respecte pas la réglementation juridique. Voilà pourquoi, conformément à l'article 3 de la loi[77], aucune autorité administrative compétente ne peut de son propre chef suspendre ou arrêter une réunion ou une manifestation publique déclarée[78], à moins qu'elle constate avec de réelles motivations que l'exercice

[76] Voir respectivement, la manière dont la liberté d'expression, par voie de presse, peut entrer en conflit avec le droit à la protection des personnes privées et de leur vie privée ; les risques de violence que peut engendrer l'exercice des libertés publiques, tel est le cas des dérapages violents des manifestations sur la voie publique et des atteintes aux personnes et aux biens privés ou publics.

[77] Selon l'article 3 : « Les réunions publiques, quel qu'en soit l'objet, sont libres. Toutefois, elles doivent faire l'objet d'une déclaration préalable ». Voir loi n° 90/055 du 19 décembre 1990 qui fixe le régime des réunions et des manifestations publiques.

[78] Voir Affaire Ministère public contre BIKOKO Jean Marc et 06 autres (TPI / Yaoundé Centre-administratif du jugement n° 529/COR du 05 mars 2012 ; Affaire TALLA Jean Bosco contre Sous-préfet de Yaoundé 1er, TGI /MFOUNDI. Ordonnance n° 15/CC du 02 avril 2013. Dans cette seconde affaire, le requérant se fonde sur l'article 3 alinéa 1 de la loi n° 90/55 du 19 décembre 1990 portant régime des réunions et manifestations publiques,

de la réunion ou la manifestation publique pourrait constituer une menace à la sécurité de l'État. Les autorités administratives sont les gardiens de l'ordre et de la sécurité. Cette tâche principale justifie la primauté de l'ordre public dans leurs préoccupations et la relégation des libertés publiques au second plan. Si l'ordre public crée donc un mécanisme d'habilitation donné aux autorités publiques pour restreindre légitimement certains droits et libertés, cette limitation est organisée et encadrée sous le contrôle du juge. Il revient à ce dernier de vérifier la menace par l'activité ou le comportement que la mesure de police réglemente.

2- La tempérance de l'ordre public par le juge au sein de l'État de droit

Toute mesure de police administrative qui tend à limiter l'exercice des libertés publiques doit avoir pour seule finalité le maintien ou le rétablissement de l'ordre public. Pour qu'une telle mesure soit considérée comme légale, sa gravité doit être adaptée à l'importance de ce trouble. En effet, dans tout ordre juridique équilibré, il n'existe pas d'acte totalement discrétionnaire, car quelle que soit la marge de liberté dont dispose l'Administration, l'usage qu'elle peut faire de ses prérogatives est toujours subordonné à la recherche d'un intérêt public[79]. C'est donc le but d'intérêt général qui constitue une condition de la légalité des actes pris par l'autorité administrative. Sa méconnaissance est sanctionnée par le juge qui annulera l'acte entaché de détournement de pouvoir, c'est-à-dire accompli en vue

---

qui pose le principe de la liberté des réunions publiques, quel qu'en soit l'objet. Il estime à ce titre que l'autorité administrative ne peut interdire la tenue d'une réunion publique sur le fondement de son objet. La seule condition à l'exercice de la liberté de réunion publique étant l'obligation de déclaration préalable, toute interdiction de réunion publique constitue un abus de pouvoir de la part de l'autorité administrative.

[79] L'exercice d'un pouvoir discrétionnaire signifie le respect de la réglementation juridique ; le pouvoir discrétionnaire n'est pas arbitraire, il s'agit uniquement d'une limite au principe de la légalité et non une opposition à celui-ci. Les éléments qui permettent au juge administratif de contrôler que l'administration a fait un bon usage de son pouvoir discrétionnaire sont au nombre de six : la compétence de l'auteur de l'acte effectué, la forme de l'acte et sa procédure d'édiction, son but d'intérêt général, l'exactitude de ses motifs de faits, l'absence d'erreur de droit dans l'interprétation des textes, l'absence d'erreur manifeste dans l'appréciation d'opportunité de l'acte.

d'un but autre que celui en vue duquel la loi avait organisé le service dans le cadre duquel il a été effectué.

Les juges sont constamment confrontés à devoir établir un juste équilibre entre plusieurs droits fondamentaux. Au regard de la clause générale et implicite d'ordre public qui veut que « tout droit et toute liberté, même de rang constitutionnel, ne puissent s'exercer que sous réserve des exigences de l'ordre public »[80], il appartient au juge de rappeler ces exigences. Mieux encore, c'est au juge qu'il revient d'identifier ce qui relève de l'ordre public et ce qui n'en relève pas. Voilà pourquoi en matière de restrictions des libertés pour des raisons d'ordre public, il n'hésite pas à annuler toute décision administrative portant atteinte grossière et illégale à l'exercice des libertés individuelles. La voie de fait constitue une garantie aux libertés individuelles. Elle permet au juge d'annuler tout acte de l'autorité administrative qui excède manifestement les limites de ses pouvoirs et qui porte atteinte au droit de propriété ou aux libertés[81]. Lorsque le juge constate que l'exercice d'une prérogative légale cède devant un impératif qualifié d'ordre public, il lui revient de concilier la liberté et l'ordre public dans la mesure où il doit se prononcer sur la légalité de toute mesure de police visant à interdire l'exercice d'une liberté en raison de l'atteinte à l'ordre public.

S'il est vrai que la législation camerounaise pose le principe de la non-motivation des actes administratifs, ce principe connaît des exceptions[82]. Celle qui nous intéresse c'est celle relative à l'exercice d'une liberté. Lorsqu'une autorité administrative interdit l'exercice d'une réunion par

---

[80] PICARD (E.), « Introduction générale » in *L'Ordre public : ordre public ou ordres publics ? Ordre public et droits fondamentaux*, *op.cit.*, p. 36.

[81] Voir jugement n° 10 CFJAP du 17 octobre 1968, Mve Ndongo Abraham, Jugement, n° 12 CSCA, du 28 janvier 1982, Dame Binam, née Ngo Njon Fidèle, etc.

[82] L'autorité administrative doit motiver l'acte dans les cas ci-après : en cas de sanction disciplinaire, dans les rapports entre les autorités centrales qui exercent la tutelle et les collectivités décentralisées (ici, lorsqu'une autorité centrale n'approuve pas une délibération d'une autorité locale ou lorsqu'elle veut se substituer à elle, le juge à la suite du législateur l'oblige à indiquer les motifs de fait et de droit qui l'ont inspiré ; dans le cas contraire, l'acte sera annulé) et dans le cadre des décisions de l'autorité administrative interdisant aux citoyens l'exercice d'un droit ou d'une liberté. Voir les jugements n° 12, CSCA, 28 janvier 1982, Dame Binam, jugement n° 39, 30 avril 1960, Toko Daniel, etc.

exemple, il doit motiver son acte. Dans le cas contraire, le juge annule pareille interdiction. Le juge joue dès lors un rôle important pour maintenir l'équilibre entre les deux principes que sont la liberté et la préservation de l'ordre public. Pour que l'exercice d'une liberté soit interdit, il faut nécessairement deux conditions : d'abord il faut que la menace de l'ordre public soit avérée ; ensuite, il faut qu'il soit établi que l'autorité ne dispose pas d'assez de forces de sécurité pour encadrer l'exercice de pareille liberté. Si l'un de ces deux éléments manque, le juge, s'il est saisi, peut dire que l'interdiction n'est pas légale pour défaut de motivation. Mieux encore, il revient au juge de vérifier en fonction des circonstances propres à chaque affaire si l'ordre public, dans ses diverses composantes, est menacé par l'activité ou le comportement que la mesure de police réglemente. Une fois, cette étape franchie, le juge vérifie l'adaptation de la mesure prise au trouble de l'ordre public. Précisément, il s'agit pour lui de s'assurer que les atteintes portées aux libertés publiques sont proportionnelles à la gravité du trouble qu'il faut éviter ou faire cesser. Dans la mise en œuvre de ces deux étapes du contrôle, le juge tient compte tant des circonstances de temps et de lieu propres à l'affaire que de la nature des libertés publiques en cause.

La règle d'adaptation de la mesure prise au trouble à l'ordre public[83] se justifie par le fait que toute mesure de police administrative porte, par nature, atteinte aux libertés publiques. Il faut donc que les atteintes portées à ces dernières soient proportionnelles à la gravité du trouble qu'il faut éviter ou faire cesser. S'il est vrai que le législateur camerounais n'a posé « qu'une règle générale régissant les mesures de police, c'est en réalité au juge qu'incombe la tâche de rendre la règle légale déterminant l'étendue du pouvoir de police »[84]. Le juge doit, à cet effet, trouver un juste équilibre entre les nécessités du maintien de l'ordre public et le respect des libertés publiques. Par exemple, dans l'affaire ministère public contre BIKOKO Jean Marc et 06 autres[85], le Sous-préfet de Yaoundé III avait qualifié

[83] Cette règle a été posée par l'arrêt Benjamin du Conseil d'État du 19 mai 1933.

[84] GUIMDO DONGMO (B.R.), *Le Juge Administratif Camerounais et l'Urgence. Recherches sur la place de l'urgence dans le contentieux administratif camerounais*, Thèse de doctorat d'État en droit public, Soa, 2004, p. 316.

[85] Affaire Ministère public contre BIKOKO Jean Marc et 06 autres, TPI / Yaoundé Centre-Administratif du jugement n° 529/COR du 05 mars 2012.Voir aussi, Affaire TALLA Jean Bosco contre Sous-préfet de Yaoundé 1er, TGI /MFOUNDI. Ordonnance n° 15/CC du 02

d'illégale la manifestation publique organisée par BIKOKO Jean Marc et les autres membres de la Centrale Syndicale du secteur public du Cameroun(CSP). Malgré la déclaration de la manifestation introduite par les requérants dans les services de cette autorité administrative et ceci conformément à la loi, ces derniers ont été traduits devant le Tribunal de céans, statuant en matière correctionnelle pour y répondre des faits de réunion et manifestation illégale, prévus et réprimés par les articles 74 et 231 du Code pénal. En établissant un équilibre entre la manifestation et l'ordre public, le juge déclare non coupables les requérants, dans la mesure où la déclaration préalable faite indiquant le cadre spatio-temporel de la manifestation constitue une simple information portée à l'attention de l'autorité administrative. Aussi, il ne décèle aucune intention délictuelle puisque l'autorité administrative et le ministère public n'ont pas rapporté la preuve de la publicité relative à la décision d'interdiction de la manifestation projetée, préalablement à la tenue de celle-ci.

Si les autorités de police administrative disposent d'un large pouvoir discrétionnaire en ce qui concerne l'ordre public, puisqu'elles seules peuvent déterminer ce qu'elles entendent par trouble à l'ordre public, le juge peut décider du caractère inadapté de la mesure de police à la gravité du trouble. Pour le juge, l'ordre public peut être sauvegardé si l'autorité administrative prend des mesures rigoureuses, tel le renforcement des effectifs de police. Ce mode de contrôle suppose que le juge mette en place une échelle de valeurs entre les libertés, mais aussi qu'il procède à une analyse concrète de la situation. Par exemple, pour qu'une réunion soit interdite, il faut invoquer des circonstances graves, prouver que l'autorité a tout mis en œuvre pour que la réunion ait lieu, mais aussi que l'interdiction est l'unique moyen de sauvegarder l'ordre public[86]. Le juge va donc vérifier l'existence concrète des circonstances graves et la matérialité des faits[87].

---

avril 2013. Malgré la déclaration de réunion publique introduite par le requérant dans les services de cette autorité administrative le 21 janvier 2013 et ceci conformément à la loi, le sous-préfet interdit ladite réunion au motif que son objet serait de nature à perturber gravement l'ordre public.

[86] Voir CE, Benjamin, 19 mai 1933, Lebon, 1933, p. 541.

[87] Voir, Affaire Église Presbytérienne du Cameroun contre État du Cameroun, objet de l'ordonnance n° 06 du 1er novembre 1994. Dans ce cas d'espèce, le juge a annulé l'arrêté du gouverneur de la province du Centre portant interdiction des réunions de l'Assemblée

Toutefois, cette règle pose problème s'agissant de la catégorie particulière des interdictions générales et absolues, c'est-à-dire les interdictions totales qui concernent toute une catégorie d'activités. La règle en cause les rend presque toujours illégales. Cette situation s'observe presque toujours en période de crise où les libertés sont presque supprimées et le pouvoir du juge amoindri puisque tous les actes pris par l'autorité administrative en pareille circonstance ne sont pas toujours susceptibles de recours juridictionnel.

B- La prise en considération des circonstances de fait comme fondement de restrictions apportées aux libertés

Si la réglementation des libertés publiques ne peut s'établir que par voie législative, il arrive le plus souvent que le législateur qui n'a pas tout prévu, renvoie à l'administration le soin d'en fixer les détails. C'est ainsi que les libertés publiques peuvent se trouver menacées par des mesures réglementaires. Celles-ci, loin de supprimer les libertés, visent à contrôler leurs conditions et modes d'exercice quitte à les limiter en conséquence. Dans le but donc d'apprécier l'adéquation des mesures de réglementation résultant de l'institution d'un périmètre de protection des libertés publiques aux objectifs d'intérêt général poursuivis, le juge a élaboré la théorie des circonstances exceptionnelles qui permet à l'État de conserver son intégrité et son fonctionnement en période de crise. Au cours de cette phase difficilement traversée par la population, l'administration bénéficie des pouvoirs dérogatoires dans le respect d'une légalité d'exception. L'indifférence de l'administration quant au sort des libertés publiques justifie parfois les atteintes à celles-ci d'autant plus qu'elle se soucie moins des conditions effectives de leur exercice.

Les périodes de crise[88] ont comme objet d'élargir les pouvoirs de l'administration autant qu'il faut pour faire face aux menaces graves à l'ordre

générale, du Conseil général et de la Commission juridique de l'EPC dans ladite province, au motif que le gouverneur est matériellement incompétent pour suspendre l'activité d'une association ou ordonner sa dissolution ou encore moins son interdiction. Lire aussi, REDOR (M.J.), *L'ordre public : Ordre public ou ordres publics ? Ordre public et droits Fondamentaux*, *op.cit.*, p. 11.

[88] Elles peuvent concerner un état de guerre, ou au contraire le rétablissement de la paix. S'ajoutent des menaces de grèves générales, de catastrophes naturelles qui justifient la

public résultant de circonstances exceptionnelles. Celles-ci permettent un certain alourdissement de la responsabilité publique dans la mesure où l'administration apparaît dans l'obligation de prendre les mesures efficaces à l'aide de pouvoirs renforcés. C'est ainsi que la Constitution du 18 janvier 1996 reconnaît au Chef du pouvoir exécutif de larges pouvoirs dans le cadre de l'article 9, susceptibles de restreindre l'exercice des libertés publiques dans un but d'intérêt supérieur de l'État. Pour veiller à la sauvegarde de l'État en période de crise, il revient au président de la République d'assurer l'exécution des lois, de veiller à ce qu'à toute époque, les services publics institués par les lois et règlements soient en état de fonctionner, et à ce que les difficultés résultant de la guerre n'en paralysent pas la marche[89].

Au regard de l'article 9 en son alinéa 2, « le président de la République peut, en cas de péril grave menaçant l'intégrité du territoire, la vie, l'indépendance ou les institutions de la République, proclamer, par décret, l'état d'exception et prendre toutes mesures qu'il juge nécessaires. Il en informe la Nation par voie de message ». Cet article concentre entre les mains du chef de l'État, tous les pouvoirs exécutif et législatif. Cette concentration s'avère toutefois dangereuse au regard du caractère discrétionnaire du pouvoir reconnu au président de la République. Contrairement au Président français dont le pouvoir ne peut devenir discrétionnaire qu'après la réunion des conditions exigées par l'article 16[90], l'exercice par le président de la République du Cameroun du pouvoir exceptionnel découlant de l'article 9 n'est soumis ni au contrôle du juge

---

prévention de troubles menaçant l'ordre public. Lire dans ce sens, CARDOT (P.), « États d'urgence, l'État et la loi », *Regards citoyens*, 20 mars 2012.

[89] Voir dans ce sens, le juge français dans sa décision ayant inauguré la théorie des circonstances exceptionnelles, conformément à l'article 3 de la loi constitutionnelle du 25 février 1875.

[90] En France, l'article 16 de la Constitution de 1958 qui confère au président français des pouvoirs exceptionnels a été modifié par la loi constitutionnelle n° 2008-724 du 23 juillet 2008 pour permettre aux Présidents de l'Assemblée Nationale, du Sénat, soixante députés ou soixante sénateurs de saisir le Conseil constitutionnel après trente jours d'exercice des pouvoirs exceptionnels aux fins d'examiner si les conditions énoncées au premier alinéa demeurent réunies. Le Conseil procède de plein droit à cet examen au terme de soixante jours d'exercice des pouvoirs exceptionnels et à tout moment au-delà de cette durée. Aussi, pour le Conseil d'État, la mise en œuvre de l'article 16 ne peut constituer un pouvoir discrétionnaire qu'après la réunion des conditions exigées par ledit article.

constitutionnel ni de celui du juge administratif. Il a pour seule obligation d'informer la Nation par voie de message[91].

Si l'on s'intéresse aussi à l'État d'urgence, celui-ci a pour conséquence d'instaurer des mesures restrictives de libertés et même de nombreuses dérives par l'extension ou le détournement de la loi. Dans le but de maintenir ou rétablir l'ordre public, il est tout d'abord conduit à porter atteinte au principe d'égalité selon lequel les libertés doivent être reconnues à tous, sans distinction aucune. En établissant ainsi des distinctions entre les personnes selon qu'elles se trouvent dans une ville où le couvre-feu a été imposé ou non, les mesures d'exception qui mettent entre parenthèses la question de proportionnalité ne favorisent pas le contrôle de la légitimité de l'acte répréhensible. Ces mesures qui sont à la fois absolues et discrétionnaires sont extrêmement dangereuses pour les libertés publiques. Celles-ci se trouvent de plus en plus réduites en période de guerre. En vertu du critère du mobile politique, n'importe quel acte de l'Exécutif peut être considéré comme un acte de gouvernement[92] ; dès lors que le Gouvernement fait valoir qu'il a été inspiré par un mobile politique, celui-ci lui donne la faculté de déterminer lui-même discrétionnairement les bornes de sa soumission au droit, ce qui limite ainsi de manière considérable le domaine de compétence du juge administratif.

Toutefois, malgré les dérives possibles[93], et quoique la question de proportionnalité reste en suspens, les mesures d'exception ne se situent pas en dehors du droit. S'il est vrai que les actes résultant de telles mesures amènent le juge à se déclarer incompétent en cas de saisine, le législateur camerounais s'est attaché en matière de terrorisme à ne jamais s'éloigner

---

[91] Le président de la République du Cameroun a fait recours à ce pouvoir exceptionnel lors des émeutes de la faim au Cameroun en février 2008.

[92] Un acte de gouvernement est un acte qui, bien que pris par le pouvoir exécutif, n'est susceptible d'aucun vecteur contentieux. Les actes de gouvernement comme tous les autres actes pris par l'administration sont soumis au principe de légalité. Mais il faut noter qu'en cas d'illégalité, bien que soumis au droit, ces actes ne peuvent être sanctionnés. Ils constituent donc une limite à l'effectivité du principe de légalité et de surcroît une importante limite à la protection des libertés publiques. Voir l'article 9 de l'ordonnance n° 72/6 du 26 août 1972 portant organisation de la Cour Suprême au Cameroun.

[93] Les autorités administratives se voient par exemple reconnaître par les lois d'exception le pouvoir d'ordonner des perquisitions à domicile de jour et de nuit.

d'une ligne de conduite : maintenir le juge au cœur de la lutte antiterroriste. Pour faire face à d'éventuels périls nationaux, notamment dans le contexte actuel de diversification des formes de terrorisme et de menace constante de risque terroriste, le législateur camerounais a adopté en plus de l'État d'urgence, la Loi n° 2014/028 du 23 décembre 2014 portant répression des actes de terrorisme au Cameroun. Au regard de la difficile appréhension juridique du terrorisme, un constat fait ressurgir l'opposition entre liberté et sécurité qui font toutes les deux parties des besoins fondamentaux existentiels des hommes. Comment défendre au nom du terrorisme la sécurité sans pour autant détruire la liberté ?

Le caractère protéiforme du terrorisme, tenant à la nature et à l'objectif des actes terroristes, aux mobiles et aux modalités de son expression, constitue un obstacle à l'équilibre entre liberté et sécurité. Lorsque l'on parle de sécurité, on en vient généralement au concept de liberté. La relation tendue entre ces valeurs fondamentales vient du fait que quand l'une augmente, l'autre diminue. C'est donc entre ces deux pôles qu'évolue l'action de l'État qui tire sa légitimité de la sécurité et du respect de la liberté. Si la lutte contre le terrorisme est un véritable défi pour les États, défi en termes d'adaptation des législations, celles-ci qui sont adoptées dans un cadre exceptionnel, celui d'un crime lié à la nature politique de l'État, consacrent parfois des atteintes substantielles aux libertés fondamentales des individus. La reconnaissance d'une large marge d'appréciation résultant des mesures antiterroristes peut s'avérer dangereuse à l'égard des droits et des libertés dont la formulation ne permettrait pas une telle latitude au profit des États.

C'est le cas de la loi antiterroriste de 2014 qui procède à un démantèlement préventif de toute action de recomposition sociale tout en assurant une surveillance étroite de la vie privée. Visant à assurer un contrôle généralisé des comportements pour remodeler ceux-ci de manière permanente[94], cette loi touche non seulement les individus et les organisations déterminées, mais elle s'étend aussi à l'ensemble de la

[94] PAYE (J-C.), « Lutte antiterroriste et contrôle de la vie privée », Les numéros de Multitudes, « Multitudes 11, hiver 2003 » Majeure 11. Guerres et paix dans l'empire, www.file :///E :/Lutte%20antiterroriste%20et%20contr%C3%B4le%20de%20la%20vie%20priv%C3%A9e%20_%20multitudes.htm.

population. À travers l'élargissement considérable des pouvoirs de contrôle de l'administration sur les déplacements et les communications des citoyens, la loi antiterroriste n'est perçue que comme une illustration de la question principielle des limites des droits fondamentaux. Toute maximisation de la sécurité conduirait inexorablement à la minimisation, voire à l'élimination de la liberté.

La définition large et vague des actes qualifiés de terroristes par la loi camerounaise laisse une large marge de manœuvre aux autorités publiques pour qualifier tel ou tel acte de terrorisme. En effet, l'aspect du contrôle de proportionnalité portant sur l'existence de mesures moins préjudiciables aux droits s'estompe devant l'incertitude affectant le succès de l'entreprise antiterroriste. La gravité de la menace terroriste rend d'autant plus hypothétique l'efficacité de la lutte antiterroriste, ce qui amène souvent le juge à tolérer la nécessité de limiter les droits et libertés constitutionnels d'après l'intensité du danger terroriste invoqué.

Il suffit en effet qu'il y ait des actes susceptibles de causer la mort, des actes de dégradation, de détérioration, de destruction collective ayant pour but l'atteinte grave à l'ordre public par l'intimidation, la terreur ou la violence pour qu'on parle d'éléments constitutifs d'actes terroristes[95]. Aussi, cette loi a érigé en infraction terroriste, l'apologie des actes de terrorisme. Au terme de son article 8, le législateur qui interdit et sanctionne l'apologie du crime, n'en donne pas une définition claire et précise[96]. C'est à l'autorité administrative de déterminer ce qu'elle entend par apologie d'actes de terrorisme fait publiquement, par voie de média, de tract ou par tout autre moyen destiné à atteindre le public. Il est clair que le dispositif de lutte contre le terrorisme déroge au droit commun depuis la garde à vue[97] jusqu'à la juridiction composée de magistrats de l'ordre militaire, chargée de juger

[95] Voir article 2 de la loi de 2014.

[96] « Est puni d'un emprisonnement de quinze (15) ans à vingt (20) ans et d'une amende de vingt-cinq millions (25000000) à cinquante millions (50000000) de francs CFA ou de l'une de ses peines seulement, celui qui fait publiquement l'apologie des actes de terrorisme… »

[97] Voir l'extension de sa durée : elle est de 15 jours, renouvelable sur autorisation du Commissaire du Gouvernement compétent. Article 11 de la loi de 2014, portant répression des actes de terrorisme au Cameroun.

les personnes accusées de terrorisme[98]. Aussi, cette législation n'est pas exclusivement dirigée contre ceux qui commettent ou tentent de commettre des actes de terrorisme. Elle a également un impact sur les libertés des citoyens au regard de la prévention des actes terroristes. Sont par exemple touchées la liberté d'expression, de réunion et de manifestation publique, la liberté d'aller et de venir, l'inviolabilité du domicile. C'est aussi dans le but de prévention qu'on assiste particulièrement dans les parties nord et extrême nord du Cameroun, à une intensification des contrôles d'identité.

Toutefois, il est clair que le recours à la qualification d'acte de terrorisme entraîne l'application d'un régime juridique d'exception reposant sur l'application de règles procédurales dérogatoires au droit commun et l'aggravation des peines. Malgré la restriction des libertés parfois fondamentales, le dispositif administratif relatif à la lutte contre le terrorisme, qui met en œuvre les interceptions de sécurité, permet le refus d'entrée sur le territoire, le refus d'asile, la reconduite à la frontière, le contrôle des associations et des groupes de combat et des milices privées, vise le maintien de la sécurité de l'État. La loi antiterroriste de 2014 qui intervient 13 ans après les attaques du 11 septembre 2001 et après une année de guerre ouverte entre le Cameroun et le groupe terroriste international Boko Haram montre, comme le souligne le Professeur James Mouangué Kobila, que le régime en place ne cherche pas par là à profiter de la lutte internationale contre le terrorisme pour attenter aux droits et libertés de la personne[99], sinon à éviter le principal objectif des terroristes qui consiste à déstabiliser les États en les poussant à renoncer aux valeurs de liberté et de démocratie. Au regard même du dispositif administratif favorable à la lutte contre « cette criminalité très particulière à base de conception, d'organisation et de réalisation d'infractions dont l'effet doit dépasser les victimes directes, telle une réaction en chaîne, pour atteindre la collectivité dans son ensemble »[100], on peut même affirmer que la loi camerounaise a pris tout ce retard à cause de la nature protéiforme, mouvante, évolutive, difficilement saisissable du phénomène terroriste. Loin

---

[98] Article 1er alinéa 3.

[99] MOUANGUE KOBILA (J.), « Loi antiterrorisme : les élucubrations de Maurice Kamto au scanner », *Germinal*, Mercredi, 07 janvier 2015.

[100] MAYAUD (Y.), *Le terrorisme, connaissance du droit*, Paris, Dalloz, 1997.

d'attenter aux droits et libertés, puisque la liberté va de pair avec la responsabilité, et qu'aucune liberté ne saurait occulter les devoirs du citoyen, l'État vise à travers cette loi à combattre les terroristes qui sont les pires fossoyeurs des droits et libertés, la liberté de la presse y comprise[101]. Il revient tout simplement au juge d'éviter qu'une dérive législative ne vienne brouiller la ligne de partage entre ce qui constitue une infraction de droit commun et ce qui relève du terrorisme.

Au regard du maintien de l'ordre public, l'État du Cameroun a, vis-à-vis de ses citoyens et sur son territoire national, l'obligation d'assurer la sécurité de tous. La mise en œuvre de cette sécurité soulève le régime de l'exception juridique qui amène à se demander jusqu'où le droit peut se maintenir dans son ordre propre dès lors qu'il entend légiférer sur l'exception. Cette étude montre que des nécessités d'ordre public peuvent conduire à limiter la possibilité de reconnaissance ou de renoncement à des droits. Si par nature l'infraction est une atteinte portée à la société, le maintien de l'ordre public ne peut se faire sans restriction des libertés publiques. Restrictions parce que l'exception dessinerait une zone d'indétermination, consubstantielle à la pensée comme au droit[102]. Bien que l'ordre public crée un mécanisme d'habilitation donné aux autorités publiques pour restreindre légitimement certains droits ou certaines libertés, ces limitations sont organisées et encadrées, sous le contrôle du juge. C'est à ce dernier qu'il appartient de vérifier le degré des atteintes portées aux droits fondamentaux tant dans le contexte des circonstances exceptionnelles que dans celui de la lutte contre le terrorisme. S'il est vrai que la lutte contre le terrorisme rend la précision de la norme particulièrement délicate, il revient à l'autorité judiciaire, en sa qualité de « gardienne des libertés individuelles », de veiller à ce que les limitations, rendues nécessaires pour la poursuite d'un objectif louable, n'aboutissent à vider totalement un droit de sa substance.

Bibliographie indicative

[101] Voir dans ce sens, l'attaque odieuse et condamnable du 7 janvier 2014 contre l'hebdomadaire français « CHARLIE HEBDO».

[102] Quel que soit l'arsenal juridique existant, celui-ci ne peut prétendre à la perfection au regard de la lutte contre le terrorisme qui rend la précision de la norme particulièrement délicate.

- ABA'A OYONO (J.C.), *La compétence de la juridiction administrative en droit camerounais*, Thèse de doctorat, Nantes, 1994, p. 7.

- BERNARD (P.), *La notion d'ordre public en droit administratif*, février Paris, LGDJ, 1962, p. 27.

- BERNARD (F.), « Droits de l'homme et terrorisme », in *Maya Herting Randall/Michel Hottelier, Introduction aux droits de l'homme*, Editions Yvon Blais/LGDJ /Lextenso éditions/Schulthess éditions romandes, 2014, p. 593.

- BIPOUM-WOUM (J.M.), « Recherche sur les aspects actuels de la réception du droit administratif dans les États d'Afrique noire d'expression française : le cas du Cameroun », in *RJPIC*, n° 3, 1972, p. 359-388.

- BINYOUM (J.), *Le contentieux de la légalité en droit administratif camerounais*, Thèse, Droit, Toulouse, 1979, p. 66.

- Boyer (A.), « La liberté de manifestation en droit constitutionnel français », *RDFC*, 2000, n ° 44, p. 687-688.

BREILLAT (J.), « Ordre Public, ordre social, ordre politique : quelles interactions ? » *in L'ordre public : Ordre public ou ordres publics ? Ordre public et droits fondamentaux*, Actes du colloque de Caen, 11 et 12 mai 2000, Bruxelles, Bruylant, 2001, p. 247-283.

- COLLIARD (C-A.), *Libertés publiques*, Paris, Précis Dalloz, 7e éd., 1989, p. 22.

- COMBACAU (J.), « Conclusions générales » in *L'Ordre public : ordre public ou ordres publics ? Ordre public et droits fondamentaux*, Actes du colloque de Caen des 11 et 12 mai 2000, Bruylant, 2001, p. 415-419.

- DA ROSA (K.M.), « Le droit à la liberté et à la sûreté dans la jurisprudence interaméricaine », *in Le particularisme interaméricain des droits de l'homme*, en l'honneur du 40e anniversaire de la Convention américaine des droits de l'Homme, Paris, A. Pedone, p. 251-270.

- DRAN (M.), *Le contrôle juridictionnel et la garantie des libertés publiques*, Paris, LGDJ, 1968, p. 5.

- DUHAMEL (O.), MENY (Y.), dir., « Ordre public », *in Dictionnaire constitutionnel*, PUF, 1992, p. 683.

- DUPIC (E.), *La notion d'ordre public. À propos de l'étude annuelle de la Cour de cassation*, Veille juridique de la Gendarmerie nationale, n° 30, juin 2014, CREOGN, 37 p.

- FIALAIRE (J.) et MONDIELLI (E.), *Droits fondamentaux et libertés publiques*, Paris, Ellipses, 2005, 558 p.

- GUIMDO DONGMO (B-R.), « Réflexion sur les assises juridiques de la liberté religieuse au Cameroun », *Les Cahiers de droit*, vol. 40, n° 4, 1999, p. 791-819.

- GUIMDO DONGMO (B.R.), *Le Juge Administratif camerounais et l'Urgence. Recherches sur la place de l'urgence dans le contentieux administratif camerounais*, Thèse de doctorat d'État en droit public, Soa, 2004, p.316.

- KAMTO (M.), *Droit administratif processuel au Cameroun*, Presses Universitaires du Cameroun (PUC), Yaoundé 1990, p. 176.

- KERKATLY (Y.), *Le juge administratif et les libertés publiques en droits libanais et français*, Thèse de doctorat de l'Université de Grenoble, 2013, 361 p.

- LEBRETON (G.), *Libertés publiques et droits de l'homme*, 8e édition, Paris, Dalloz-Sirey, 2009, p.15.

- LEGOUX (M.-C.), *L'ordre public, étude de droit comparé interne*, thèse droit, 2001, PUF, Coll. « Les grandes thèses du droit français », 2001, 558 p.

- Loi n° 2014/028 du 23 décembre 2014 portant répression des actes de terrorisme au Cameroun.

- MARTIN (P-M.), *La déclaration préalable dans le régime des libertés publiques*, AJDA, octobre 1975, p. 436.

- MONEMBOU (C.), « Enjeux démocratiques et sociaux de la liberté de réunions et de manifestations publiques », *Symposium national sur la liberté de réunion et de manifestation publiques au Cameroun*, Yaoundé, 2014, p. 28-33.

- MOUANGUE KOBILA (J.), « Loi antiterrorisme : les élucubrations de Maurice Kamto au scanner », *Germinal*, Mercredi, 07 janvier 2015.

- NGUELE ABADA (M.), *État de droit et démocratisation : contribution à l'étude de l'évolution politique et constitutionnelle au Cameroun*, Thèse de doctorat en droit public, Université de Paris I Panthéon-Sorbonne, 1994, Tome II, p. 352.

- PICARD (E.), *La notion de police administrative*, T. II, Paris, LGDJ, 1984, p. 533.

- PLANTEY (A.), « Définition et principes de l'ordre public », in *L'ordre public*, Polin (R.), dir., PUF, 1995, p. 27.

- TEITGEN (P-H.), *La police municipale, étude de l'interprétation jurisprudentielle des articles 91, 94 et 97 de la loi du 5 avril 1884*, thèse droit Nancy, Sirey, 1934, 519 p.

PROTOCOLE DE RÉDACTION DES ARTICLES

L'envoi des articles au comité éditorial se fait exclusivement par courrier électronique à l'adresse suivante : rasj.soa@gmail.com. La Revue n'endosse aucune responsabilité pour tout article envoyé à une autre adresse.

Le comité éditorial de la revue attache un prix particulier au respect des normes et standards ci-dessous indiqués :

1. La taille des contributions ne doit pas excéder 20 pages au format de la revue pour les articles proprement dits et 15 pages pour toute autre contribution.

2. Tout article soumis pour publication doit être envoyé sous le format Word, interligne simple, police d'écriture Times New Roman, taille de police 12, paragraphe aligné, marges de 2,5 cm.

3. Les articles sont accompagnés d'une biographie succincte de l'auteur, incluant sa qualité (grade, responsabilité académique, ou statut professionnel), son adresse e-mail dans une première note de bas de page, et d'un résumé de dix lignes maximum en français et en anglais avec quatre à six mots-clés.

4. Les citations dans le corps du texte doivent être transcrites entre guillemets doubles, avec le même type et la même taille de la lettre du texte.

5. L'appel de note est continu et se place après le mot ou le groupe de mots auquel il se rapporte, séparé par un espace insécable.

6. Les références bibliographiques des articles sont citées comme suit :

a) Pour les articles des revues : Nom (intégral) et Prénom (initial) de l'auteur, Titre de l'article entre guillemets doubles, *Titre de la revue en italique*, Numéro du volume, Numéro du fascicule, Année de la publication, Pages initiale et finale de l'article ou Page (s) exacte (s) de la citation.

Exemple : LECA J., « Pour une analyse comparative des systèmes politiques méditerranéens », *Revue française de science politique ou RFSP*, vol. 27, n° 4, 1977, p. 557-581.

b) Pour les livres : Nom (intégral) et Prénom (initial) de l'auteur, *Titre du livre en italique,* Lieu de publication, Maison d'édition, Année de publication, Pages initiale et finale de l'article ou Page (s) exacte (s) de la citation.

Exemple : MBAYE K., *Les droits de l'homme en Afrique*, Paris, Pedone, 2002, p. 180.

c) Pour les ouvrages collectifs : Nom (intégral) et Prénom (initial) de l'auteur, Titre de l'article entre guillemets doubles, Mention « in » en italique, Nom du directeur de l'ouvrage, nom de l'ouvrage en italique, Lieu d'édition, Maison d'édition, Année d'édition, Pages initiale et finale de l'article ou Page (s) exacte (s) de la citation.

Exemple : MAZERES J.-A., « Qu'est-ce que la puissance publique ? », *in* Raimbault P. (dir.), *La puissance publique à l'heure européenne*, Paris, Dalloz, 2006, p. 9 à 20.

NB : Les articles expertisés (selon le principe de *Peer Review)*, retenus et publiés dans la *RASJ* deviennent la propriété de celle-ci. Leur reproduction partielle ou intégrale est soumise à l'autorisation expresse de la direction de la Revue.

PROTOCOL FOR SUBMITTING ARTICLES

Contributions can only be submitted through electronic mailing to the following address : rasj.soa@gmail.com. The editorial board of AJL shall not be liable for any contribution which is not sent to above address. The editorial policy of the Journal requires strict adherence to the following guidelines and standards :

1. Articles must not exceed 20 pages and other contributions (Case Law, Legislation and Bibliographic Surveys) 15 pages.

2. All contributions must be sent in Word format (.doc or .docx), single line spacing, Times New Roman font, size - 12, aligned paragraphs, and margins of 2.5 cm.

3. All contributions must include a brief biography of the author in an opening footnote, their academic or professional status, email address and, for articles, a short abstract written in French and English of not more than 200 words each followed by four to six key words ;

4. Citations in the body of the paper should be in single smart quotes, with the same font as the text but smaller in size (10).

5. Footnoting should be continuous and must appear after the relevant word or group of words, separated by normal spacing.

6. Bibliographic references of articles should be quoted as follows :

a) For articles of a Journal : Author's name and surname, Title of the article in inverted commas, *Title of the Journal in italics*, Volume Number, Fascicle Number, Year of publication, first and last pages of the article or exact page(s) of the quotation.

Example : Flemming P., "The Justiciability of Socio-Economic Rights in Africa", *International Human Rights Law Review* or *IHLR*, vol.vol. 27, n° 4, 1977, p. 557-581.

b) For books : Author's name and surname, *Title of the book in italics*, Place of publication, Publishing house, Year of publication, First and last pages of the article or Exact page(s) of the quotation.

Example : Raz J., *Authority of the Law*, London, Stevens, 2002, p.180.

c) For collective works : Author's name and surname, Title of the article in inverted commas, *"in"* in italics, Name of the director of the book, *Title of the book in italics*, Place of publication, Publishing house, Year of publication, First and last pages of the article or Exact page(s) of the quotation.

Example : IngelmanJ. "Foreign Direct Investments in Africa ?" *in* Craig P.(Ed.), *Foreign Capital Flows in Developing Countries : Incidence on Development*, Cincinnati, Butterworths, 2006, p. 9 - 20.

NB : Articles reviewed (following the Peer Review principle), validated and published by the AJOL become the property of the Journal. Any partial or complete reproduction is subject to the prior authorization from the Editors of the Journal.

Questions juridiques aux éditions L'Harmattan

Dernières parutions

DIVORCE (LE) DU CHEF D'ENTREPRISE
Artiste, libéral, artisan, commerçant, actionnaire – Se marier, payer, divorcer
Rond Patrice
Patrice Rond, expert financier auprès des tribunaux, donne dans cet ouvrage les clés incontournables qui permettent à un entrepreneur, quel qu'il soit, d'anticiper sur ses droits et ses risques en cas de divorce. Prendre les bonnes décisions de protection de son patrimoine en choisissant les bons contrats de mariage, savoir changer de régime matrimonial quand il s'avère inadapté est tout à fait possible et souhaitable.
(16.50 euros, 158 p.)
ISBN : 978-2-343-05282-3, ISBN EBOOK : 978-2-336-36540-4

L'EXPERTISE NON JUDICIAIRE À L'AUNE DES DROITS FONDAMENTAUX
Goujon-Bethan Thibault
L'expertise déjudiciarisée est en plein essor, d'une part parce que l'avis d'experts se révèle indispensable dans un nombre croissant de matières juridiques irriguées par la technique (construction, dommage corporel), et d'autre part, car la recherche d'une efficacité économique conduit à minimiser le recours au juge. Cet ouvrage est conçu comme un mode d'emploi pour aider à la décision.
(Coll. Droit privé et sciences criminelles, 21.00 euros, 196 p.)
ISBN : 978-2-343-05335-6, ISBN EBOOK : 978-2-336-36778-1

TRANSPARENCE (LA) FINANCIÈRE DES ÉLUS POLITIQUES FRANÇAIS
Les conséquences des mesures législatives de 2013
Cael Céline - Préface de Sébastien Jakubowski ; postface de Pierre-Yves Néron
Cet ouvrage veut étudier les apports des lois et dispositifs mis en œuvre pour lutter contre la corruption depuis l'affaire Cahuzac, avec notamment la mise en place d'une haute Autorité pour la Transparence de la Vie Publique, le durcissement des conditions d'éligibilité, l'encadrement du *lobbying*, la naissance d'un procureur financier,... L'auteur analyse les conséquences de ces mesures et rend compte à l'aide d'entretiens d'élus politiques, des résistances de ces derniers à une publicité financière envers les citoyens.
(Coll. Logiques sociales, 21.00 euros, 214 p.)
ISBN : 978-2-343-05013-3, ISBN EBOOK : 978-2-336-36817-7

QUI A PEUR DE LA NOUVELLE PEINE SANS PRISON ?
Ajouter du «lien» et non du «rang» pour réussir la contrainte pénale et en finir avec la récidive
Delamotte Danielle
La contrainte pénale, nouvelle peine sans prison, fait peur. Car, ce qu'on retient d'elle, c'est qu'elle évite la prison. Le sujet est pourtant plus complexe et plus nuancé. Les psychologues et les criminologues s'accordent à dire que la délinquance est la maladie du lien. Pour soigner cette maladie, il faut s'intéresser à la personne et la placer au centre de la réflexion pour envisager la «contrainte pénale» sous un autre angle.
(11.50 euros, 86 p.)
ISBN : 978-2-343-04717-1, ISBN EBOOK : 978-2-336-36487-2

JUSTICE (LA) PÉNALE INTERNATIONALE EN AFRIQUE
Aspects juridiques, défis et perspectives
Diakité Kémoko - Préface du professeur Alioune Sall
Cet ouvrage met en exergue le contexte de création ainsi que les aspects juridiques et judiciaires des juridictions pénales internationales en Afrique, notamment le TPIR (Tribunal Pénal International pour le Rwanda), la CPI (Cour Pénale Internationale)... Il montre également les défis et les perspectives de la Justice pénale internationale en Afrique.
(23.00 euros, 234 p.)
ISBN : 978-2-343-05050-8, ISBN EBOOK : 978-2-336-36705-7

GOUVERNANCE, ENJEUX ET MONDIALISATION
Recherche sur les politiques environnementales de zonage maritime
Le challenge maritime de la France de Méditerranée et d'Outre-mer
Sous la direction de François Féral et Bernard Salvat
Dans le Pacifique et l'Océan Indien, la France ne participe pas très activement au mouvement de création d'aires marines protégées géantes alors que les possibilités y sont grandes. En métropole et Outre-mer, la mise en place des parcs naturels marins apparaît laborieuse. Le programme Gouvernance des Grandes Aires Marines Protégées a donné l'occasion à deux équipes de se pencher sur ce phénomène institutionnel majeur dans la conduite globale des politiques de protection des mers et des océans.
(23.00 euros, 218 p.)
ISBN : 978-2-343-04160-5, ISBN EBOOK : 978-2-336-36489-6

COLLECTIVITÉS TERRITORIALES ET ORGANISATIONS RÉGIONALES
De l'indifférence à l'interaction
Sous la direction de Danielle Perrot
Cet ouvrage traite des modes d'insertion des collectivités territoriales dans des organisations internationales conçues par leurs États de rattachement dans diverses régions du monde. Ces collectivités, ou «entités infra-étatiques» selon le droit international, sont souvent oubliées lors des débuts de ces constructions régionales. Elles tentent d'obtenir d'être représentées, et leur participation peut générer une interaction moins inégalitaire.
(Coll. Grale, 47.00 euros, 488 p.)
ISBN : 978-2-343-05111-6, ISBN EBOOK : 978-2-336-36639-5

ÉTHIQUE (L') DE L'AVOCAT PÉNALISTE
Rude-Antoine Edwige - Préface de Jean Danet
L'avocat est représenté, dans la fiction, sous les traits d'un être ambigu, sans cesse sur le fil... ce livre tente d'en approcher la réalité, qui est tout autre. Quelles relations d'ordre éthique l'avocat entretient-il avec lui-même mais aussi avec l'autre : son client, qu'il soit prévenu ou accusé, les jurés, les magistrats ? Peut-on parler du rapport de l'avocat à la vérité ? Comment peut-il construire des lignes de défense tout en restant partenaire de justice ?
(Coll. Éthique en contextes, 21.00 euros, 208 p.)
ISBN : 978-2-343-05222-9, ISBN EBOOK : 978-2-336-36460-5

NAISSANCE DE L'OBSERVATOIRE DE LA RÉCIDIVE ET DE LA DÉSISTANCE
Un long processus inachevé
Tournier Pierre V.
L'analyse de la récidive aurait logiquement dû relever de la compétence de l'Observatoire national de la délinquance et des réponses pénales placé sous l'autorité du Premier ministre. Mais sous l'impulsion de Christiane Taubira le choix s'est porté sur la création d'un observatoire *ad hoc* de plus, dépendant du ministère de la Justice : l'Observatoire de la récidive et de la désistance (août 2014). Ne s'est-on pas ainsi privé des outils d'une évaluation indépendante de la loi du 15 août 2014 sur la contrainte pénale et la libération sous contrainte ?
(Coll. Criminologie, 19.00 euros, 184 p.)
ISBN : 978-2-343-05118-5, ISBN EBOOK : 978-2-336-36387-5

ÉLÉMENTS DE PRÉVENTION DU CRIME
Lemaître André
Cet ouvrage montre la diversité des modèles de prévention de la délinquance, leur spécificité mais aussi leur nécessaire complémentarité. Il insiste également sur l'obligation de veiller aux aspects éthiques des politiques de prévention mises en place. En effet, l'utopie d'une société débarrassée de toute forme de criminalité contient la disparition de toute liberté.
(Coll. Sciences criminelles, série Controverses, 15.50 euros, 160 p.)
ISBN : 978-2-343-04666-2, ISBN EBOOK : 978-2-336-36324-0

SEXUALITÉ (LA) À L'ÉPREUVE DU COUPLE
Les révélations d'une avocate
Dalbin Agnès
Dans la majorité des divorces, les difficultés d'ordre sexuel sont souvent pointées du doigt comme une cause majeure de la rupture. S'appuyant sur les confidences recueillies lors de ses entretiens avec les couples qui divorcent, l'avocate Agnès Dalbin tente d'apporter son éclairage personnel sur cette problématique. Ce livre évolue comme une véritable histoire humaine, du mariage au divorce, en passant par la parentalité et l'après-divorce.
(Coll. La justice au quotidien, 13.50 euros, 118 p.)
ISBN : 978-2-343-04938-0, ISBN EBOOK : 978-2-336-36399-8

DROIT (LE) DU HANDICAP ET LA GESTION DU PATRIMOINE CULTUREL
Vers un modèle européen ?
B. Degros Eric
La rencontre entre le droit du handicap et le droit du patrimoine peut conduire à une confrontation d'intérêts contradictoires, nécessitant de trouver un équilibre entre le principe de l'accessibilité et le respect de l'authenticité, en faveur d'une conservation durable du patrimoine culturel. Il apparaît essentiel de trouver un équilibre entre «le droit des gens» et celui «des pierres».
(40.00 euros, 424 p.)
ISBN : 978-2-343-04418-7, ISBN EBOOK : 978-2-336-36269-4

DROIT BANCAIRE ISLAMIQUE
Notions, mécanismes et protections pénales
Jafari Amin
Conçu comme un manuel de droit, l'ouvrage étudie trois thèmes principaux : la notion de finance islamique et son fonctionnement, les instruments bancaires islamiques et enfin la protection du système bancaire dans l'ensemble de ses instruments et fonctionnements. La 3e partie propose un regard classique de droit pénal des affaires en matière de droit bancaire de finance islamique. Les branches chiite et sunnite de la finance islamique ont été distinguées dès le départ, permettant ainsi une comparaison tout au long du livre.
(Coll. Sciences criminelles, 33.00 euros, 326 p.)
ISBN : 978-2-343-04637-2, ISBN EBOOK : 978-2-336-36380-6

DROIT (LE) INTERNATIONAL. ASPECTS POLITIQUES (Volume 1)
Sous la direction de Jacques Bouineau – Textes réunis par Burt Kasparian
Ces contributions invitent à réfléchir sur la recomposition contemporaine de l'espace méditerranéen et sur le droit international qui s'y applique, à partir d'exemples tirés des plus grandes civilisations méditerranéennes aux époques antique et médiévale. Elles invitent le lecteur à s'interroger sur les piliers de la Méditerranée dans le jeu des relations entre les hommes et les institutions, et à découvrir l'essence des réponses juridiques et politiques.
(Coll. Méditerranées, 16.50 euros, 158 p.)
ISBN : 978-2-343-04661-7, ISBN EBOOK : 978-2-336-36366-0

DROIT (LE) INTERNATIONAL. ASPECTS POLITIQUES (Volume 2)
Sous la direction de Jacques Bouineau – Textes réunis par Burt Kasparian
Ce volume offre une réflexion sur la recomposition de l'espace méditerranéen contemporain à partir de l'histoire ou de l'actualité. L'histoire est traitée de la période qui s'étend de la Renaissance

à la fin du XIXe siècle. En ce qui concerne l'actualité, le jeu des emprunts et des modèles juridiques transparaît aussi bien dans la fiscalité internationale actuelle que dans les transpositions constitutionnelles du droit français en Égypte ou dans l'observation du fonctionnement de l'Europe.
(Coll. Méditerranées, 19.00 euros, 184 p.)
ISBN : 978-2-336-30904-0, ISBN EBOOK : 978-2-336-36367-7

SECRETS (LES) DU DROIT
Secret, droit et cinéma
Sous la direction de Stéphane Boiron, Nathalie Goedert et Ninon Maillard
Notre société du visible, pour savoir, exige de tout voir et tout montrer, sans délai, au risque de confondre espaces privés et espaces publics. Parce qu'on l'accusait de dissimuler les abus, de servir l'arbitraire, de diviser les hommes entre initiés et profanes, le secret a été condamné comme contraire au pacte démocratique. Pourtant, c'est aussi au nom de la liberté que, face à une transparence érigée en dogme, certains osent faire l'éloge du secret. C'est pourquoi, il appartient au droit d'orchestrer l'équilibre et de distinguer le bon du mauvais secret.
(Coll. Presses Universitaires de Sceaux, 24.00 euros, 248 p.)
ISBN : 978-2-343-04670-9, ISBN EBOOK : 978-2-336-36326-4

TABLES (LES) DE LA LOI : DE L'ARGILE AU NUMÉRIQUE
La diffusion de la règle de droit à travers les âges
Evrard Sébastien
On parle aujourd'hui de «culture digitale» ou culture numérique et de diminution du papier. Est-ce un bien ou un mal ? Comment les textes, la jurisprudence et toutes les normes juridiques sont-ils diffusés aujourd'hui ? Enfin, quelles sont les spécificités de l'édition dite juridique par rapport à l'édition générale ? Répondre à ces questions nécessite d'envisager l'histoire de la connaissance puis de la diffusion de la règle de droit, ce qui fait l'objet de ce livre.
(Coll. Logiques Juridiques, 13.00 euros, 122 p.)
ISBN : 978-2-343-04478-1, ISBN EBOOK : 978-2-336-36201-4

ARTICULATION (L') DES VOIES DE DROIT DANS LE CONTENTIEUX DE LA COMMANDE PUBLIQUE À L'INITIATIVE DES TIERS AU CONTRAT
Tallet-Preud'homme Laura - Préface de Paul Cassia
Parallèlement à la formation progressive d'un «droit de la commande publique», le contentieux à l'initiative des tiers au contrat a muté, à tel point que le changement de paradigme opéré tend à faire émerger un «contentieux de la commande publique». Diverses voies de droit ont été instituées, engendrant «l'embarras du choix» voire «l'embarras tout court» du tiers concurrent évincé. La complexité de ce contentieux est telle qu'il faut détruire pour reconstruire ce paysage contentieux.
(Coll. Logiques Juridiques, 49.50 euros, 536 p.)
ISBN : 978-2-343-04827-7, ISBN EBOOK : 978-2-336-36265-6

APPRÉHENSION (L') DES PRATIQUES RESTRICTIVES PAR LES AUTORITÉS FRANÇAISES ET EUROPÉENNES DE LA CONCURRENCE
Analyse des pratiques contractuelles abusives entre professionnels à l'épreuve du droit des pratiques anticoncurrentielles
Mallen Guillaume - Préface de Linda Arcelin-Lécuyer
Définies au sens de l'étude comme des comportements contractuels unilatéraux et abusifs dans les rapports commerciaux entre professionnels, les « pratiques restrictives » peuvent être réprimées au titre du droit des pratiques anticoncurrentielles (abus de domination et entente). L'ouvrage permet d'exposer l'office des autorités de concurrence lorsqu'elles sont confrontées à ces pratiques contractuelles abusives et d'envisager des solutions concrètes en vue de perfectionner le droit positif actuel.
(Coll. Logiques Juridiques, 65.00 euros, 874 p.)
ISBN : 978-2-343-04739-3, ISBN EBOOK : 978-2-336-36189-5

L'HARMATTAN ITALIA
Via Degli Artisti 15; 10124 Torino

L'HARMATTAN HONGRIE
Könyvesbolt ; Kossuth L. u. 14-16
1053 Budapest

L'HARMATTAN KINSHASA
185, avenue Nyangwe
Commune de Lingwala
Kinshasa, R.D. Congo
(00243) 998697603 ou (00243) 999229662

L'HARMATTAN CONGO
67, av. E. P. Lumumba
Bât. – Congo Pharmacie (Bib. Nat.)
BP2874 Brazzaville
harmattan.congo@yahoo.fr

L'HARMATTAN GUINÉE
Almamya Rue KA 028, en face
du restaurant Le Cèdre
OKB agency BP 3470 Conakry
(00224) 657 20 85 08 / 664 28 91 96
harmattanguinee@yahoo.fr

L'HARMATTAN MALI
Rue 73, Porte 536, Niamakoro,
Cité Unicef, Bamako
Tél. 00 (223) 20205724 / +(223) 76378082
poudiougopaul@yahoo.fr
pp.harmattan@gmail.com

L'HARMATTAN CAMEROUN
BP 11486
Face à la SNI, immeuble Don Bosco
Yaoundé
(00237) 99 76 61 66
harmattancam@yahoo.fr

L'HARMATTAN CÔTE D'IVOIRE
Résidence Karl / cité des arts
Abidjan-Cocody 03 BP 1588 Abidjan 03
(00225) 05 77 87 31
etien_nda@yahoo.fr

L'HARMATTAN BURKINA
Penou Achille Some
Ouagadougou
(+226) 70 26 88 27

L'HARMATTAN SÉNÉGAL
10 VDN en face Mermoz, après le pont de Fann
BP 45034 Dakar Fann
33 825 98 58 / 33 860 9858
senharmattan@gmail.com / senlibraire@gmail.com
www.harmattansenegal.com

L'HARMATTAN BÉNIN
ISOR-BENIN
01 BP 359 COTONOU-RP
Quartier Gbèdjromèdé,
Rue Agbélenco, Lot 1247 I
Tél : 00 229 21 32 53 79
christian_dablaka123@yahoo.fr

Achevé d'imprimer par Corlet Numérique - 14110 Condé-sur-Noireau
N° d'Imprimeur : 122109 - Dépôt légal : octobre 2015 - *Imprimé en France*

www.ingramcontent.com/pod-product-compliance
Lightning Source LLC
LaVergne TN
LVHW011300061026
849535LV00005B/1329

9782343073439